지식의 사슬

체육 시간에
과학 공부하기

지식의 사슬 | 체육 시간에 과학 공부하기

초판 1쇄 발행 2011년 3월 24일
초판 25쇄 발행 2024년 8월 1일

기획 강응천   글쓴이 전영석, 홍준의
발행인 이봉주   도서개발실장 안경숙   책임편집 한재준   연구 편집 정연경
디자인 ns-pole(김원용)   일러스트레이션 임근선, 김원용
마케팅 정지운, 박현아, 원숙영, 김지윤, 황지영   제작 신홍섭

펴낸곳 (주)웅진씽크빅
주소 경기도 파주시 회동길 20 (우)10881
문의전화 031)956-7403(편집), 031)956-7569, 7570(마케팅)
홈페이지 www.wjjunior.co.kr   블로그 blog.naver.com/wj_junior
페이스북 facebook.com/wjbook   트위터 @new_wjjr   인스타그램 @woongjin_junior
출판신고 1980년 3월 29일 제406-2007-00046호   제조국 대한민국   사용 연령 7세 이상

ISBN 978-89-01-11802-4 · 978-89-01-06526-7(세트)

체육 시간에 과학 공부하기

전영석, 홍준의 지음

웅진주니어

들어가는 말

우리는 축구나 야구, 농구 등 운동 경기에 참여하며 즐거움을 느낀다. 참여하는 것만으로도 의의가 있지만 경기에서 좋은 기량을 발휘할 때 즐거움이 배가 된다. 어떻게 하면 운동을 잘할 수 있을까? 특정 기능이 익숙해 질 때까지 가장 효율적인 방법으로 많이 연습하는 것이다. 그렇다면 가장 효율적인 방법은 어떻게 찾을까? 여러 가지를 시도해 보고 시행착오를 통해 찾을 수도 있지만, 운동선수의 경기를 유심히 보고 그대로 따라해 보는 사람이 더 빨리 정답을 찾을 것이다. 운동선수의 축적된 지혜를 얻을 수 있으니까 말이다.

이에 덧붙여 동작과 관련된 과학적 원리를 이해하면 무조건 따라하는 것보다 더 쉽게, 더 빨리 그 동작을 자신의 것으로 만들 수 있다. 과학적 원리를 알면 운동에 참여할 때도 도움이 되지만, 관람할 때도 더 신나게 관람할 수 있다. 시야가 넓어지고 전에는 미처 보지 못했던 선수들의 동작이 보일 것이다.

『체육 시간에 과학 공부하기』는 체육과 관련된 과학 원리를 설명하고 있다. 이 책의 1, 2부에서는 수영, 달리기, 높이뛰기, 사이클, 축구, 농구, 야구 등 운동에 숨겨진 과학 원리를 이야기하고 있다. 속력의 뜻과 그 측정 방법, 힘과 에너지에 관련된 운동의 원리, 피겨 스케이팅의 회전 관성 등을 이해하게 될 것이다. 그리고 장대높이뛰기의 장대와 골프공, 야구공 등 운동 기구의 원리도 알 수 있을 것이다.

3부에서는 운동이 우리 몸과 어떤 관련을 맺고 있는지를 설명하고 있다. 운동을 하면 근육이 어떻게 발달하는지, 심장과 폐가 어떻게 단련되는지, 우리 몸 안에서 어떤 조절 작용이 일어나는지 등을 이해할 수 있을 것이다. 4부에서는 우리 생활과 밀접한 관련이 있는 체력, 다이어트, 약물에 대해 알아보고, 건강한 생활을 유지할 수 있는 방법을 알게 될 것이다.

이 책을 통해 운동 능력을 향상시키고 더 즐겁게 운동 경기를 관람하기를 바란다. 그리고 운동을 할 때 자신의 몸에서 일어나는 변화를 이해하고 건강을 유지하기 위해 노력하기를 바란다. 무엇보다 이 책에서 몇 십 건의 지식을 더 습득하는 것에 만족하기보다는 그 지식에 이르는 논리적 과정에 더 관심을 기울이길 바란다. 그래서 체육에서 궁금한 점을 발견하고 이를 해결할 수 있는 방법을 스스로 찾을 수 있다면 더 바랄 것이 없겠다.

2011년 저자 일동

차례

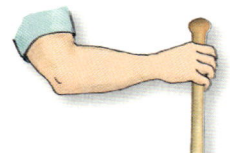

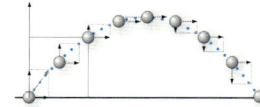

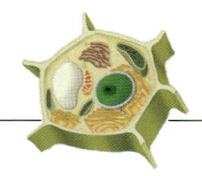

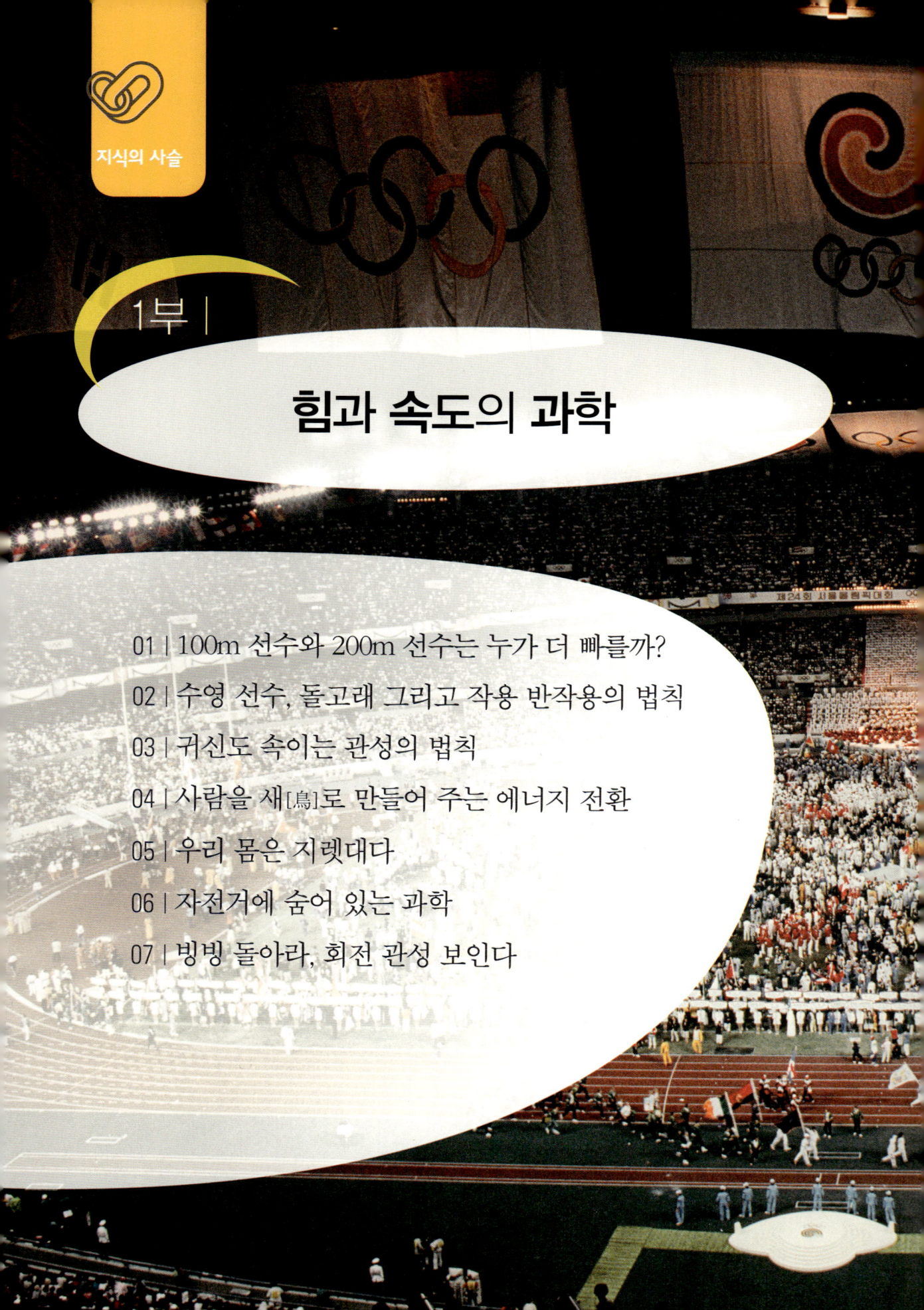

| 1부 |

힘과 속도의 과학

1894년, 프랑스의 피에르 쿠베르탱은 로마 제국 황제 테오도시우스가 이교도의 행사라고 금지한 올림픽을 부활시켰다. 쿠베르탱에게는 스포츠 제전을 통해 세계 각국 청소년들이 이해와 우정을 다지고, 세계 평화를 이룩하고자 하는 꿈이 있었다. 쿠베르탱은 올림픽의 표어를 '더 빠르게, 더 높이, 더 힘차게'로 정했다. 뛰고, 들어 올리고, 던지는 데에는 운동의 원리가 숨어 있다. '스포츠에 의한 인간의 완성'이라는 근대 올림픽의 이상에 따라 더 강한 경기력을 내기 위해서는 운동의 원리를 이해하고 그 원리를 적용해야 한다. 또한 운동의 원리를 이해하고 적용해야만 부상 없이 안전하게 스포츠 활동을 할 수 있을 것이다.

100m 선수와 200m 선수는 누가 더 빠를까?

2008년 베이징올림픽
육상 3관왕 우사인 볼트

고대 올림픽의 표어인 '더 빠르게, 더 높이, 더 힘차게'는 스포츠에서 강조하는 기본적이고 기초적인 능력을 잘 나타낸다. 한편 빠르기를 뜻하는 '속력'은 과학에서도 매우 중요하게 다루는 개념이다. 이 장에서는 운동과 연계하여 '속력'의 뜻과 측정 방법에 대해 알아보고, 여러 가지 물체의 운동에 대해 생각해 보는 기회를 가져보자. 또한 빠른 속력을 내기 위한 육상 선수의 조건을 과학적 관점에서 살펴보자.

2008년 베이징올림픽에서 자메이카의 우사인 볼트는 100m 달리기 세계 신기록을 세웠다. 총성이 울리자 볼트는 8명의 주자 중 일곱 번째로 출발했지만 특유의 폭발적인 스퍼트(spurt)로 선두로 나서기 시작했다. 80m 지점부터는 우승을 확인하고는 아예 전력 질주를 포기하고 팔을 양쪽으로 벌리며 결승선을 통과했다. 이 때 볼트의 신발은 끈이 풀려 있는 상태였다. 우사인 볼트가 세운 기록은 9초 69이다.

육상은 가장 빠른 사람을 가려내기 위해 같은 거리를 달리는 경주를 한다. 그럼 같은 거리를 달리지 않고도 빠르기를 비교하는 방법은 없을까?

빠르기를 비교하는 법

물체의 빠르기를 비교할 때는 육상 경기와 같이 정해진 거리를 주파하는데 걸린 시간을 비교할 수도 있고, 일정한 시간 동안 이동한 거리를 비교할 수도 있다. 일정한 시간, 즉 1초, 1분, 1시간 동안 얼마나 멀리 갔는지를 비교하는 것을 속력이라고 한다.

어떤 육상 선수가 10초 동안 90m를 이동했다면 1초마다 9m씩 이동한 셈이다. 이 때 평균 속력을 9m/s라고 쓰고 '9미터 매 초'라고 읽는다. 평균 속력이 9m/s라고 해서 전 거리를 1초마다 정확하게 9m씩 이동했다는 뜻은 아니다. 이보다 빨리 이동했을 때도 느리게 이동했을 때도 있지만 전체 거리를 통틀어서 매 초 9m씩 이동한 것과 마찬가지라는 뜻이다. 마라톤 선수가 달릴 때는 경주하는 동안 상태에 따라 매 순간 빠르기가 달라진다. 이때는 아주 짧은 시간 동안의 속력 값을 비교해야 하는데, 이런 속력을 순간 속력이라고 한다. 보통 속력이라고 하면 순간 속력을 의미한다.

우사인 볼트의 속력을 구하기 위해서는 어떻게 해야 할까? 100m를 9.69초에 달린 것이므로 1초 동안의 평균 이동 거리를 알려면 100m를 9.69초로 나누면 된다. 계산하면 10.31992가 나오는데, 소수 둘째 자리 이후의 값은 무의미하기 때문에 10.3m/s라고 하는 것이 적절하다.

$$\text{우사인 볼트의 속력} = \frac{\text{이동 거리}}{\text{이동하는데 걸린 시간}} = \frac{100m}{9.69초} \fallingdotseq 10.3 \text{ m/s}$$

높이뛰기	퓨마	3.7m
	캥거루	2.8m
	와피티	2.8m
	사람	2.5m
멀리뛰기	흰꼬리사슴	12.5m
	임팔라	12.5m
	퓨마	11.9m
	사람	9m
100m 달리기	치타	30.3m/s
	영양	28.6m/s
	프롱그혼	27.0m/s
	사람	10.3m/s
100m 수영	범고래	17.9m/s
	새치	17.9m/s
	대왕고래	13.3m/s
	사람	2.1m/s

동물들의 육상 및 수영 기록 | 지상에서 가장 빠른 동물로 알려진 치타는 100m 달리기 기록이 사람보다 3배 정도 빠르다.

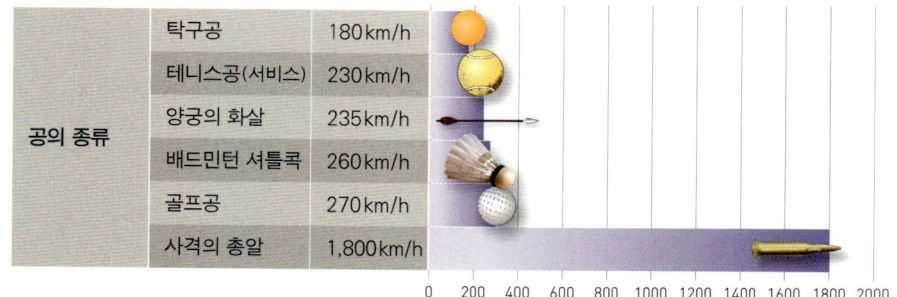

공의 종류	탁구공	180km/h
	테니스공(서비스)	230km/h
	양궁의 화살	235km/h
	배드민턴 셔틀콕	260km/h
	골프공	270km/h
	사격의 총알	1,800km/h

0 200 400 600 800 1000 1200 1400 1600 1800 2000

운동 경기에서의 속력 | 운동 경기를 볼 때 공의 움직임을 따라가지 못하고 놓치는 경우가 있다. 공이나 화살, 총알의 속력이 너무 빠르기 때문이다.

세계에서 제일 빠른 사람

육상 종목별 세계 신기록에 따라 평균 속력을 구하면 누가 가장 빠를까? 아마 달리는 구간이 짧은 100m 선수라고 생각할 수 있을 것이다. 그러나 직접 계산해 보면 조금 다르다.

종목	기록	평균 속력
100m	9.69초	10.32m/s
200m	19.30초	10.36m/s
400m	43.18초	9.26m/s
800m	1분 41.11초	7.92m/s
3,000m	7분 20.67초	6.80m/s
5,000m	12분 37.35초	6.78m/s
10,000m	26분 17.35초	6.34m/s
42,195m(마라톤)	2시간 4분 55초	5.76m/s

육상 종목별 세계 신기록 및 평균 속력 | 이동한 거리를 이동할 때 걸린 시간으로 나누어 평균 속력을 구했다.

$$100\text{m 선수의 평균 속력} = \frac{100\text{m}}{9.69\text{초}} \fallingdotseq 10.3 \text{ m/s}$$

$$200\text{m 선수의 평균 속력} = \frac{200\text{m}}{19.30\text{초}} \fallingdotseq 10.4 \text{ m/s}$$

계산해 보면 100m 선수의 평균 속력은 10.3m/s, 200m 선수의 평균 속력은 10.4m/s이다. 어떻게 100m보다 200m 선수의 속력이 더 빠른 것일까?

사람의 속력은 달리기 시작해서 3초 전후에 최고 속력에 도달한다. 그러므로 100m 경주에서는 최고 속도로 달리는 시간이 200m 경주보다 짧다. 100m 선수는 충분하게 실력 발휘를 하지 못하고 경주가 끝나는 것이다.

그렇다면 400m나 800m는 어떨까? 사람이 전속력으로 달릴 때 호흡에 의해 얻은 산소만으로는 충분한 에너지를 얻지 못한다. 그래서 근육에 저장된 산소를 쓰는데, 이 산소의 양이 한정되어 있다. 이는 중장거리 선수들이 오랫동안 최고 속도를 내지 못하는 이유이다. 따라서 이론적으로 평균 속력이 가장 빠른 구간은 200m이고, 세계에서 가장 빠른 평균 속력을 내는 선수는 200m 선수라고 할 수 있다.

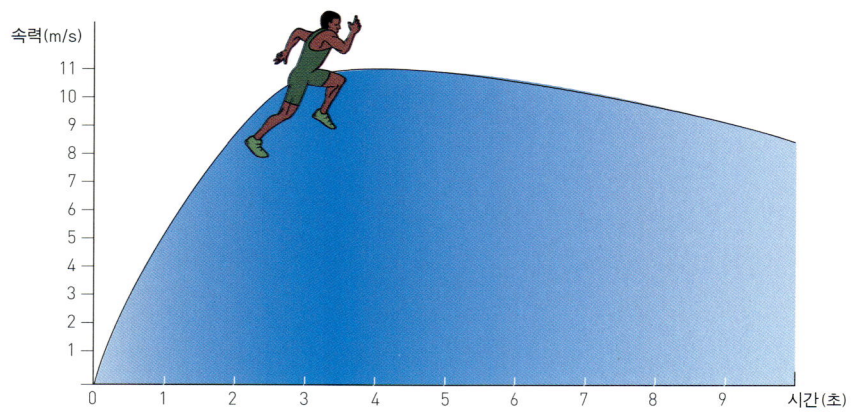

사람의 속력 | 사람은 달리기 시작해서 대략 3초 전후에 최고 속력에 도달한다.

경기력에 영향을 주는 요인

달리기의 속도는 1초에 몇 번 발을 내딛느냐에 관련된 피치(pitch)와 앞발과 뒷발 사이의 거리인 보폭에 의해 결정된다. 피치와 보폭이 모두 뛰어나면 좋겠지만 두 가지를 다 잘하기는 어렵다. 보통 키가 큰 선수들은 보폭이 크지만 피치는 늦고, 키가 작은 선수들은 피치는 빠르지만 보폭이 작다. 즉 키가 크면 성큼성큼 내딛어서 빨리 갈 수 있고, 키가 작으면 발을 빠르게 해서 빨리 갈 수 있다는 말이다.

따라서 각자의 신체 능력에 맞게 피치와 보폭을 향상시켜야 하며, 이를 위해 근력, 파워, 관절의 유연성을 기르는 훈련을 해야 한다. 100m를 9초 92에 주파한 육상 선수 칼 루이스의 경기를 분석해 본 결과 100m를 가는데 평균 43.6보를 내딛었으며 보폭은 229cm, 초당 피치는 4.4보였다고 한다.

빨리 달릴 수 있는 방법을 알기 위해서는 100m 구간의 운동을 세분하여 분석할 필요가 있다. 100m 달리기에서 출발부터 결승점에 도착할 때까지를 세분하면 5개로 나눌 수 있다.

❶ 신경 반응 시간 : 출발 총소리를 감각 신경이 듣고, 운동 신경이 반응하여 스타팅 블록(starting block)을 밀기 시작할 때까지의 시간
❷ 스타팅 블록에서 1보까지의 시간 : 스타팅 블록을 차고 뛰어나가 발이 첫 번째로 땅에 닿을 때까지의 시간
❸ 가속 질주 시간 : 1보부터 최고 속력에 도달할 때까지의 시간
❹ 최고 속도 질주 시간 : 최고 속력을 유지하며 달리는 시간
❺ 속력 감소 시간 : 속력이 떨어지면서부터 100m 지점을 통과할 때까지의 시간

100m 달리기에서 출발이 가장 중요하다고 생각하기 쉽지만 연구에 의하면 최고 속력에 도달하기까지의 시간이 64%, 최고 속도로 질주할 때의 시간이 18% 영향을 주는 것으로 나타났다. 즉 누가 가장 빨리 최고 속력에 도

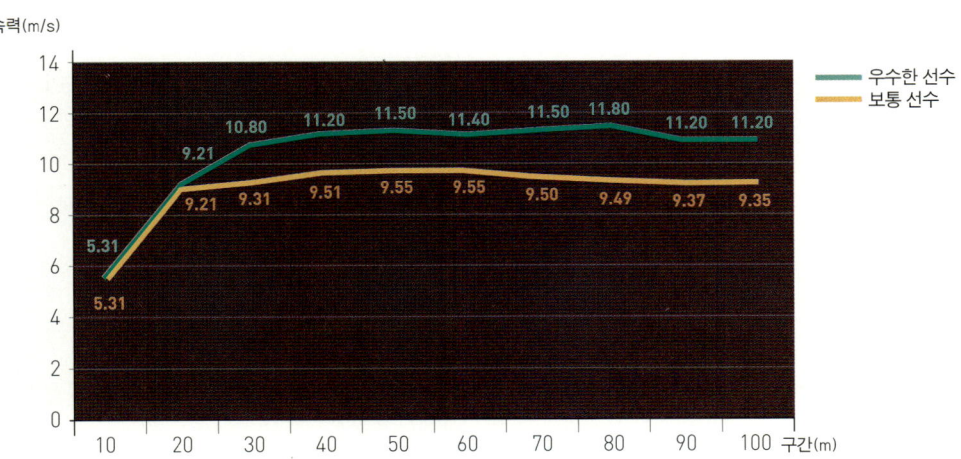

100m 달리기에서 10m 구간별 속도 비교 | 우수한 선수일수록 최고 속도를 높이 올리며, 속도를 유지하는 능력도 우수하다.

달하는가, 또 최고 속력을 얼마만큼 유지할 수 있는가가 단거리 달리기 경기에 가장 큰 영향을 준다는 것이다. 우사인 볼트도 출발은 늦었지만 가장 좋은 기록을 내어 금메달을 손에 쥐었다.

앞의 그래프는 보통 선수와 우수한 선수의 단거리 기록을 비교한 것이다. 우수한 선수일수록 최고 속도를 많이 올리며, 속도를 유지하는 능력도 우수하다는 것을 알 수 있다. 따라서 가속 능력과 최고 속도를 지속할 수 있는 능력을 키우는 것이 단거리 기록 단축에 중요하다.

기록은 어떻게 측정하나?

2004년 아테네올림픽 100m 결승전에서 미국의 저스틴 게이틀린은 포르투갈의 프란시스 아비크웰루를 1/100초 차이로 따돌렸다. 두 선수의 거리 차는 10cm에 불과했지만 승패는 갈렸다. 육상이나 수영과 같은 기록 경기에서는 아주 정밀한 측정이 필요하다.

인간의 눈으로 측정하는 데는 한계가 있다. 사람은 눈으로 본 영상을 뇌에서 판독하는데, 이때 걸리는 시간이 약 0.03초이다. 따라서 이보다 짧은 시간 안에 일어나는 변화는 알아차리기 힘들다. 그래서 이용되는 것이 컴퓨터 계시기이다. 육상 선수가 결승선을 통과할 때, 1/1000초까지 정확히 잴 수 있는 컴퓨터 계시기가 달린 카메라로 선수들을 촬영한다. 즉 1초에 1,000장면까지 세분화하여 촬영한 것으로 결과를 판독하는 것이다.

1980년대부터 도입된 컴퓨터 계시기로 인간의 오차를 최대한 배제할 수 있다. 육상뿐만 아니라, 스피드 스케이팅, 수영 등 대부분의 기록 종목에서 이용되고 있다. 특히 수영은 수영장 끝의 수면 바로 아래에 감지판이 달려 있어서, 출발을 알리는 권총 소리가 날 때부터 선수가 결승점의 감지판을 손으로 터치할 때까지의 시간이 기록되어 결과가 자동으로 처리된다.

결승점의 순위 분석뿐 아니라 출발할 때의 반칙도 컴퓨터로 감지하여 판정한다. 육상은 출발 신호를 알리는 피스톤과 시계, 확성기가 한 선에 연결돼 있어 선수의 부정 출발을 감시한다. 멀리뛰기는 선수가 발 구름판의 출발선을 넘었는지 전자 센서가 감지하여 알려 준다. 이처럼 인간의 한계를 극복할 수 있는 전자 기계의 도입으로 1/1000초까지 정확한 측정을 할 수 있다.

출발 위치는 달라도 달리는 거리는 같다

지구를 완벽한 구라고 생각하고 지구 둘레에 꼭 맞게 줄을 두른다고 가정하자. 줄의 길이를 10m 늘인 다음, 다시 지구 중심을 중심으로 지구 둘레를 감싸는 원을 만든다면 지구와 줄 사이의 틈은 어느 정도나 될까?

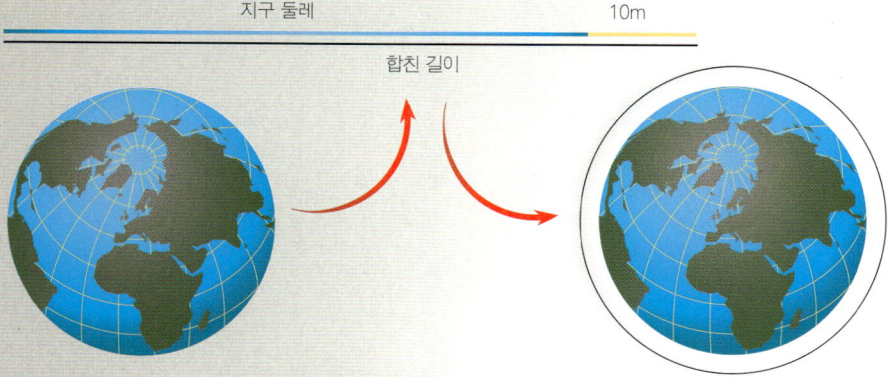

지구 반지름을 R, 둘레를 L이라고 하자.

지구 둘레에 10m를 더하면 L+10이므로, 이 길이를 둘레로 하는 원의 반지름은
$(L+10) \div 2\pi = \frac{L}{2\pi} + \frac{10}{2\pi} = R + 1.6$ 이다.

따라서 키가 160cm 정도인 사람이 통과하기에 적절한 높이의 틈이 생긴다. 이처럼 원의 둘레가 늘어나면 늘어난 반지름의 길이는 원래 원의 크기에 관계없이 늘어난 둘레와만 비례한다.

육상의 트랙도 마찬가지이다. 트랙은 반원 2개와 직사각형이 합쳐진 모양이기 때문에 트랙의 폭이 같으면 트랙의 길이 차이도 어디서나 일정하다.

대한육상경기연맹에서는 레인의 너비를 125cm로 권장하고 있다. 그리고 400m 트랙 1레인의 길이는 400m이고 바깥쪽으로 갈수록 늘어난다.

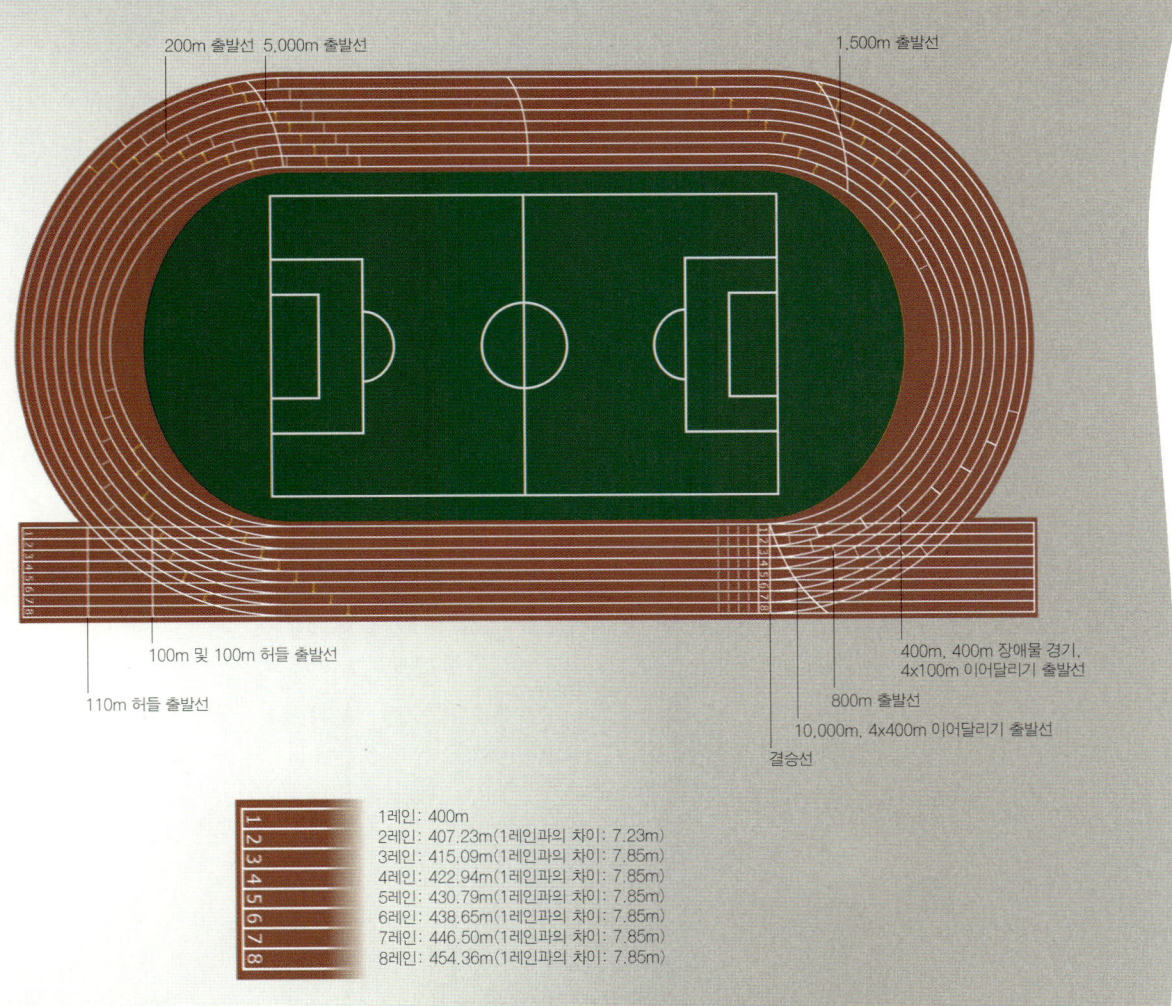

200m 출발선　5,000m 출발선

1,500m 출발선

100m 및 100m 허들 출발선

110m 허들 출발선

400m, 400m 장애물 경기,
4x100m 이어달리기 출발선

800m 출발선

10,000m, 4x400m 이어달리기 출발선

결승선

1레인: 400m
2레인: 407.23m(1레인과의 차이: 7.23m)
3레인: 415.09m(1레인과의 차이: 7.85m)
4레인: 422.94m(1레인과의 차이: 7.85m)
5레인: 430.79m(1레인과의 차이: 7.85m)
6레인: 438.65m(1레인과의 차이: 7.85m)
7레인: 446.50m(1레인과의 차이: 7.85m)
8레인: 454.36m(1레인과의 차이: 7.85m)

2레인을 제외하고 3레인부터 8레인까지는 모두 앞 레인과의 거리 차이가 7.85m이다. 1레
인과 2레인 사이의 거리 차이만 7.23m로 다른 이유는 규정상 측정하는 위치가 다르기 때
문이다. 1레인의 트랙 길이는 라인에서 30cm 떨어진 곳을 따라 측정하며 그 외 2레인부터
8레인까지는 라인에서 20cm 떨어진 곳을 따라 측정하도록 되어 있다. 만일 1레인도 라인
에서 20cm 떨어진 곳을 따라 측정한다면 399.38m로 2레인과의 거리 차이가 7.85m로 다
른 곳들과 같다.

02 수영 선수, 돌고래 그리고 작용 반작용의 법칙

2008년 베이징올림픽
수영 8관왕 마이클 펠프스

1장에서는 운동의 정도를 나타내는 '속력'에 대해 알아보았다. 이 장에서는 그 운동을 일으키는
원인에 대해 다루어 볼 것이다. 300년 전에 살았던 과학자, 뉴턴이 발견한 작용 반작용의
법칙은 육상, 수영, 승마, 조정 등 스스로 움직이는 모든 운동의 원리를 설명해 준다.
여기서는 작용 반작용의 법칙에 대해 자세히 알아보고, 이 법칙이 실제 운동에 어떻게
적용되는지 다양한 사례를 통해 살펴보자.

2008년 박태환은 베이징올림픽 수영 자유형 400m 결선에서 3분 41초 86을 기록하며 가장 먼저 결승점을 찍었다. 올림픽 수영 자유형에서 아시아인이 금메달을 딴 것은 72년 만이다.[1] 박태환이 물살을 가르며 나아가는 모습을 보면서 돌고래를 떠올린다는 사람도 많다. 박태환이나 돌고래가 물살을 가르는 모습, 치타가 달리거나 송골매가 나는 모습에 모두 같은 과학의 법칙이 담겨 있다.

1 1936년 베를린올림픽에서 일본의 데라다 노보루 선수가 남자 1,500m에서 금메달을 목에 걸었다.

작용과 반작용의 법칙이란?

동물은 끊임없이 움직인다. 종에 따라 신체 구조나 운동 방식은 다르지만, 동물들이 움직이는 근본 원리는 모두 같다. 그 원리는 무엇인가를 밀어내거나 끌어당긴다는 것이다. 동물들이 무엇인가를 밀어낼 때마다 반대 방향으로 같은 크기의 힘을 받는다. 이 힘이 동물을 움직이게 하는 것이다.

무언가를 밀어낼 때마다 반대 방향으로 같은 크기의 힘을 받는 것, 이것이 뉴턴(1642~1727)[2]이 발견한 작용과 반작용의 법칙이다.

사람이 걸을 때 발이 지면을 미는 힘을 작용력이라고 하면, 반대로 지면이 발에게 주는 힘을 반작용력이라고 한다. 즉 발이 지면을 밀면 지면도 발을 밀기 때문에 앞으로 걸을 수 있는 것이다. 자동차가 앞으로 나갈 수 있는 것도 작용과 반작용 때문이다. 자동차 바퀴가 지면을 뒤로 밀면, 그 반작용으로 지면이 바퀴를 앞으로 밀어서 자동차가 나갈 수 있다. 배에서 노를 저어 나가는 것도 같은 원리이다. 노를 이용해 물을 밀어내면, 물이 노를 반작용으로 밀어내기 때문에 배가 앞으로 나간다. 바람을 가득 채운 풍선의 입구를 손으로 잡고 있다가 놓으면 풍선이 앞으로 나아간다. 이것 역시 풍선의 입구에서 바람이 빠져나오면(작용), 그 반작용으로 풍선이 앞으로 나가는 것이다.

2 영국의 물리학자이자 천문학자, 수학자이다. 수학에서는 미적분법을 창시하고, 물리학에서는 뉴턴역학의 체계를 확립했다. '자연은 일정한 법칙에 따라 운동하는 복잡하고 거대한 기계'라는 역학적 자연관은 계몽사상의 발전에 지대한 영향을 주었다.

운동 경기에 나타나는 작용 반작용의 법칙

이러한 작용 반작용의 법칙은 대부분의 운동 경기에서 찾아볼 수 있다. 작용한 힘과 반대 방향으로 같은 크기의 힘이 작용한다는 사실에 주목해서 작용 반작용의 법칙을 살펴보자.

그림처럼 수영 선수가 수영장의 한 쪽 벽을 발로 밀면, 벽이 선수를 미는 반작용력을 받는다. 두 힘은 크기가 같고 방향이 반대이므로 서로 상쇄된다고 생각하기 쉽지만, 그렇지 않다. 수영 선수가 벽을 미는 힘은 벽에 작용하며, 반작용력인 벽이 선수를 미는 힘은 선수에게 작용한다. 따라서 서로 다른 물체에 작용하는 힘이므로 두 힘을 더하거나 뺄 수 없다. 보통 수영장은 50m이기 때문에 100m 이상 경기하는 선수들은 레인의 끝에서 벽을 미는 턴(turn)을 한다. 수영 선수가 벽을 밀 때 앞으로 쭉 나가는 힘을 크게 받기 위해서는 어떻게 해야 할까? 작용 반작용은 힘의 크기가 같으므로 다리로 벽을 힘껏 밀수록 벽이 미는 힘도 세져서 추진력을 더 많이 받을 수 있다. 즉 벽을 가장 세게 밀 수 있는 동작을 익히고 근력을 키워야 한다.

노 젓기와 마찬가지로 물속에서 앞으로 나아가기 위해서는 손으로 물을 밀어야 한다. 다리로 물을 차기도 하지만, 수영을 할 때 필요한 힘의 80%는 팔의 힘에서 나온다. 힘은 항상 쌍으로 작용하기 때문에 사람이 손으로

수영할 때의 작용 반작용 법칙
수영 선수가 발로 벽을 미는 힘이 작용력, 벽이 선수를 미는 힘이 반작용력이다.

반작용력　작용력

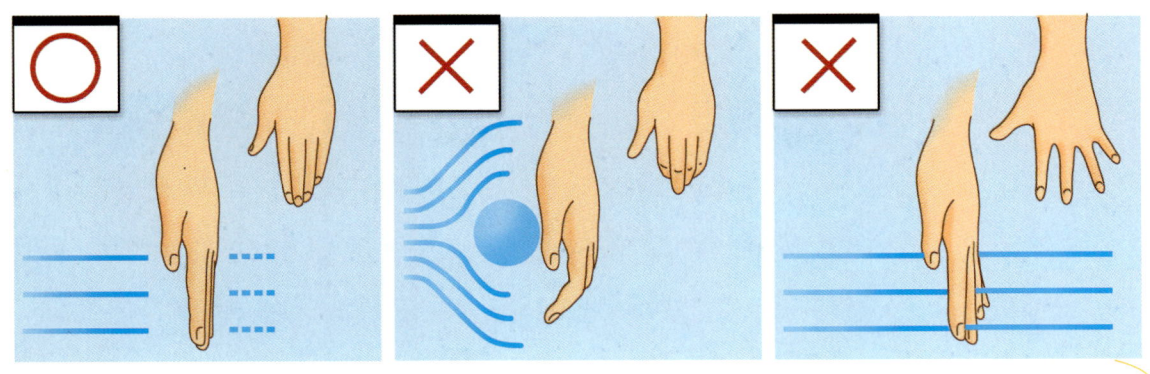

수영할 때 손 모양
물을 잘 밀어낼 수 있게 손 모
양을 만들어야 효율적으로
앞으로나갈 수 있다.

물을 뒤로 밀면 물도 사람을 앞으로 민다. 따라서 효율적으로 나가기 위해서는 물을 잘 밀어낼 수 있게 손의 모양을 만들어 주어야 한다.

속력이 가장 빠른 영법

지금까지 개발된 영법 중 속력이 가장 빠른 영법은 자유형 영법 중 하나인 크롤 영법이다. 크롤 영법을 완성한 사람은 1878년 오스트레일리아로 이주한 영국 수영 선수 리처드 캐빌이다. 그는 오스트레일리아에서 수영에 뛰어난 원주민 출신의 젊은이로부터 크롤 영법을 배웠다.

크롤 영법이 속력이 가장 빠른 이유는 항력을 최소로 했기 때문이다. 항력은 물속에서 움직일 때 받는 저항력을 말한다. 항력은 선수의 속도, 몸의 형태, 수영복의 재질에 따라 달라진다. 물고기는 몸이 유선형으로 생겼다. 유선형은 물이 몸 주위를 자연스럽게 흐르도록 하여 항력을 줄일 수 있는 형태이다. 그러나 사람이 물고기처럼 유선형으로 생길 수는 없다. 따라서 몸을 최대한 유선형으로 만들어서 헤엄치는 것이 크롤 영법이다. 크롤 영법에서는 한쪽 팔로 물을 저을 때 다른 팔과 어깨는 물 밖으로 내놓는다. 물과 닿는 면적을 줄여 항력을 덜 받기 위한 것이다.

달리기에서도 작용 반작용의 법칙을 최대한 이용해 기록을 단축시킬 수 있다. 아래 그림처럼 출발하는 것을 '크라우칭 스타트'라고 한다.

'캥거루 스타트'라고도 불리는 이 기법은 1888년 미국의 셰릴이라는 사람이 처음 고안했다. 캥거루는 몸집이 큰 동물 중 가장 높이 뛰어오를 수 있는 동물이다. 캥거루는 점프할 때 발을 구부렸다가 쭉 뻗으면서 몸을 내민다. 그러면 그냥 서서 발을 밀 때보다 더 큰 힘으로 밀 수 있기 때문에 땅에서 반작용력을 더 많이 받을 수 있고, 더 빠른 속도로 나갈 수 있다. 1896년 선 채로 출발한 남자 100m 기록은 12초 대에 불과했다. 크라우칭 스타트를 사용하는 현재는 9초 대까지 기록이 단축되었다.

크라우칭 스타트의 작용 반작용 법칙

단거리 육상 경주를 할 때 몸을 웅크린 상태에서 출발하면 서서 출발할 때보다 더 큰 힘으로 땅을 밀기 때문에 반작용력을 더 많이 받아 더 빠른 속도로 출발할 수 있다. 스타팅 블록은 힘의 방향을 앞쪽으로 향하게 하여 무게 중심이 쉽게 이동하도록 도와준다.

반작용력

작용력

헬리콥터에 꼬리 날개가 있는 까닭

헬리콥터에 회전 날개가 하나만 있다고 생각해 보자. 헬리콥터 엔진을 켜면 날개에 힘이 가해져서 돌기 시작한다. 엔진이 날개를 밀면 날개도 엔진을 반대 방향으로 민다. 이에 따라 헬리콥터 본체는 날개의 회전 방향과 반대 방향으로 돌게 된다. 헬리콥터가 뱅글뱅글 돌면 무척 위험하다. 이러한 본체의 회전을 막기 위해서 두 번째 날개를 장착하여 반대 방향으로 회전시키는 것이다. 헬리콥터가 떠오르거나 앞으로 진행하는 원리도 역시 작용 반작용의 법칙과 관련이 있다. 주 날개가 돌아 공기를 아래로 밀면 공기가 날개를 밀어 올린다. 앞으로 나아가고 싶으면 공기를 약간 뒤쪽으로 밀면 된다. 그러면 앞쪽으로 추진력을 얻을 수 있다.

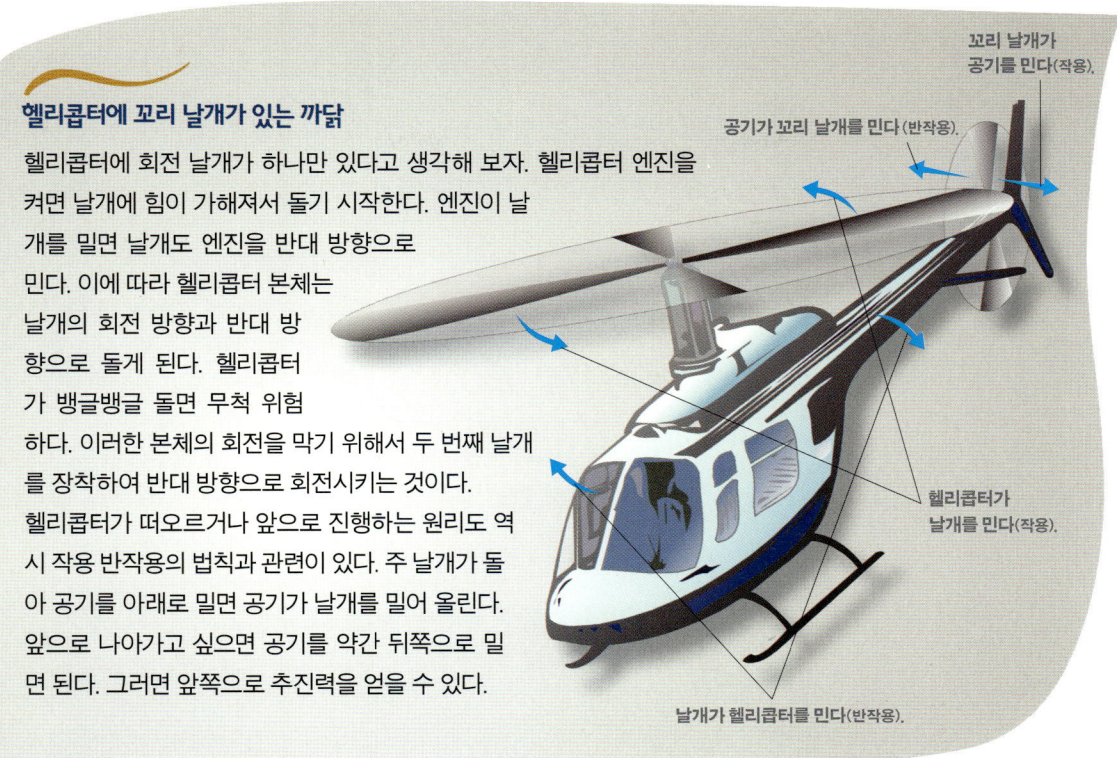

꼬리 날개가 공기를 민다(작용).

공기가 꼬리 날개를 민다(반작용).

헬리콥터가 날개를 민다(작용).

날개가 헬리콥터를 민다(반작용).

크라우칭 스타트에 사용되는 스타팅 블록(starting block) 역시 기록 단축에 큰 역할을 한다. 이 기구를 처음 사용한 사람은 미국의 조지 심프슨이며, 1929년에 처음 사용했다. 심프슨은 스타팅 블록을 사용해 기록을 향상시켰다. 스타팅 블록의 역할은 힘의 방향을 조절하는 것이다. 선수가 블록을 밀 때 이에 대한 반작용으로 블록이 선수를 밀어낸다. 비스듬한 각도로 되어 있는 스타팅 블록은 힘의 방향을 위쪽이 아닌 앞쪽으로 향하게 해 선수가 출발할 때 무게 중심의 이동이 쉽도록 도와주는 역할을 한다.

다리만 달리기와 관련 있는 것은 아니다. 달리기는 팔의 움직임과도 관련이 있다. 달리기를 할 때 오른팔이 뒤로 나가면 왼발이 앞으로 나가는 것이 자연스럽다. 또 빨리 뛸 때는 자연스럽게 손동작도 커진다. 이렇게 팔을 앞뒤로 흔들면 반대쪽 다리가 지면을 밀 때 더 많은 추진력을 준다. 즉 팔을 앞뒤로 더 세게 흔들수록 그 반작용으로 지면을 더 강하게 밀치고 나가는 것이다.

025

작용 반작용의 법칙은 스케이팅에도 적용된다. 스케이트 선수가 커브(curve)를 돌기 위해서는 안쪽으로 힘을 받아서 운동 방향이 바뀌어야 한다. 힘을 받지 않으면 스케이터는 계속 직선 운동을 할 것이다. 스케이트 선수가 운동 방향과 수직으로 힘을 받으면 속력은 변하지 않고 방향만 틀어진다. 이를 위해 스케이트 선수는 스케이트를 바깥쪽으로 민다. 그러면 얼음은 반작용으로 사람을 안쪽으로 민다. 이 힘을 받아 스케이터가 커브를 돌 수 있게 된다.

얼음을 미는 힘이 강하면 얼음도 사람을 미는 힘이 강해지므로, 스케이터는 더 빨리 커브를 돌 수 있다. 따라서 스케이트 날을 갈 때에는 얼음을 잘 밀 수 있도록 간다. 스케이트 날은 보통 칼날과 같이 날카롭게 가는 것이라고 생각하기 쉽지만, 얼음을 잘 밀 수 있도록 가장자리의 각을 뚜렷하게 간다.

스케이팅의 작용 반작용 법칙
커브를 돌기 위해 날로 얼음을 밀면 반작용으로 얼음이 사람을 안쪽으로 밀어서 이 힘으로 운동 방향을 바꿀 수 있다.

스케이트 날은 얼음을 잘 밀 수 있게 가장자리의 각이 뚜렷하게 간다.

작용력   반작용력

농구 선수 마이클 조던은 먼 거리에서 뛰어 올라 덩크 슛(dunk shoot)[3]을 하는 '에어덩크'를 선보였다. 인간의 한계를 뛰어넘은 듯한 이 점프의 비밀 역시 작용 반작용의 법칙에 있다. 점프하기 전 발로 바닥을 힘껏 밀면 반작용으로 몸이 위로 솟아오를 수 있는 힘을 받는다. 발로 바닥을 미는 힘을 크게 해 주는 것이 높은 도약의 비밀이다. 바닥을 밀 때 다리를 구부렸다가 펴면 더 큰 힘을 받을 수 있다. 그러나 보통 사람이 아무리 다리를 구부렸다 펴면서 점프를 해도 마이클 조던처럼 뛸 수는 없다. 마이클 조던은 점프를 하는 데 작용하는 다리 근육의 힘이 매우 크기 때문에 도약력이 다른 것이다.

달리기와 마찬가지로 점프하기 전 팔을 힘차게 흔드는 것도 도움이 된다. 팔을 높이 올리면 반작용으로 몸은 아래쪽으로 향하는 힘을 받게 되고, 그 힘은 바닥을 미는 힘을 증가시켜 더 높이 뛰어오르게 하기 때문이다.

[3] 공을 손에서 떼지 않은 채 뛰어올라 링 위에서 내리꽂듯이 하는 슛이다.

사람은 얼마나 높이 뛸 수 있을까?

에어덩크를 하고 있는 마이클 조던

정지 동작에서 점프하여 수직으로 얼마나 뛰는가를 알아보는 점프를 서전트 점프(sergeant jump)라고 한다. 이는 20세기 초반 체육 교육의 기초를 세웠던 미국의 더블리 서전트라는 사람의 이름에서 따온 것이다. 대학생을 가르치던 그는 수직 점프의 높이가 평균 51cm 정도 된다는 것을 알았다. 서전트 점프의 최고 기록은 미국프로농구(NBA) 선수 중 데릴 그리피스의 기록인 121.9cm이다. 마이클 조던은 109.2cm를 뛰었다고 한다.

동물의 움직임에 나타나는 작용 반작용의 법칙

새는 날개가 있어서 날 수 있고, 물고기는 지느러미로 헤엄을 친다. 말은 달릴 수 있도록 네 다리가 있다. 모든 동물은 사는 장소나 운동 방법에 적합한 구조이지만, 이들이 움직이는 원리를 살펴보면 모두 같다.

새나 곤충은 날아다닌다. 또 날치나 박쥐처럼 새나 곤충은 아니지만 날 수 있는 동물이 있다. 날아다니는 동물들은 모두 날개나 날개와 비슷한 것이 있어서 이를 사용하여 공기를 밀어내기 때문에 움직일 수 있다.

물속에 사는 대부분의 동물들은 헤엄을 친다. 그렇지만 수영하는 방식은 종마다 약간씩 다르다. 물고기는 꼬리지느러미와 몸의 뒷부분을 이용해 물을 밀어낸다. 이런 동작을 하기 위해서 물고기에는 몸을 따라 나란히 늘어선 긴 근육이 있다. 물고기가 물을 밀어내면 물은 물고기를 반대 방향으로 밀어낸다. 이렇게 해서 물고기는 앞으로 나아가는 것이다. 유글레나와 같은 원생생물[4]은 채찍처럼 생긴 편모라는 꼬리로 물을 치면서 앞으로 나간다.

4 1개의 핵을 가진 단세포 생물로서 가장 원시적인 생물이다. 청녹조류를 제외한 모든 조류(藻類), 균류 등이 포함된다. 하등인 경우에는 식물과 동물의 구별이 어렵다.

새가 날개 짓할 때의 작용 반작용 법칙
새는 날개로 공기를 밀고, 공기가 날개를 밀어 날아다닐 수 있다.

반작용력
작용력
반작용력
작용력

또 오징어와 같은 종류는 '제트 분사'를 통해 물을 헤치며 나가기도 한다. 오징어는 옆에 달린 지느러미를 사용해서 앞으로 나가는데, 위험이 닥치면 앞에 달려 있는 깔때기로 물을 뿜어내면서 재빨리 뒤로 휙 가버린다. 이 동작이 제트기[5]가 날아가는 모습과 매우 닮았다.

　　　땅 위에서 사는 동물이 움직이는 방법은 가지각색이다. 그렇지만 여기에도 다 같이 적용되는 원리가 있다. 땅 위에 사는 동물들은 대개 다리로 땅을 밀어낸다. 땅의 마찰력 때문에 땅은 다시 동물을 민다. 그렇게 해서 동물들이 움직이는 것이다. 만일 바닥이 얼음판과 같이 미끄러워서 마찰이 충분하지 않다면 땅을 밀 수 없어 제대로 걸을 수 없다. 야구 선수나 축구 선수들이 스파이크 슈즈(spike shoes)를 신는 것도 마찰을 증가시켜 더 큰 반작용을 얻기 위해서이다.

5 제트 기관을 사용하는 비행기로, 제트 기관은 연소 가스를 세게 내뿜어서 그 반작용으로 추진력을 얻는 기관이다. 연료를 태우는 산소를 공기 중에서 얻기 때문에 우주 공간을 비행하지는 못한다.

029

03 귀신도 속이는 관성의 법칙

국제축구역사통계재단 선정 지난 20년간
최우수 골키퍼 1위 잔루이지 부폰

'관성'은 '작용 및 반작용'과 함께 물체의 운동을 이해하는데 매우 중요하다. '작용과 반작용'이
운동하는 물체가 어떻게 추진력을 얻는지 설명하는 원리라면, '관성'은 물체가 어떻게 운동을
유지하는지를 설명하는 원리이다. 관성은 물체가 가지고 있는 고유한 성질인데, 관성이 클수록
운동 상태를 변화시키기가 어렵다. 축구나 농구와 같이 운동 방향이나 속력의 전환이 빠른
경기에서는 관성의 법칙을 알고 활용해야만 경기력을 극대화시킬 수 있다. 이 장에서는
관성의 법칙에 대해 이해하고 각 운동 경기에 적용되는 사례를 살펴보자.

월드컵 축구 경기의 16강부터는 토너먼트(tournament)[1] 방식으로 경기가 진행되기 때문에 반드시 승패가 가려져야 한다. 그래서 연장전까지도 승패가 가려지지 않을 경우 승부차기를 한다. 축구의 승부차기는 골키퍼(goalkeeper)와 키커(kicker), 관중들에게 극도의 긴장감을 유발한다. 한때 선수들의 심리에 부정적인 영향을 미친다고 해서 폐지하자는 의견도 있었지만 지금까지는 승부를 가릴 수 있는 대안이 없다. 키커는 자신이 원하는 방향으로 정확하게 차야 하고, 골키퍼는 키커의 움직임이나 심리 상태를 파악해 움직여야 막을 수 있다.

[1] 경기를 거듭할 때마다 진 팀은 제외시키면서 이긴 팀끼리 겨루어 마지막에 남은 두 팀으로 우승을 가리는 경기 대전 방식이다. 경기에 참가한 모든 팀이 서로 한 번 이상 겨루어 가장 많이 이긴 팀이 우승하는 방식은 리그(league)라고 한다.

승부차기에 숨은 관성의 법칙

승부차기에서 공을 차는 지점과 골대와의 거리는 10.97m이다. 키커가 찬 공이 골라인(goal line)에 들어오는 순간까지 걸리는 시간은 대략 0.4초이고, 골키퍼가 몸을 날리는 것은 이보다 느린 약 0.6초이다. 결국 이론적으로는 골키퍼가 서 있는 자리로 공이 들어오지 않는 한 골키퍼는 절대로 공을 막을 수 없다.

0.6초 정도의 시간이 필요한 이유는 바로 관성 때문이다. 관성은 정지하는 물체는 계속 정지해 있으려고 하고, 움직이는 물체는 계속 움직이려고 하는 것을 말한다. 골키퍼가 멈추어 있다가 공이 오는 방향으로 움직이려면 시간이 필요하다. 이는 현재의 운동 상태인 정지 상태를 유지하려는 관성 때문에 걸리는 시간이다. 따라서 골키퍼는 키커가 공을 차기 전에 키커의 동작과 심리 상태 등을 파악해 미리 움직여야 한다. 그러나 공을 차는 순간 골키퍼의 움직임까지 예상한 키커가 갑자기 방향을 바꾸면 이미 몸을 기울인 골키퍼는 관성 때문에 몸의 운동 방향을 바꾸기가 매우 어렵다.

관성은 물체가 운동 변화에 저항하려는 성질을 말하는 것으로, 갈릴레이(1564~1642)[2]가 개념을 정립하고 뉴턴이 운동의 법칙으로 정리한 것이다.

갈릴레이 전에는 물체의 정상적인 상태를 정지한 것으로 보았다. 아리스토텔레스(기원전 384~기원전 322)는 운동을 크게 자연적인 운동과 강제적인 운동으로 구분하여 생각했다. 자연적인 운동은 물체가 자신이 있어야 할 자리에 있지 않음으로써 자연스럽게 생겨나는 운동을 말한다. 예를 들어 땅에 있어야 할 돌이 공중에 있으면 원래 있어야 할 자리로 떨어지고, 공중에 있어야 할 연기를 땅 위에서 피우면 공중으로 자연스럽게 올라간다고 생각한 것이다. 강제적인 운동은 밀거나 끄는 외부의 힘에 의해 생기는 운동을 말한다. 아리스토텔레스는 힘이 작용하지 않는다면 모든 물체는 움직이지 않으며, 힘이 작용할 때 움직임이 생긴다고 생각했다.

갈릴레이는 이러한 아리스토텔레스의 생각에 문제가 있다고 생각했다. 갈릴레이는 사고(思考) 실험[3]을 통해 일단 직선으로 운동하기 시작한 물체는 그 운동 상태를 계속해서 유지하려는 경향이 있음을 밝혀냈다. 즉 움직이지 않고 있던 물체는 계속 움직이지 않으려고 하지만, 일단 움직이기 시작한 물체는 외부의 힘이 사라져도 계속 직선으로 그 움직임을 유지하려는 성질이 있다는 것이다. 이러한 성질이 관성이다.

뉴턴은 갈릴레이의 관성 개념을 정리하여 뉴턴의 제 1법칙, 즉 관성의 법칙을 발표했다.

> 물체에 작용하는 힘에 의해 상태가 바뀌지 않는다면 정지해 있는 물체는 계속해서 정지해 있고, 운동하는 물체는 직선으로 같은 운동을 계속한다.

2 이탈리아의 물리학자이자 천문학자, 철학자이다. 물체의 운동을 연구하여 관성의 법칙, 낙하 물체의 가속도가 일정하다는 사실 등을 밝혔다. 또 망원경을 제작하여 달의 산과 계곡, 태양의 흑점, 목성의 위성 등을 발견하였고, 지동설을 주장하여 교황청으로부터 종교 재판을 받았다.

3 직접 실험하지 않고 실험하는 상황을 가정하여 이치에 따라 어떤 일이 일어날지를 생각하여 결론을 내리는 실험을 뜻한다.

갈릴레이의 빗면 사고 실험
갈릴레이는 마찰이 없는 굽은 모양의 레일에서 쇠구슬을 굴린다고 가정하고 구슬의 운동 상태를 다음과 같이 생각했다. 구슬을 A와 같은 빗면을 따라 운동하게 하면, 구슬은 처음의 위치와 같은 높이까지 올라간다. 또 B, C와 같이 빗면의 기울기를 작게 하면 처음과 같은 높이까지 올라가기 위하여 구슬은 더 멀리 굴러갈 것이다. D와 같은 경우에는 구슬이 처음의 위치와 같은 높이까지 올라가기 위해 수평면을 끝없이 굴러갈 것이다.

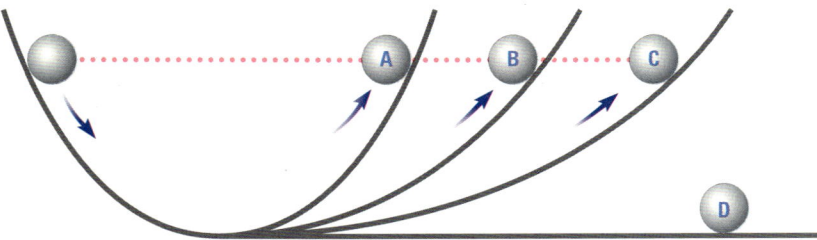

키가 작으면 승부차기에 유리할까?

다시 승부차기 이야기로 돌아가 보자. 결국 승부차기는 공의 방향을 결정하는 키커와 몸의 방향을 결정하는 골키퍼 사이의 치열한 두뇌 싸움이라고 할 수 있다. 공이든 몸이든 상대의 운동을 정확히 예상하고 재빨리 행동하는 것이 중요하다. 이미 슛한 공이나 한 번 움직인 몸을 되돌리기는 매우 어렵기 때문이다.

관성의 크기는 질량에 영향을 받는다. 몸이 무거운 사람일수록 몸을 재빨리 움직이기 어렵다. 예를 들어 빠른 순발력이 요구되는 탁구나 배드민턴 경기에서 100kg이 넘는 선수가 뛰어난 활약을 하기는 어렵다. 물체의 질량이 바로 그 물체가 갖는 관성의 크기이기 때문이다.

물체의 질량이 크면 클수록 관성은 더욱 커진다. 따라서 그 물체의 운동 상태를 변화시키려면 더 많은 힘이 필요하다. 세계적인 축구 선수들 중에는 의외로 키가 작은 선수들이 많다. 아르헨티나의 축구 스타 메시는 169cm이며, 브라질의 카를로스는 168cm이다. 키 작은 선수는 질량이 작아서 질량이 큰 선수보다 관성의 영향을 적게 받는다. 따라서 민첩하게 움직일 수 있다. 정지 상태에서 움직이거나 움직이는 상태에서 정지하기가 유리한 것이다.

그렇다면 골키퍼도 키가 작은 것이 유리할까? 그렇지 않다. 키가 작으면 관성이 줄어들어 민첩성이 커지지만, 그만큼 방어할 수 있는 공간이 줄어든다. 요즘 키커들은 '파워 슈팅'으로 공을 찬다. 파워 슈팅은 속도가 시속 120km 정도 되는데, 이 정도 속도면 골키퍼가 아무리 민첩해도 막기 힘들다. 그러나 이를 막아 내는 해답은 의외로 간단하다. 골키퍼의 방어 반경을 넓히면 된다. 골키퍼가 선 채로 양발을 벌리면 90cm 정도 된다. 거기에 양팔을 뻗으면 좌우 90cm씩 늘어 2.7m가 된다. 공격수가 킥을 하는 순간 빠른 반응으로 한 발 정도 움직일 수 있다고 볼 때 좌우 90cm씩 더 움직일 수 있어서 최소 4.5m를 방어할 수 있다. 골대의 길이가 7.3m이므로 이론적으로는 61%를 방어할 수 있는 것이다. 이와 같은 원리로 팔다리가 긴 골키퍼는 방어 공간이 넓어서 유리하다는 결론이 나온다. 그리고 골키퍼는 순간 이동 동작을 쉽게 할 수 있게 자세를 취하고 있는 것이 무작정 한 곳으로 뛰어오르는 것보다 방어 확률이 더 높다. 양발을 적당히 벌리고 무릎을 약간 굽힌 상태에서 발뒤꿈치를 약간 들고 있는 것이 그런 자세이다.

상대방을 움직이지 못하게 하는 페인팅

경기에서 상대 선수의 판단을 흐리기 위한 속임수 동작을 페인팅(feint-ing)이라고 한다. 그중 방향 전환 페인팅은 공을 차는 흉내를 내며 반대 발로 공을 차 내어 상대방의 움직임과는 반대 방향으로 급격하게 방향을 전환하는 것이다. 방향 전환 페인팅은 상대방과 정면 대결하는 경우나 드리블(dribble)을 하고 있을 때, 상대방의 끈질긴 수비를 따돌리는데 효과적이다.

드리블 페인팅은 드리블 등으로 공을 몰고 가고 있을 때, 상대방이 좌우로 붙는 경우에 사용한다. 공을 급하게 멈추거나 멈추는 척하며 급히 뒤로 공을 당기는 등, 상대방의 자세를 흩뜨려 놓는다. 그 사이에 수비를 돌파하거나 우리 편에게 공을 줄 수 있다.

페인팅도 관성으로 설명할 수 있다. 훈련이 된 운동선수들도 한 방향으

페인팅
한 방향으로 움직이던 선수가 순간적으로 방향을 바꾸기 어렵다는 점을 이용해 공을 빼돌린다.

로 운동하다가 순간 다른 방향으로 움직이는 데에는 일정한 시간이 걸린다. 즉 원래 상태를 유지하려는 성질 때문에 그 상태를 변화시키려면 어느 정도의 시간이 반드시 필요하다. 축구 경기의 페인팅은 이러한 관성을 이용해 상대 선수가 처음 동작에 집중하는 사이 재빨리 공을 빼돌리는 기술이다. 이영표 선수의 전매특허인 '헛다리 짚기'도 관성을 이용한 기술이다. 좌우로 여러 번 헛다리를 짚으면서 상대방을 움직일 수 없게 만들고 재빨리 다른 방향으로 움직이면 상대방의 반응 속도는 그만큼 느려지는 것이다.

관성에 의해 우리 몸의 회전을 느끼는 반고리관

삶은 계란과 날계란을 깨지 않고 구분하려면 책상 위에 놓고 돌려 보면 된다. 날계란은 쉽게 돌지 않지만 삶은 계란은 잘 돈다. 이러한 현상이 생기는 것도 관성 때문이다. 삶은 계란은 고체 상태라 단단하기 때문에 계란 내부로 회전하려는 힘이 쉽게 전달되어 바깥쪽과 안쪽이 함께 돈다. 그러나 날계란의 내부는 액체 상태라서 외부의 힘이 안으로 전달되는 정도가 약하다. 따라서 날계란을 돌리면 바깥쪽은 빨리 돌지만 안쪽은 서서히 돌아서 계란 안에 여러 회전층이 생긴다. 이 회전층이 서로 마찰력을 가하여 운동 에너지의 상당 부분이 열에너지로 전환되므로 계란이 잘 돌지 않는다.

우리 몸도 관성을 이용하여 반고리관에서 몸이 회전하는지를 알아낸다. 반고리관 속에는 림프액과 긴 섬모의 감각 세포가 들어 있다. 우리 몸이 회전을 하면 림프액의 움직임에 따라 섬모가 기울어진다. 반고리관이 회전하기 시작할 때 림프액이 정지해 있으려는 관성 때문에 즉각 움직이지 않으므로, 반고리관의 내벽에 붙어 있는 감각 세포에서 보면 림프액이 회전하는 것이나 마찬가지다. 이에 따라 섬모가 휘어져서 감각 세포를 자극한다. 특히 반고리관은 세 개가 서로 직각을 이루고 있는데, 우리 몸이 어느 방향으로 회전하는지 정확히 알기 위해서이다.

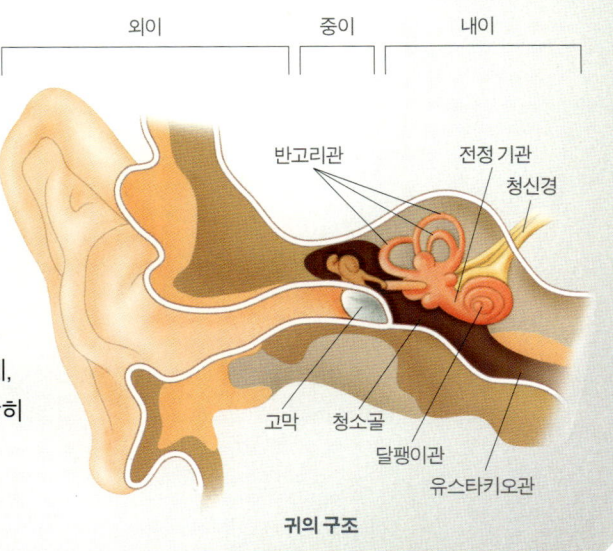

외이   중이   내이

반고리관   전정 기관
청신경

고막   청소골
달팽이관
유스타키오관

귀의 구조

04 사람을 새[鳥]로 만들어 주는 에너지 전환

2004년 아테네올림픽 장대높이뛰기
우승자 옐레나 이신바예바

운동 경기에서는 에너지의 전환이 매우 급격하게 일어난다. 양궁에서는 탄성력에 의한 위치 에너지가 운동 에너지로 전환되며, 높이뛰기와 멀리뛰기에서는 운동 에너지가 위치 에너지로 전환된다. 에너지의 전환은 힘의 작용과 관련된다. 이 장에서는 특히 높이뛰기와 멀리뛰기에서의 에너지 전환을 집중적으로 살펴볼 것이다. 그리고 장대높이뛰기에서 사용하는 장대의 탄성에 관해 깊이 알아보자.

장대높이뛰기는 다른 종목에 비해 해가 갈수록 기록이 눈에 띄게 향상되고 있다. 1960년대 세계 기록은 고작 4.57m였다. 그러나 2009년에 러시아의 여자 선수 이신바예바가 5.06m를 뛰었고, 우크라이나의 '인간 새' 세르게이 부브카는 6.15m를 넘었다. 이와 같이 눈부시게 기록이 향상된 것은 장대의 발전 덕분이다. 탄성이 좋은 장대가 개발되어 선수의 몸을 더 높이 밀어 올릴 수 있게 된 것이다.

탄성이란?

탄성을 알기 위해서는 대표적인 탄성체인 용수철에 관해 이해할 필요가 있다. 용수철은 손으로 잡아당기면 길이가 늘어나고, 손을 놓으면 원래 상태로 되돌아간다.

힘을 받았을 때 작용하던 힘이 사라지면 원래 상태로 돌아가려는 성질을 탄성이라고 한다. 고무줄, 용수철, 스펀지 등은 탄성을 이용한 것이다. 탄성력은 물체를 변형시키는 힘과 반대 방향으로 작용한다. 변형이 많이 될수록 탄성력도 비례하여 커진다. 즉 용수철을 센 힘으로 잡아당기면 용수철은 더 많이 늘어나고, 많이 늘어나면 그만큼 되돌아가려는 탄성력도 커진다는 의미이다. 이와 같이 물체의 변형된 정도와 탄성력이 비례한다는 법칙은 영국의 물리학자인 로버트 훅(1635~1703)[1]이 발견하여 훅의 법칙이라고 한다.

[1] 영국의 물리학자이자 천문학자이다. 직접 만든 현미경으로 코르크 조각을 관찰하여 세포를 발견하고, 빛의 파동설을 처음 주장했다.

대표적인 탄성체 용수철
용수철을 손으로 잡아당기면 길이가 늘어나고, 손을 놓으면 원래 상태로 되돌아간다.

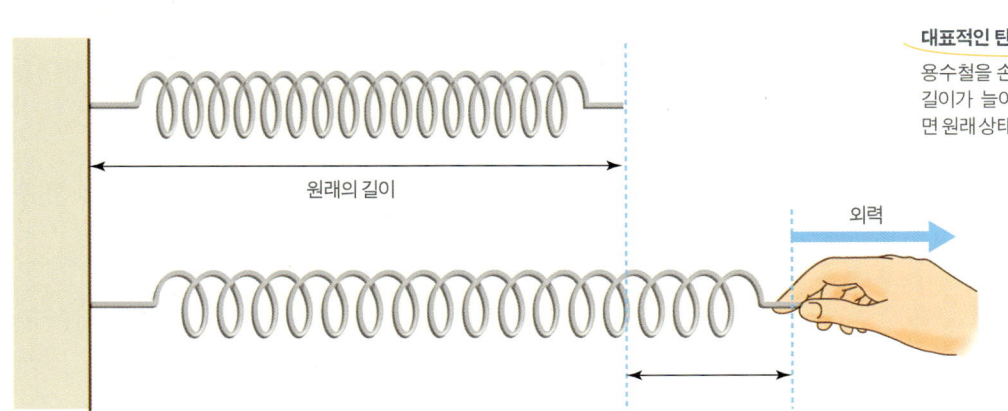

원래의 길이

외력

037

탄성이 큰 물체는 힘을 주었을 때 모양이 잘 변한다. 똑같은 힘을 주어도 모양이 잘 변하는 것이 있고, 변하지 않는 것이 있다. 모양이 잘 변하는 물체가 당연히 더 큰 탄성력을 얻는다.

장대의 탄성

장대높이뛰기는 탄성을 이용하는 경기이다. 장대높이뛰기 선수는 빠른 속도로 도약을 하여 장대의 한쪽 끝을 잡는다. 이때 무게가 실리면서 장대가 휘어진다. 휘어진 장대가 펴지면서 그 순간 선수가 높이 올라가는 것이다.

따라서 장대의 재질이 기록에 큰 영향을 미친다. 1960년 유리 섬유 낚싯대를 만드는 허브 젠크스는 길이가 3m, 지름이 2.5cm가 넘는 바다 낚싯대를 만들었다. 당시 중학교 장대높이뛰기 선수였던 젠크스의 아들은 아버지의 신제품 낚싯대로 장대높이뛰기 연습을 했는데, 놀랍게도 자신의 최고 기록보다 15cm나 더 높게 뛸 수 있었다. 그 전까지 장대높이뛰기 선수는 대나무 장대를 사용했고, 대나무 장대 이후 강철, 두랄루민, 알루미늄 등의 금속제 장대가 잠깐 유행하기도 했다. 그러나 곧 유리 섬유 장대로 교체되었다. 유리 섬유는 탄력성이 탁월해서 선수를 더 높이 뛰게 하고 선수의 몸을 더 높이 밀어 올린다.

장대의 재질별 최고 기록
장대의 재질이 유리 섬유로 바뀌면서 기록이 크게 향상했다.

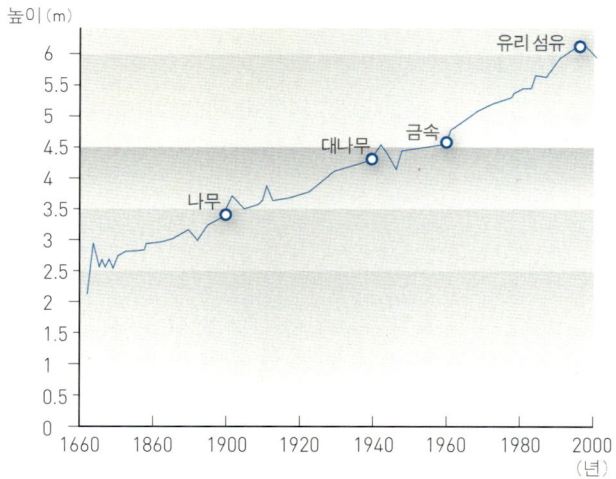

1960년 당시의 장대높이뛰기 최고 기록은 4m 57cm이다. 18년 동안 겨우 5cm 높아진 기록이다. 그러나 유리 섬유로 만든 장대를 사용한 1966년에 장대높이뛰기 선수들은 5m 70cm 이상의 기록을 세웠다. 18년 동안 겨우 5cm 향상된 기록이 장대의 소재 변화로 6년 만에 1m 이상 높아진 것이다. 부브카 선수가 세운 기록은 6m 14cm이다. 선수의 기술보다 장비의 향상으로 신기록이 쏟아진 대표적인 종목이 장대높이뛰기인 것이다.

그러나 장대의 탄성만 좋다고 해서 좋은 기록이 나오는 것은 아니다. 상체와 하체의 조화, 속력, 민첩성, 근력과 유연성 등 모든 요소를 갖추어야 좋은 기록이 나온다.

장대높이뛰기의 에너지 전환

장대높이뛰기의 전 과정은 에너지 전환으로 설명할 수 있다. 에너지 전환이란 한 형태의 에너지가 다른 형태의 에너지로 바뀌는 것을 말한다. 높이 있는 물체가 아래쪽으로 떨어지는 경우를 생각해 보자. 높이 있는 물체는 위치 에너지를 가지고 있고, 이 위치 에너지가 운동 에너지로 바뀌면서 물체는 아래로 떨어진다.

에너지 전환을 이용하는 가장 좋은 예는 롤러코스터이다. 처음에 롤러코스터를 타면 레일이 천천히 돌면서 롤러코스터를 높은 곳에 올려놓는다. 높은 곳에 올라간 롤러코스터는 위치 에너지를 가지게 된다. 이 위치 에너지가 운동 에너지로 전환되면서 아래쪽으로 내려가고, 바뀐 운동 에너지가 다시 위치 에너지로 전환되면서 롤러코스터를 높은 곳으로 다시 올려놓는다. 이렇게 롤러코스터는 엔진이 따로 없고 에너지의 전환만으로 움직인다.

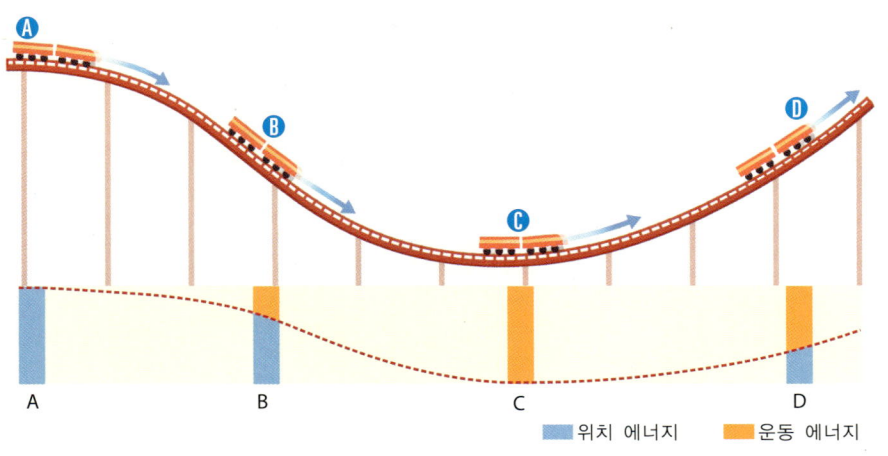

A B C D

■ 위치 에너지   ■ 운동 에너지

롤러코스터의 역학적 에너지 보존

롤러코스터는 위치 에너지와 운동 에너지의 변환으로 움직인다. 롤러코스터가 최고점에 있을 때(A) 위치 에너지는 최대이며, 최저점에 있을 때(C) 운동 에너지가 최고이다. 위치 에너지와 운동 에너지의 합은 언제나 일정하다.

에너지 보존 법칙에 따르면 에너지 전환 과정에서 에너지는 없어지거나 손실되지 않는다. 에너지의 총량은 항상 일정하다. 높이뛰기는 결국 운동 에너지가 위치 에너지로 전환되는 운동인 것이다. 따라서 높이뛰기의 기록에 영향을 주는 것은 도약할 때의 속력이다. 단거리 육상 선수처럼 10m/s의 속력으로 도약한다고 가정해 보자.

> 운동 에너지가 모두 위치 에너지로 바뀌는
> 에너지 보존 법칙을 사용하여
> $mv^2 = mgh$ (m:질량, g:중력 가속도 약 10m/s², h:높이)
> v에 10m/s를 대입하면, h=5m가 나온다.

즉 10m/s의 속력으로 달려서 운동 에너지를 모두 위치 에너지로 전환하면 5m의 높이로 뛰어오를 수 있다는 이야기이다. 그러나 높이뛰기는 최고 기록이 3m에도 못 미치고, 무거운 장대를 들고 달리는 장대높이뛰기는 세계 기록이 6m에 가깝다.

똑같은 속도로 달려도 높이뛰기와 장대높이뛰기의 기록은 큰 차이가 있다. 왜 그럴까? 높이뛰기는 최고점에 달했을 때, 수평 방향의 속도가 0m/s

장대높이뛰기의 역학

선수가 달려오면서 얻은 운동 에너지는 탄성 에너지로, 탄성 에너지는 위치 에너지로 전환된다. 바를 넘은 후에 이 위치 에너지는 다시 운동 에너지로 전환되어 착지한다.

가 아니다. 따라서 더 높이 올라가는 것을 방해하는 수평 방향의 운동 에너지가 존재한다. 즉 운동 에너지가 완전히 위치 에너지로 바뀌지 않는 것이다. 반면 장대높이뛰기는 도약할 때 장대를 밀어 재도약하는 과정이 있다. 즉 선수의 근육에서 나오는 화학 에너지가 역학적 에너지로 추가되며, 장대는 이때의 에너지를 저장해 두었다가 펼 때 위치 에너지로 전환하여 더 큰 위치 에너지를 갖게 해 주는 것이다.

만약 탄성이 적은 장대를 사용하면 선수는 장대 끝을 중심으로 원운동

높이뛰기와 무게 중심

1968년 올림픽 높이뛰기의 금메달은 새로운 점프 방식을 선보인 딕 포스베리 선수에게 돌아갔다. 딕 포스베리는 도약을 하면서 몸을 비틀어 배를 하늘로, 등을 땅으로 한 채 바를 넘었다. 그의 이름을 따 이 점프를 포스베리 점프라고 부르며, 우리나라에서는 배면 뛰기라고 한다.

이 점프의 비밀은 무게 중심에 있다. 무게 중심은 어느 한쪽으로도 무게가 더 많이 나가거나 적게 나가지 않는 점을 말한다. 차렷 자세로 서면 대부분 배꼽 아래 약 2.5cm 되는 곳에 무게 중심이 있다. 그러나 무게 중심은 몸의 자세에 따라 변한다. 자세에 따라 체중이 분산되는 방식이 바뀌고 무게 중심 역시 변하는 것이다. 무게 중심은 몸 안에 있을 수도 있고 몸 밖에 있을 수도 있다. 도넛을 생각해 보면 쉽게 이해할 수 있다. 도넛의 무게 중심은 가운데 있는 빈 공간에 있다. 배면 뛰기 자세를 하면 공중에서 몸을 뒤로 젖혀 유(U)자형으로 만드는데, 이 빈 공간에 무게 중심이 있다. 무게 중심이 다른 자세로 뛰어 넘을 때보다 훨씬 낮아지는 것이다.

점프는 무게 중심을 위로 올리는 동작이다. 무게 중심을 올리기 위해서는 에너지가 필요한데, 무게 중심이 높을수록 점프하는데 더 많은 에너지가 필요하다. 사진에서 보듯이 배면 뛰기 자세에서는 무게 중심이 바보다 낮다. 즉 똑같은 높이의 바를 넘을 때, 배면 뛰기로 하면 다른 자세로 넘을 때보다 무게 중심이 낮아 힘을 덜 들이고 넘을 수 있다.

높이뛰기 기록은 서양인이 동양인보다 좋다. 그 이유는 체형에 있다. 다리가 긴 서양인들은 무게 중심이 동양인보다 위쪽에 있다. 따라서 무게 중심을 위로 올리는데, 선천적으로 유리한 것이다.

무게 중심

을 하게 된다. 이는 운동 속도를 감속시켜 운동 에너지를 줄이고, 그렇게 줄어든 운동 에너지가 위치 에너지로 바뀌므로 높이 뛸 수 없게 된다.

몸의 탄성을 이용해서 멀리뛰기

멀리뛰기는 20~30m의 거리를 달려온 관성을 이용해 공중으로 날아야 한다. 따라서 도움닫기에서 속력이 빠르면 멀리 뛰는데 유리하다.[2] 그러나 빨리 달리는 것이 멀리뛰기의 전부는 아니다.

멀리뛰기는 도움닫기, 발 구르기, 공중 동작, 착지로 이루어진다. 도움닫기를 할 때에는 빠른 속도로 달려와 관성을 충분히 얻고, 구름판을 강하게 굴러 그 반작용으로 최대한 도약해야 한다. 그러나 너무 빨리 달리면 구름이 약해져 도약력을 충분히 얻지 못하기도 한다. 반작용은 작용과 반대 방향이고 같은 크기로 작용한다. 따라서 최대한 강하게 구름판을 굴러야 반작용을 충분히 얻을 수 있다.

[2] 미국의 마이크 포웰 선수가 1991년 8.95m의 멀리뛰기 세계 신기록을 세운 뒤, 아직 누구도 9m 벽을 넘지 못하고 있다. 그런 가운데 세계 최고의 달리기 선수 우사인 볼트가 멀리뛰기에 도전하고 싶다는 의사를 밝혔다. 마이크 포웰은 우사인 볼트라면 9m 벽을 넘을 수 있는 자질이 충분하다며 환영했다고 한다.

착지와 충격량

높이뛰기와 멀리뛰기 모두 마지막 동작은 착지이다. 장대높이뛰기에서는 선수가 착지하는 곳에 스펀지나 고무, 에어쿠션(air cushion)을 깐다. 멀리뛰기를 할 때에는 상체를 앞으로 숙이고 무릎을 굽히며 착지한다. 바닥에 스펀지를 깔거나 무릎을 굽히는 것은 선수가 다치지 않고 안전하게 착지하도록 하기 위한 것이다. 이는 충격량과 관련이 있다. 충격량은 물체에 작용한 힘과 힘이 작용한 시간을 곱한 값이다. 또한 충격량은 물체의 운동을 변화시킬 수 있는 양이므로, 운동의 변화량으로 나타낼 수 있다.

충격량 = 힘 × 시간 = 운동의 변화량

따라서 착지를 할 때 무릎을 굽히면 운동이 변할 때의 시간이 길어져 작용하는 힘이 줄어든다. 스펀지가 있을 때에도 마찬가지이다. 스펀지는 물렁물렁하므로 바닥에 충돌하는 시간을 늘려서 신체가 받는 힘을 줄이는 것이다.

멀리뛰기의 젖혀뛰기(위)와 가위뛰기(아래)

젖혀뛰기는 몸이 최고점에 도달할 때 몸을 젖혔다가 착지하는 방법이다. 가위뛰기는 두 다리를 가위처럼 움직여 공중에서 뛰는 것처럼 보이는 방법이다. 공중에서의 자세는 다르나 몸의 탄성을 이용한다는 점은 같다.

공중 동작은 크게 젖혀뛰기와 가위뛰기가 있다. 젖혀뛰기는 몸이 최고점에 도달할 때 양팔을 위로 뻗어 올리고 가슴을 크게 젖히는 동작이다. 이 동작을 사용하면 몸의 탄성력을 최대한 이용할 수 있고, 안정적으로 착지할 수 있다.

또 다른 공중 동작으로는 가위뛰기 히치 킥(Hitch kick)이 있다. 히치 킥은 공중에서 달리기 할 때의 자세와 비슷하게 움직이는 것을 말한다. 세계 신기록을 세운 마이크 포웰을 비롯하여 정상급 선수들은 모두 이 자세로 뛴다.[3] 히치 킥은 구름판을 구른 후 몸이 앞으로 쏠리는 것을 막아 준다. 빠른 속도로 달려와 구름판을 구르면 관성에 의해 상체는 계속 앞으로 가려고 하고, 하체는 정지해 있으려고 한다. 이 때문에 선수의 몸은 무게 중심을 중심으로 회전 운동을 하려 하므로, 이를 방지하기 위해 히치 킥 동작을 하는 것이다. 즉 공중에서 뒤쪽에 오는 발을 구부리고, 앞쪽에 오는 발을 펴서 하체를 앞쪽으로 움직일 수 있도록 한다. 그리고 팔 동작을 통해 상체를 뒤로 밀 수 있도록 움직여 회전 운동을 방지한다.

3 초보 선수들이나 비거리 (구름판에서 착지까지의 거리) 가 길지 않은 사람들은 주로 젖혀뛰기로 뛴다.

05 우리 몸은 지렛대다

2004년 아테네올림픽 역도
48kg급 우승자 뉘르칸 타일란

우리 몸의 뼈는 206개이다. 뼈에는 근육이 붙어 있는데, 근육이 수축하여 다양한 운동을 할 수 있다. 근육이 뼈를 당겨 운동을 일으키는 데에는 지레의 원리가 숨어 있다. 즉 우리 몸의 운동은 수많은 지레들의 작용이라고 할 수 있다. 이 장에서는 지레의 원리를 살펴보고, 우리 몸이 운동할 때 지레의 원리가 어떻게 적용되는지 구체적으로 알아보자.

한국이 낳은 세계 최고의 여자 역사(力士) 장미란 선수! 베이징올림픽에서 그녀가 들어 올린 무게는 자그마치 187kg이다. 장미란 선수가 그렇게 역도를 잘하는 이유는 무엇일까? 역도는 단지 힘이 세면 잘할 수 있는 종목일까? 물론 역도를 잘하기 위해서는 그 무게를 감당할 만한 체중이 필수적이다. 그래서 역도 경기도 체급별로 열리고, 세계 기록도 체급별로 기록된다.

그렇다면 덩치만 키운다고 역기를 잘 들어 올릴 수 있을까? 연관이 없다고 생각될지 모르겠지만, 역도 선수들 중에는 농구 선수만큼이나 점프력이 좋은 선수들이 많다. 제자리에서 점프할 때 필요한 것은 순발력이다. 역기를 들어 올리는 짧은 순간에 온몸의 힘을 쏟아 내야 하기 때문에 역도 선수들은 큰 덩치에도 불구하고 대부분 순발력이 뛰어나다. 근력과 충분한 체중, 그리고 순발력에 과학의 원리를 더하면 역도를 잘할 수 있는 비결이 완성된다. 그 과학의 원리는 바로 지렛대의 원리이다.

지렛대의 원리

지레는 막대를 어떤 점에서 받쳐서 그 받침점을 중심으로 회전할 수 있게 한 도구이다. 즉 막대를 이용하여 힘을 전달하는 도구인데, 지레에 작용하는 힘 중 막대를 받치고 있는 점을 받침점, 힘이 가해지는 점을 힘점, 그리고 물체에 힘이 작용하는 점을 작용점이라 한다.

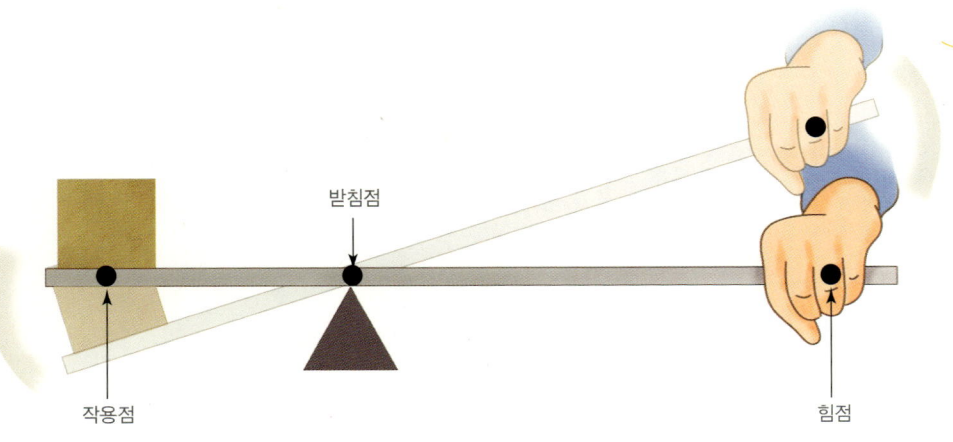

작용점 　　　받침점 　　　힘점

지레의 원리

힘점에 작용하는 사람의 힘은 지레 전체를 시계 방향으로 회전시키려 하고, 받침점에 작용하는 물체의 무게는 지레 전체를 반시계 방향으로 회전시키려고 한다. 이 두 작용이 상쇄될 때 지레가 평형을 이룬다.

지레는 양끝에 작용하는 힘의 크기와 받침점까지의 거리의 곱이 항상 같다. 즉 힘점에서 받침점까지의 거리가 멀면 멀수록 작은 힘으로 큰 힘을 낼 수 있는 것이다. 고대 그리스의 과학자 아르키메데스는 히에론 왕 앞에서 충분히 긴 지렛대만 있다면 지구도 들어 올릴 수 있다고 이야기했다.

그러나 모든 지레가 힘에서 이득을 얻는 것은 아니다. 지레는 받침점과 힘점, 작용점의 위치 관계에 따라 크게 1종, 2종, 3종 지레로 나눈다. 아래 그림과 같이 1종과 2종 지레는 가한 힘보다 더 큰 힘을 내고, 3종 지레는 가한 힘보다 내는 힘이 더 적다.

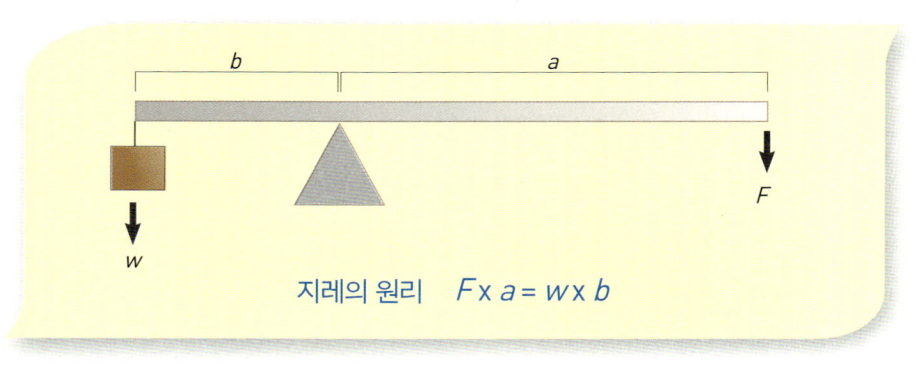

지레의 원리 $F \times a = w \times b$

지레의 종류
지레는 받침점과 힘점, 작용점의 위치에 따라 크게 세 가지로 나뉜다.

1종 지레
힘점과 받침점이 작용점을 기준으로 서로 반대쪽에 있다.

2종 지레
힘점과 받침점이 작용점을 기준으로 같은 쪽에 있다.

3종 지레
받침점에서 힘점까지의 길이가 받침점에서 작용점까지의 길이보다 짧다. 일을 하는데 더 큰 힘이 필요하다.

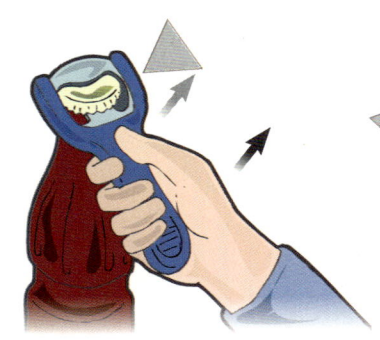
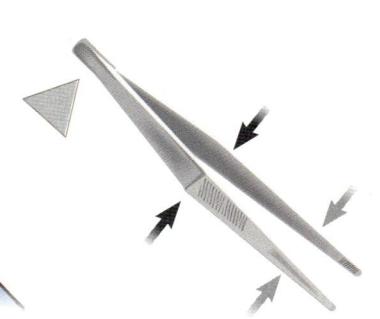

지레의 원리로 움직이는 신체

팔의 움직임에는 지레의 원리가 숨어 있다. 뼈가 지렛대 역할을 하고 관절[1]이 받침점의 역할을 담당하며 근육의 수축이 힘을 가하는 일을 한다.

인체 지레의 대부분은 3종 지레이다. 경첩 역할을 하는 팔꿈치 관절이 받침점, 이두근이 연결되어 근육의 힘이 작용하는 곳이 힘점, 물체를 든 곳이 작용점에 해당한다.

아래 그림에서 팔꿈치에서 인대까지의 거리가 3cm이고 손바닥까지의 거리가 30cm이라면, 작용점까지 길이가 힘점까지 길이의 10배이다. 따라서 물체를 들어 올리려면 물체 무게의 10배에 해당하는 힘을 내야 한다. 만일 가방을 팔꿈치로부터 15cm인 곳에서 든다면 작용점까지 길이가 반으로 줄어드니까 필요한 힘도 반으로 준다.

그럼 왜 우리 몸은 이렇게 힘에서 손해를 보는 구조일까? 여기에 대한 대답을 얻기 위해서는 움직인 거리를 따져 보면 된다. 손을 10cm 들어올리기 위해서 근육은 1cm만 수축해도 된다. 즉 근육이 조금만 움직여도 팔다리는 많은 거리를 움직일 수 있는 것이다. 이처럼 우리가 행동할 때 발휘하

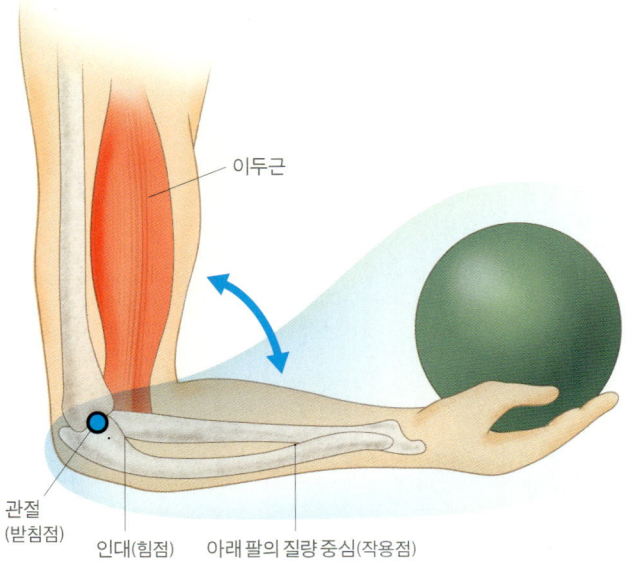

이두근

관절
(받침점)

인대(힘점)

아래 팔의 질량 중심(작용점)

1 뼈와 뼈가 맞닿아 연결되어 있는 곳이다. 보통 관절은 경첩과 같이 한 방향으로만 접히는 구조로 이루어져 있으나 움직임에 따라 회전형 등 다른 형태도 있다.

팔의 움직임
팔은 3종 지레의 원리로 움직이므로, 이두근은 물체를 들기 위해 물체 무게보다 훨씬 큰 힘을 내야 한다.

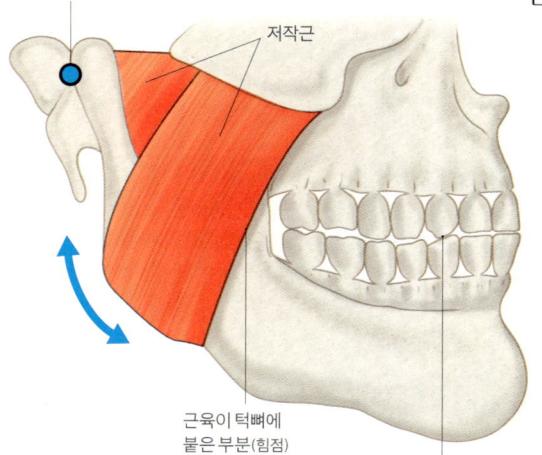

관자놀이 부근(받침점)

저작근

근육이 턱뼈에
붙은 부분(힘점)

음식을 깨무는 부분(작용점)

턱의 움직임
사람의 입은 받침점이 안쪽에 있고 힘점이 어금니 근처에 있다. 물체를 깨무는 이 부분이 작용점이 된다.

는 힘은 근육이 내는 힘보다 훨씬 작지만 대신 속도에서 이득을 얻고 있다. 만일 우리의 손발이 이런 구조가 아니라면, 우리는 극히 동작이 둔한 동물이 되었을 것이다.

　음식을 먹을 때도 같은 원리가 적용된다. 앞니로 음식을 물 때보다 어금니로 물 때 더 큰 힘을 낼 수 있다. 턱뼈와 머리뼈가 붙은 관자놀이 부근이 받침점, 근육이 턱뼈에 붙은 부분이 힘점, 음식을 깨무는 부분이 작용점이다. 받침점과 힘점(근육)의 길이는 고정되어 있으니 작용점까지의 거리가 힘의 크기에 영향을 준다. 어금니로 물면 앞니로 물 때보다 작용점까지의 길이가 더 짧기 때문에 같은 근육의 힘을 쓰더라도 실제 내는 힘은 어금니로 물 때가 훨씬 크다.

　운동을 할 때 인체는 지레의 원리에 의하여 움직이며, 인체 지레의 대부분은 3종 지레로 되어 있다. 힘팔(받침첨에서 힘점까지의 길이)이 짧고 작용팔(받침첨에서 작용점까지의 길이)이 길어 물체를 드는 데 큰 힘이 들지만, 빠른 운

3종 지레의 길이비
힘을 목적으로 설계된 지레와 속도를 목적으로 설계된 지레는 그 길이의 비율이 다르다. 힘을 목적으로 하는 지레는 짧은 거리에서 큰 힘을 발생시키고, 속도를 목적으로 하는 지레는 긴 거리를 빠른 속도로 움직일 수 있다.

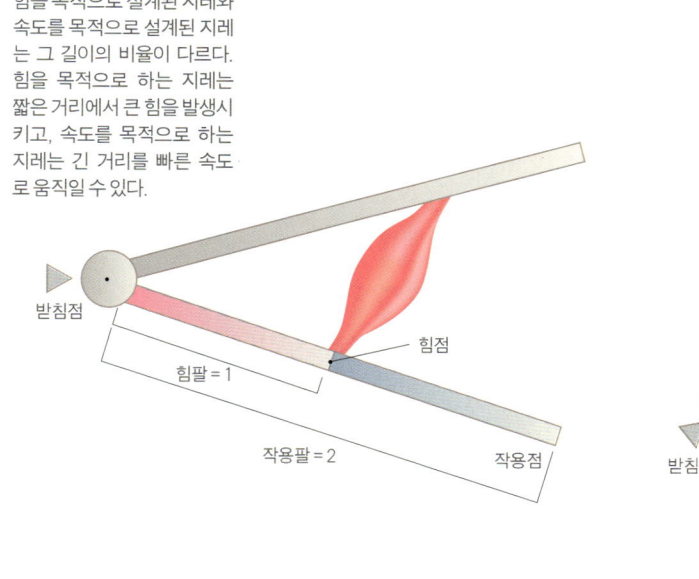

받침점

힘팔 = 1

작용팔 = 2

힘점

작용점

힘을 목적으로 설계된 지렛대 시스템

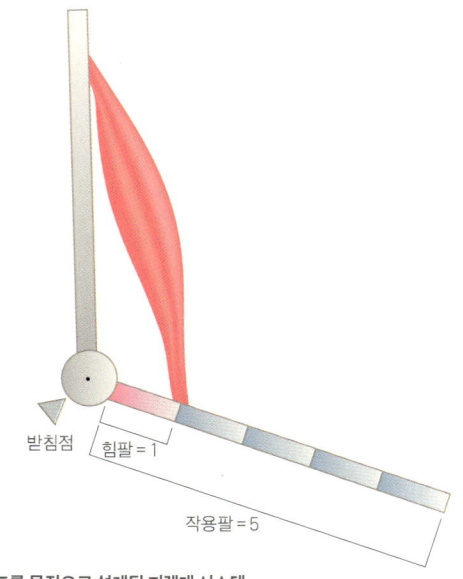

받침점

힘팔 = 1

작용팔 = 5

속도를 목적으로 설계된 지렛대 시스템

회전력

지레를 살펴보면 시계 방향이나 반시계 방향으로 회전하게 되어 있다. 지레가 수평을 이루기 위해서는 양쪽 방향으로 회전시키는 작용이 서로 균형을 이루어야 한다.

그림과 같은 지레에서 m_1은 지레 전체를 시계 방향이나 시계 반대 방향으로 돌게 한다. 이처럼 물체를 회전하게 하는 힘을 회전력이라고 하는데 팔에 힘이 수직으로 작용하면, 힘의 크기와 팔의 길이를 곱한 값이 회전력이다.

시계 방향의 회전력과 반시계 방향의 회전력이 같으면 회전하지 않고 균형을 유지하는데 그림에서 매단 물체의 무게를 각각 m_1, m_2라고 할 때 어느 한 쪽으로 기울어지지 않고 균형을 이룰 조건은 다음과 같다.

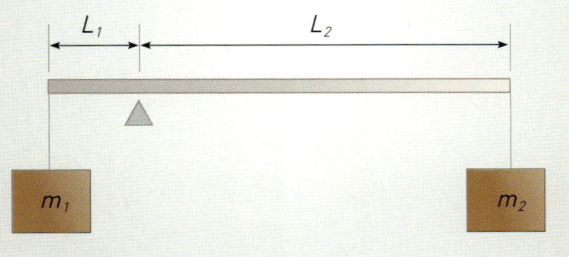

$$L_2 \times m_2 = L_1 \times m_1$$

동 속도와 큰 운동 범위를 얻을 수 있다는 이점이 있다. 우리 몸은 같은 3종 지레라도 용도에 따라 힘팔과 작용팔의 길이비가 다르다. 음식을 씹을 때와 같이 비교적 큰 힘이 필요한 턱은 작용점까지의 거리가 짧고, 팔이나 다리 같이 빠른 속력으로 움직여야 하는 곳은 작용점까지의 거리가 길다. 따라서 역도처럼 무거운 물체를 들거나 미는 운동에서는 힘팔을 짧게 하는 것이 유리하다. 반면 배구의 서브나 야구의 배팅처럼 치거나 때리는 운동에서는 힘팔을 길게 해야 유리하다.

06 자전거에 숨어 있는 과학

투르 드 프랑스 사이클 대회
7년 연속 우승자 랜스 암스트롱

자전거에는 기어가 있어서 적은 힘으로 경사진 길을 쉽게 오를 수 있고, 빠른 속도를 낼 수 있다. 이 장에서는 일의 원리와 연관해서 기어의 작용을 알아보고, 사이클 경기장이 경사진 이유에 대해서도 살펴볼 것이다. 이와 함께 사이클 경주에 매우 중요한 영향을 끼치는 공기의 저항에 의한 효과에 대해서도 함께 생각해 보자.

사이클의 황제라 불리는 랜스 암스트롱은 사이클 선수로 승승장구하던 중 고환암 선고를 받았다. 암세포가 폐와 뇌까지 전이된 상태로 생존 확률은 3%에 불과했지만, 그는 포기하지 않고 대수술과 16개월간의 항암 치료를 받으며 암을 이겨 냈다. 암 선고를 받은 지 2년 후, 암스트롱은 3주간 열리는 장거리 경주 '투르 드 프랑스'에서 당당히 우승했다. 그는 이후 7년 연속 우승을 차지하면서 사이클계의 살아 있는 전설이 되었다. 그는 암을 극복한 데에서 만족하지 않고, 재단을 설립하여 암 환자를 돕는 일에 적극 나서고 있다.

랜스 암스트롱이 우승한 '투르 드 프랑스' 경주는 일반 도로는 물론 죽음의 산악 길, 오르막길 등이 포함되어 난이도 높은 코스로 유명하다. 사이클 자전거에는 기어가 있다. 빠른 속력을 내고 싶거나 언덕길을 올라갈 때 적절히 기어를 바꾸면 쉽게 자전거를 탈 수 있다. 오르막을 오를 땐 웬만큼 페달을 밟아도 올라가기 힘이 들기 때문에 쉽게 올라가려면 기어를 낮추어야 한다.

자전거의 기어

초기의 자전거는 앞바퀴가 기형적으로 크고 뒷바퀴는 매우 작았다. 이 자전거를 '큰 바퀴 자전거(하이휠러, high wheeler)'라고 불렀다.

이렇게 이상한 모양의 자전거를 왜 만들었을까? 바로 효율성 때문이다. 그림에서 보듯이 하이휠러는 페달이 앞바퀴에 달려 있다. 페달을 한 바퀴 돌리면 앞바퀴가 한 바퀴 돌아가는데, 바퀴의 둘레만큼 앞으로 나간다. 따라서 앞바퀴가 크면 클수록 페달을 조금만 돌려도 앞으로 더 많이

초기 자전거
앞바퀴가 기형적으로 크고 뒷바퀴는 매우 작다.

나가는 것이다. 그런데 이렇게 큰 바퀴는 타기도 쉽지 않을 뿐더러 균형을 잡는 것도 쉽지 않고, 무게 중심이 앞쪽에 있어서 사고의 위험성이 높다.

바퀴의 크기를 줄이면서 자전거의 효율을 높일 수 있는 방법이 자전거 기어이다. 기어와 톱니바퀴의 아이디어는 이미 15세기에 레오나르도 다빈치(1452~1519)[1]에 의해 처음 소개됐다. 그러나 자전거에 적용된 것은 약 400년이라는 시간이 흐른 뒤였다. 기술력이 뒷받침되어 오늘날의 자전거 모습을 갖추기까지 시간이 오래 걸린 것이다.

'기어가 21단, 18단'이라고 하는 것은 페달 축에 있는 톱니바퀴(체인링)의 단수와 뒷바퀴 축에 있는 톱니바퀴(스프라켓)의 단수를 곱해서 나오는 것이다. 예를 들어 페달 축에 3단의 톱니바퀴가 있고, 뒷바퀴 축에 6단의 톱니바퀴가 있다면 3 곱하기 6해서 18단 기어의 자전거가 되는 것이다.

페달 축에 있는 톱니바퀴는 동력을 일으킨다. 차와 비교하면 엔진에 해당된다. 페달 축에 있는 톱니바퀴는 페달을 밟는 다리의 움직임과 동일하게 움직이고, 이 움직임이 체인을 통해 뒷바퀴에 있는 톱니바퀴로 전달된다.

1 이탈리아의 화가·건축가·조각가이자 과학자이다. 〈모나리자〉, 〈최후의 만찬〉 등을 그렸고 해부학에서도 큰 업적을 남겼으며, 천문학, 물리학, 지리학, 토목학 등에서도 독창적인 연구와 발명을 하였다.

자전거의 기어 구조
페달 축에 있는 톱니바퀴와 뒷바퀴 축의 톱니바퀴로 이루어져 있다.

크랭크(페달 앞쪽) 기어

스프라켓 기어(뒷바퀴 축에 달려있는 기어 뭉치)

작은 스프라켓

큰 체인링

뒤쪽 톱니바퀴의 회전수는 뒷바퀴의 회전수와 동일하다.

톱니바퀴는 크기가 각각 다르다. 크기가 클수록 톱니가 많이 있고, 크기가 작을수록 톱니가 적게 있다. 예를 들어 페달 축에 있는 톱니바퀴의 톱니도 22개, 뒷바퀴 쪽 톱니바퀴의 톱니도 22개라고 하자. 이때 발로 페달을 한 바퀴 돌리면, 뒷바퀴가 한 바퀴 돌아간다.

그럼 뒷바퀴 축 톱니바퀴의 톱니가 페달 축 톱니바퀴의 톱니보다 많으면 어떻게 될까? 페달 축의 톱니가 22개, 뒷바퀴 쪽의 톱니가 44개라고 가정해 보자. 발로 페달을 한 바퀴 돌리면 자전거의 뒷바퀴는 반 바퀴 밖에 가지 못한다. 뒷바퀴를 한 바퀴 돌리려면 페달을 두 바퀴 돌려야 된다. 이처럼 같은 회전력에 이동 거리가 짧아지면 힘이 덜 들어가게 된다. 즉, 뒷바퀴를 한 바퀴 돌리기 위해서 페달을 두 번에 나누어 밟는 셈이므로 페달을 한 바퀴 돌리는데 들어가는 힘이 적은 것이다. 따라서 오르막길에서는 페달 축 기어를 작은 톱니바퀴, 뒷바퀴 축 기어를 큰 톱니바퀴에 물리면 쉽게 올라갈 수 있다. 그러나 같은 거리를 갈 때 페달을 더 많이 돌려야 되므로 힘은 덜 들어도 속력은 떨어진다.

반대로 페달 축의 톱니바퀴가 더 큰 경우를 생각해 보자. 페달 축의 톱니가 44개, 뒷바퀴 축의 톱니가 11개인 경우, 페달을 한 바퀴 돌리면 뒷바퀴

페달의 톱니바퀴
페달의 톱니 수가 적으면 한 번 회전하는 동안 바퀴가 굴러가는 회수가 많아진다. 그러면 더 큰 속력을 낼 수 있지만 필요한 힘도 크다.

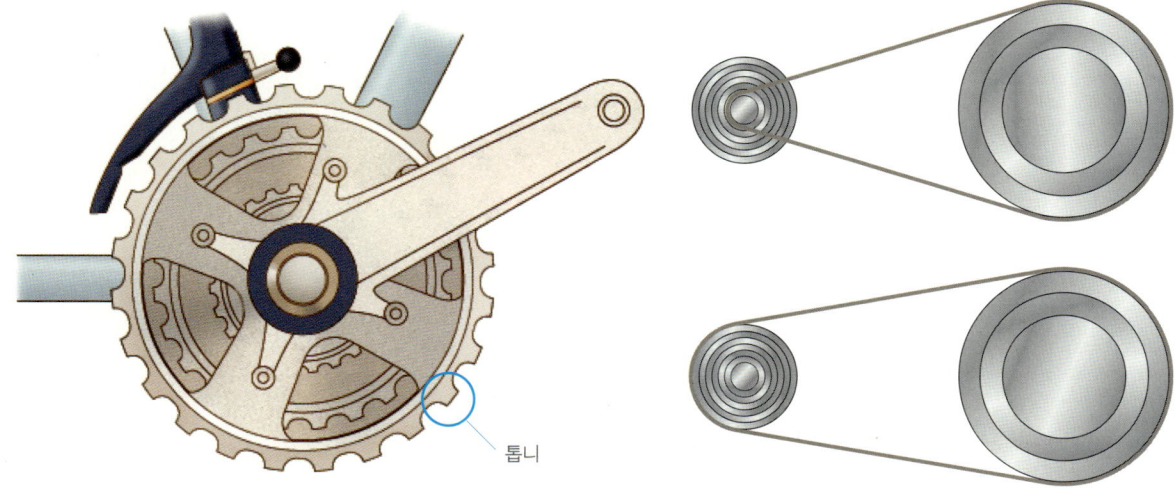

톱니

가 4바퀴나 돌아가게 된다. 즉 페달을 한 바퀴 돌릴 때 훨씬 더 많은 거리를 이동할 수 있으므로 속력이 빨라진다. 그러나 페달 한 바퀴에 뒷바퀴를 4번이나 돌리려면 그만큼 힘이 더 많이 든다.

내리막길에선 동력을 얼마 안 줘도 페달을 밟기가 쉽다. 중력과 관성이 도와주기 때문이다. 이때 단수를 높이면 적은 힘으로도 빠른 속도로 나갈 수가 있다. 단수를 높인다는 것은 페달 축 기어를 큰 톱니바퀴에 물리고, 뒷바퀴 축 기어를 작은 톱니바퀴에 물린다는 뜻이다. 페달 밟기는 힘들어지지만 그만큼 빠른 속도를 낼 수 있는 것이다.

그렇다면 기어가 어떻게 바퀴의 크기를 줄이는데 공헌했을까? 페달 축의 톱니가 42개이고, 뒷바퀴의 톱니가 14개이면 그 비율은 3:1이다. 이는 페달을 한 바퀴 돌릴 때 뒷바퀴는 세 번 회전한다는 의미다. 초창기 자전거는 페달을 한 번 밟을 때 많이 이동하기 위해서 앞바퀴를 비정상적으로 크게 만들었다. 그러나 자전거 기어가 발명되어 바퀴가 큰 자전거와 같은 효과를 낼 수 있다. 그러니까 2m가 넘는 바퀴를 약 71cm로 줄여도 같은 거리를 움직일 수 있는 것이다.

사이클 경기장은 왜 기울었을까?

육상 경기의 100m 경주 기록으로 따져 보면 인간이 최대로 낼 수 있는 속력은 대략 시속 35km 정도이다. 그러나 그 속도를 1분 이상 유지하기란 대단히 어려운 일이다. 하지만 자전거를 타면 더 오랜 시간 동안 더 빠른 속도를 낼 수 있다. 트랙 경주는 시속 60km까지 낼 수 있다고 한다.

사이클 경기는 크게 도로 경기와 트랙 경기로 나뉘는데 트랙 경기는 '벨로드롬'이라고 하는 전용 경기장을 사용한다. 벨로드롬은 세숫대야 모양으로 경사져 있으며 모퉁이는 경사각이 30~50°에 이른다. 왜 사이클 경기장

벨로드롬
자전거가 회전하는 데 도움이
되도록 세숫대야 모양으로 경
사져 있다.

은 이렇게 경사지게 만들었을까?

이 벨로드롬의 경사각은 자전거가 회전하는 데 도움이 된다. 일반 자동차 도로도 커브에서는 바깥쪽을 약간 높게 만들어 자동차가 원만하게 커브를 돌 수 있도록 도와준다. 바깥쪽을 높게 만드는 까닭을 이해하기 위해서는 구심력에 대해서 알아야 한다.

구심력이란 물체가 회전할 때 중심 방향으로 받는 힘을 말한다. 돌맹이를 실에 매달아 원운동을 시키면 실이 팽팽해지는 것을 느낄 것이다. 손이 돌맹이가 바깥으로 나가지 못하도록 잡아당기고 있기 때문이다. 이와 같이 물체를 원운동시키려면 원의 중심 방향으로 힘이 작용해야 되는데, 이 힘을 구심력이라고 한다.

물체가 회전할 때 구심력과 반대 방향으로 작용하는 힘이 있는데, 이를 원심력이라고 한다. 원심력은 물체가 운동하는 방향으로 계속 운동하려고

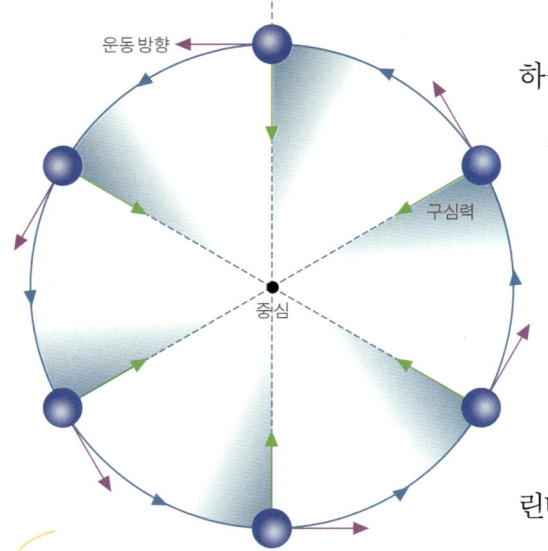

구심력
물체가 회전할 때 중심 방향으로 힘을 받는데, 이를 구심력이라고 한다.

하는 관성과 관련된 힘이다. 자동차를 타고 갈 때 자동차가 커브를 돌면 몸이 바깥쪽으로 쏠리는 것을 경험했을 것이다. 몸을 바깥쪽으로 쏠리게 하는 이 힘이 원심력이다. 그런데 만약 원운동을 하는 물체에 구심력이 없어지면 어떻게 될까? 실에 묶은 돌멩이를 원운동시키다가 구심력이 되는 손을 놓아 버리면 돌멩이는 원운동을 하지 못하고 진행 방향으로 날아가 버린다.

자전거나 자동차도 마찬가지이다. 평평한 길에서 자전거가 커브를 돌 때는 몸을 안쪽으로 기울여 구심력을 만들어 주어야 쉽게 회전할 수 있다. 또 고속도로의 커브 길은 자동차가 쉽게 회전할 수 있도록 경사지게 만들어져 있다. 물체의 속력이 빨라지거나 회전 반지름이 작을수록 더 큰 구심력이 필요하므로 경사면의 기울기는 더 커져야 한다. 만약 구심력을 제대로 만들어주지 못하면 물체는 넘어지거나 바깥쪽으로 이탈하게 된다.

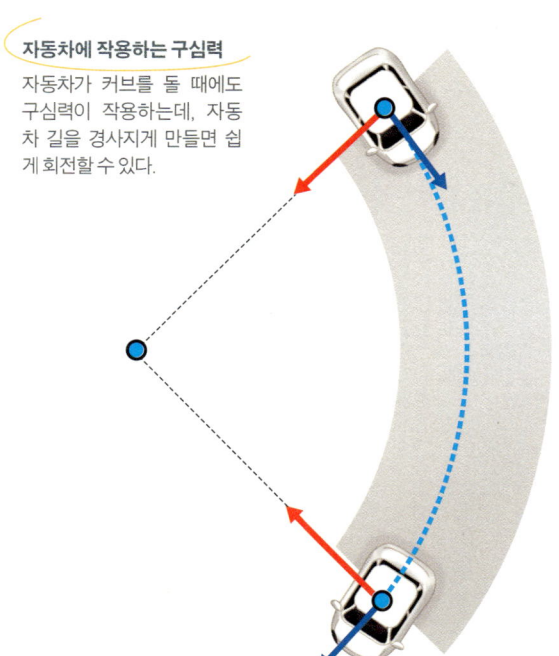

자동차에 작용하는 구심력
자동차가 커브를 돌 때에도 구심력이 작용하는데, 자동차 길을 경사지게 만들면 쉽게 회전할 수 있다.

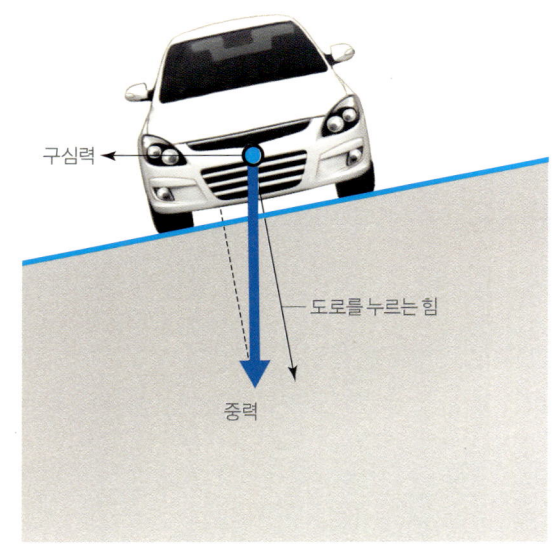

구심력

도로를 누르는 힘

중력

사이클 선수가 몸을 웅크리는 이유

사이클에서 공기 저항은 에너지의 90%를 소비하게 할 만큼 커다란 장벽이다. 자전거가 앞으로 나가기 위해서는 공기의 무게를 밀고 나가야 한다. 공기의 저항을 가장 많이 줄일 수 있는 형태는 유선형이다. 유선형은 앞부분은 곡선으로 만들고, 뒤쪽으로 갈수록 뾰족하게 만든 모양이다.

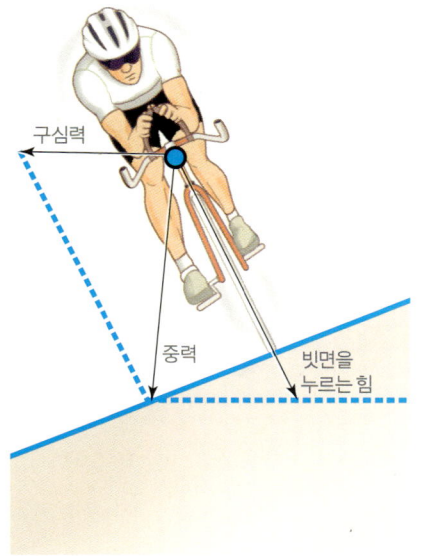

그러나 사람의 몸은 전혀 유선형이 아니기 때문에 빨리 가려 할수록 공기 저항은 더 커진다. 그래서 사이클 선수는 몸을 유선형에 가깝게 만들어야 한다. 사이클 선수는 일반 핸들보다 앞바퀴 쪽에 더 가까운 핸들을 이용해 상체를 최대한 앞으로 웅크리고 헬멧도 유선형으로 된 헬멧을 쓴다.

사이클 선수에게 작용하는 힘

사이클 선수는 구심력을 이용하기 위해 회전할 때 자전거를 기울인다. 그리고 공기 저항을 최소화하기 위해 운동 기구와 몸을 유선형으로 만든다.

공기 흐름으로 인한 저항은 크게 두 가지이다. 하나는 움직이는 물체의 앞뒤에 있는 공기 압력 차이에 의한 저항이다. 물체가 나아가는 쪽은 공기의 압력이 커지고, 물체의 뒤쪽은 공기의 압력이 작아진다. 따라서 압력이 큰 앞쪽에서 작은 뒤쪽으로 힘이 작용한다. 공기압에 의한 저항은 사이클 선수를 뒤로 끈다. 평지를 질주할 때는 공기 압력에 의한 저항이 속도를 제한하는 가장 큰 원인이다. 페달을 돌릴 때 발생하는 저항의 약 70~90%가 바로 이 저항이다. 그래서 무릎을 모아 페달을 돌리는 것이 좋다.

다른 하나는 움직이는 물체의 표면에서 일어나는 저항이나 표면 마찰력이다. 표면 저항은 자전거와 사람의 표면에서 발생한다. 그래서 사이클 선수는 비닐처럼 몸에 짝 달라붙는 스킨수트(skinsuit)를 입는다. 몸에 완전히 달라붙는 경기복은 물체 표면에서 공기의 저항을 최대한 줄여 주는 역할을 한다. 또한 공기 저항을 최대한 줄일 수 있는 자전거를 만드는 일도 중요하다. 자전거의 틀은 둥근 형태에서 유선형으로 바뀌었다. 단거리 경주에서 바큇

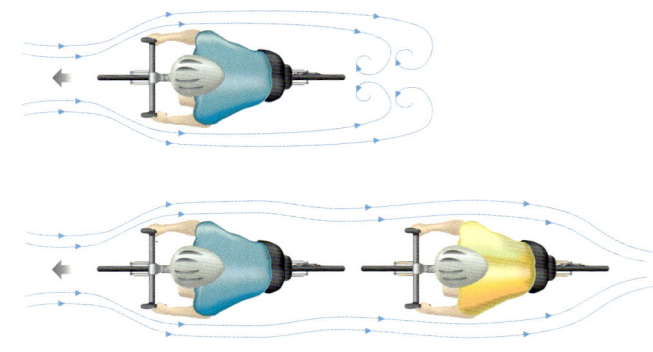

**사이클 경기에서
발생하는 공기 저항**
혼자 달리면 소용돌이로 인해
기압이 낮아져 자전거가 뒤로
끌려간다. 그러나 두 명의 선
수가 앞뒤로 달리면 앞의 자
전거 뒤쪽에는 소용돌이가 생
기지 않는다.

살이 일으키는 공기 저항을 줄이기 위해 디스크 바퀴로 바꾸는 것도 이런 이유이다.

자전거를 타고 갈 때 선수의 뒤쪽은 기압이 낮고 공기가 소용돌이를 이루고 있다. 따라서 앞서 가는 사람의 뒤에 바짝 붙어 달리면 속도를 빠르게 할 수 있다. 그러나 놀라운 사실은 뒤에 사람이 붙으면 앞서 가는 사람도 이익을 본다는 점이다. 앞사람의 꽁무니에서 발생하는 소용돌이를 뒷사람이 채워줌으로써 앞사람의 공기 저항이 줄어드는 것이다.

따라서 선수 두 명이 가까이 붙어 사이클을 타면 두 사람이 따로 달릴 때보다 더 적은 에너지가 든다. 물론 바짝 붙어서 달릴 때는 앞사람이 소모하는 에너지가 뒷사람이 소모하는 에너지보다 훨씬 크다. 따라서 다른 선수의 뒤쪽에서 에너지를 덜 소모하면서 달리다가 결승선을 앞두고 앞쪽으로 속도를 내어 달리기도 한다.

사이클 선수들은 도로를 달릴 때 '펠레톤' 또는 '에셜론'이라는 대형을 만든다. 투르 드 프랑스는 뛰어난 선수들이 많이 참가하는 대회이다. 자전거 주자는 3주 동안 알프스, 피레네 산맥 등 4,000km를 달린다.[2] 따라서 체력, 스피드, 끈기, 공기 역학을 이용한 전략이 승패를 좌우하는 것이다.

2 선수는 매일 한
스테이지씩을 달리는데,
한 스테이지의 거리는
145~240km이며 이 거리를
6~8시간에 걸쳐 달린다.

선수들은 수십, 수백 명이 긴 띠를 이룬 펠레톤 대형으로 달리다가 대각선 다이아몬드 모양의 에셜론 대형을 만들어 달린다. 이처럼 대형을 만들어 달리면 혼자서 달리는 것보다 최고 40%까지 에너지 소모를 줄일 수 있다. 힘을 덜 쓰려면 가능한 한 앞사람의 뒤에 바짝 붙는 것이 좋다. 앞사람에게 바짝 붙을수록 공기 저항이 줄어들기 때문이다. 그러나 앞사람에 바짝 붙으면 사고의 위험도 커진다. 따라서 공기 저항도 줄이고 위험하지 않은 범위에서 적당한 거리를 유지하면서 달리는 것이 관건이다.

스코틀랜드의 물리학자들이 스포츠 경기에서 어떻게 대형이 형성되는 지 컴퓨터로 모의실험을 했다. 앞선 사람을 따라잡을 수 있는 가속 능력을 가진 선수들 사이에서만 대형이 이루어진다. 즉 비슷한 기량을 가진 우수한 선수들이 모여 있어야 대형을 형성할 수 있다는 것이다. 앞사람 뒤에서 공기 저항을 적게 받고자 해도 앞사람의 속력을 따라잡을 수 없으면 불가능하기 때문이다.

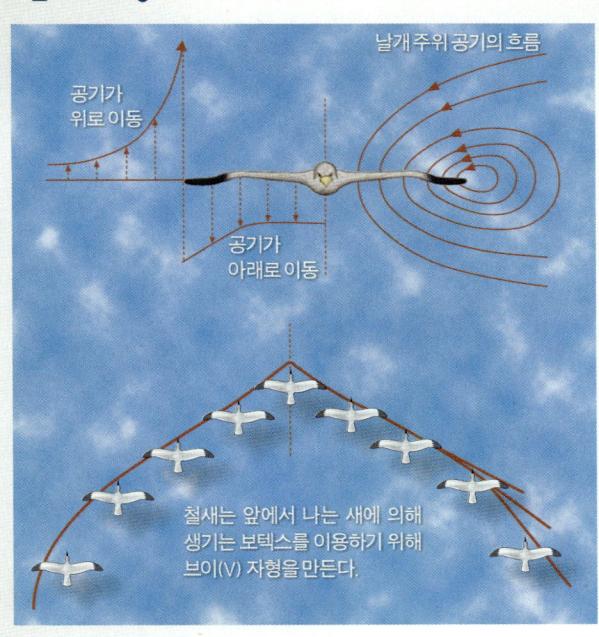

철새의 비행

날개 주위 공기의 흐름

공기가 위로 이동

공기가 아래로 이동

철새는 앞에서 나는 새에 의해 생기는 보텍스를 이용하기 위해 브이(V) 자형을 만든다.

사람만 대형을 이뤄 달리는 것은 아니다. 철새도 일렬로 날아가지 않고 브이(V) 자로 대열을 만들어 날아간다. 그 이유는 양력(위로 뜨는 힘)을 받기 위해서이다. 먼 거리를 날아가는 철새들은 에너지를 줄이기 위해 작은 날갯짓으로 공중에 떠 있는 것이 무엇보다 중요하다. 맨 앞에서 날갯짓하는 철새에 의해 공기 중에 보텍스라고 하는, 공기의 뒤섞임이 형성된다. 이 보텍스는 철새 날개 바깥쪽 부근에서 공기의 흐름을 위로 올라가게 한다. 그러면 공기가 위로 올라가는 위치에 있는 뒤쪽의 철새 2는 더 작은 날갯짓으로 하늘에 떠 있을 수 있다. 같은 방식으로 그 다음에 있는 철새도 앞에 날아가는 철새의 바깥쪽에 위치한다. 그래서 전체적으로 브이(V) 자를 그리게 된다. 이렇게 편대 비행을 하면 혼자 나는 새에 비해 11~14% 정도의 에너지를 덜 쓰게 된다.

비행기가 착륙할 때도 비행기 날개에 의해 이와 유사한 형태의 보텍스가 생긴다. 이 보텍스는 매우 강해서 비행기가 착륙한 후에도 얼마 동안 남아 있다. 뒤이어 착륙하는 비행기가 우연히 앞 비행기의 보텍스 중심을 뚫고 지나가면, 한 쪽에서는 위로 뜨는 힘을 받고 다른 한쪽에서는 아래로 가라앉는 힘을 받게 돼 비행기가 전복될 수 있다. 그래서 모든 비행장에서는 보텍스에 의한 불의의 사고를 대비하기 위해 비행기들의 착륙에 시간차를 두고 있다.

07 빙빙 돌아라, 회전 관성 보인다

세계 피겨 스케이팅 선수권 대회
5회 우승 미셸 콴

볼링공을 굴리면 손을 떠난 후에도 계속 굴러가는 것을 볼 수 있다. 이처럼 물체가 자신의 운동 상태를 그대로 유지하려는 성질을 관성이라고 하는데, 회전을 하는 물체에도 같은 특성이 있다. 이것을 회전 관성이라고 한다. 회전 관성을 알면 피겨 스케이팅이나 다이빙 선수의 운동을 쉽게 이해할 수 있다. 이 장에서는 회전 관성에 대해 살펴보고, 이와 연관해서 각운동량 보존의 법칙에 대해 생각해 보자.

'국민 여동생, 피겨의 여왕' 김연아! 김연아는 피겨의 불모지인 우리나라에서 끈기와 정신력으로 세계 피겨의 역사를 새로 쓴 선수이다. 2009년 세계선수권대회에서 총점 207.71을 기록해 여자 싱글 최초로 200점을 돌파했고, 2010년 밴쿠버올림픽에서는 총점 228.56점으로 세계 최고 기록을 갱신하며 금메달을 손에 쥐었다. 피겨 여자싱글 종목에서 가장 어려운 기술인 점프, 김연아의 '트리플-트리플 콤비네이션 점프'는 점프의 교과서라고 불릴 정도로 동작이 정확하고 섬세하다. 김연아는 점프할 때 뛰어오르면서 재빨리 양손을 상체로 모으는 동시에 몸을 머리부터 발끝까지 곧게 펴서 회전축을 만든다. 이는 회전 관성을 작게 만들어 몸을 쉽게 회전시킬 수 있기 때문이다.

회전 관성이란?

　피겨 스케이팅 기술은 점프, 스핀, 스텝으로 이루어진다. 이중 스케이팅을 하다가 도약하여 회전한 뒤 착지하는 기술인 점프는 피겨 스케이팅 기술의 핵심이다. 점프는 도약할 때 스케이트 날을 사용하는지 앞부분인 토를 사용하는지에 따라서도 구분되고, 날을 사용할 때 안쪽 날을 사용하는지 바깥쪽 날을 사용하는지에 따라 루프, 살코, 악셀, 토루프, 플립, 러츠로 구분된다. 각 점프를 할 때 공중에서 2회전 하면 더블, 3회전 하면 트리플이라고 한다. 점프 동작을 이해하기 위해서는 회전 관성을 알아야 한다.

　관성은 이미 알려져 있듯이 물체가 자신의 운동 상태를 유지하려는 특성을 말한다. 즉 외부에서 힘이 작용하지 않는 한 정지한 물체는 계속 정지해 있으려 하고, 운동하던 물체는 계속 운동하려 한다는 것이다. 관성이 크다는 것은 운동 상태를 변화시키기 어렵다는 말이다. 관성의 크기는 물체의 질량과 관련이 있다. 예를 들어 몸무게가 무거운 사람과 가벼운 사람이 달리기를 하다가 장애물을 발견하고 멈추려 한다고 하자. 무거운 사람이 가벼운 사람보다 관성이 더 크기 때문에 속도를 변화시키기가 어려워 더 멀리까지 미끄러질 것이다.

물체가 직선 운동을 할 때와 같이 회전하는 물체는 회전 상태가 변하는 것에 저항하려는 성질이 있다. 이것이 바로 회전 관성이다. 즉 회전하는 물체는 계속 회전하려는 성질이 있고, 회전하지 않는 물체는 계속 그 상태로 있으려고 한다.

물체의 운동 상태를 변화시키기 위해서는 힘이 필요하듯이 물체의 회전 상태를 변화시키기 위해서도 힘이 필요하다. 이때의 힘은 회전축에서 일정한 거리만큼 떨어진 곳에서 작용하는 힘으로, 토크(torque)라고 부른다. 토크가 작용하면 정지해 있던 물체는 회전을 하고, 이미 회전하고 있던 물체는 회전수[1]가 바뀐다.

1 1초 동안 회전한 회수를 말한다.

회전 관성도 직선 운동의 관성처럼 질량과 관련되어 있다. 그러나 회전관성은 질량 자체보다 질량의 분포와 더 관련이 깊다. 질량 분포가 회전축에서 멀수록 회전 관성도 크다. 즉 스케이트 선수가 양팔을 벌리고 있으면 회전 관성이 커지고, 양팔을 최대한 모으면 회전 관성이 작아진다. 외줄타기를 하는 사람이 긴 막대를 들고 줄 위를 걷는 것도 같은 이유이다. 긴 막대를 들고 있으면 회전 관성이 커져서 회전하기 어렵기 때문에 균형을 잡기 쉬워진다.

피겨 선수가 회전할 때 두 손을 모으는 까닭

　　회전 관성이 무엇인지 알아보았으니 다시 피겨 스케이팅 점프 이야기를 해 보자. 피겨에서 점프 기술의 핵심은 도약력과 회전력이다. 선수들은 점프 하기 전 스케이팅을 하다가 스케이트 날이나 토로 빙판을 찍으며 도약을 한 다. 이 도약을 통해 선수들은 토크를 얻는다. 도약에서 얻어진 힘으로 회전 을 하는 것이다. 김연아 선수의 점프 동작에서 보이듯 선수들은 도약할 때 팔다리를 크게 벌린다. 이는 회전 관성을 크게 얻기 위해서이다. 이를 좀 더 과학적으로 풀어 보자.

　　회전하는 물체의 운동을 나타내는 물리량을 각운동량이라고 한다. 이것 은 회전 관성과 각속도의 곱으로 나타나는 양이다. 회전 운동하는 물체에 외 부에서 작용하는 토크가 없다면 회전 관성과 각속도의 곱은 항상 일정하다. 이것을 각운동량 보존의 법칙이라고 한다. 다시 말해 회전 관성이 줄어들면 회전 속도가 빨라지고, 회전 관성이 커지면 회전 속도가 느려진다는 것이다.

각운동량 = 회전 관성 × 각속도

피겨 스케이팅의 회전 동작
도약을 하며 토크를 얻고 그 힘으로 회전을 한다. 회전할 때에는 각운동량 보존 법칙에 의해 두 손을 모은다.

이러한 사실은 피겨 스케이팅 선수의 회전으로 쉽게 확인할 수 있다. 스케이트 선수는 도약을 통해 토크를 얻으면 그 이후의 동작에는 토크가 작용하지 않는다. 처음에 얻은 힘으로만 회전하는 것이다. 즉 각운동량이 보존된다는 것이다. 따라서 몸이 돌기 시작한 뒤에는 팔을 최대한 몸 쪽으로 밀착해야 한다. 양팔을 모으면 회전 관성이 줄어들어 회전 속도는 매우 빨라진다. 착지할 때는 다시 팔다리를 길게 편다. 이렇게 하면 회전 관성이 늘어나 회전 속도가 줄어드는 동시에 몸의 중심을 잡기에 편리하다.

피겨 스케이팅 선수가 점프할 때 회전을 다 하지 못하거나 넘어지는 것은 도약 후 팔을 몸에 밀착시키는 순간을 놓쳤기 때문이다. 도약하기 전 팔을 먼저 접으면 토크를 충분히 얻지 못하고, 팔을 너무 늦게 접으면 그 사이 몸은 회전을 시작해 팔에 걸리는 원심력이 커져서 팔을 접기 어려워진다. 결국 회전수를 채우지 못하고 착지를 하게 된다. 이때 팔다리가 늦게 펴져 중심을 잃고 넘어지는 것이다. 따라서 김연아 선수처럼 최고의 점프를 하기 위해서는 팔을 접는 순간을 몸으로 익힐 수 있도록 끊임없이 반복 연습해야 한다.

우주선의 방향 바꾸기

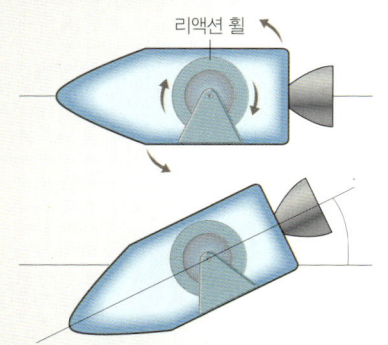

리액션 휠

추진 연료를 사용하지 않고 우주선의 방향을 바꾸는데도 각운동량 보존이 이용된다. 물론 아주 미세한 방향 전환에만 쓰인다. 외부의 어떤 힘도 작용하지 않는 우주선에서 바퀴 형태의 기계 장치인 리액션 휠(reaction wheel)의 회전 속도를 변화시키면 우주선 전체의 각운동량에 변화를 준다. 우주선 입장에서는 각운동량이 보존돼야 하므로 회전을 하고, 원하는 곳으로 방향을 전환할 수 있다.

태양계에도 각운동량 보존의 법칙이 존재한다. 태양계 내의 모든 행성이 일정한 회전 관성과 회전 속도로 운동을 하고 있는 것이다. 하지만 우리가 생활하는 세계는 돌고 있는 팽이나 자전거와 같이 외부에서 작용하는 토크 때문에 각운동량이 보존되지 않을 때가 더 많다.

각운동량이 보존되는 예는 다른 스포츠 종목에서도 찾아볼 수 있다. 다이빙 선수가 스프링보드(springboard)에서 뛰어 올라 몸을 굽혀 회전할 때 회전 속도가 증가하는 것도 그 예다. 다이버는 다이빙 보드에서 점프할 때 얻은 토크를 적절히 이용해 회전 연기를 한다. 다이빙 보드에서 몸을 띄운 선수는 몸을 웅크려서 회전 관성을 줄이고, 회전 속도를 증가시킨다. 몸을 최대한 웅크리면 회전 속도가 증가해 최대 3회전까지 할 수 있다. 회전을 하고 수면에 닿기 전 다이빙 선수들은 몸을 곧게 편다. 몸을 곧게 펴면 회전 관성이 늘어나 회전 속도를 늦출 수 있다.

체조의 두 가지 회전 동작

체조는 1회 올림픽부터 정식 종목으로 채택되어 이어져 오고 있다. 체조 경기는 회전 관성의 변화를 가장 잘 볼 수 있는 경기이다. 철봉 경기를 보면 선수가 봉을 잡고 몸을 돌리는 동작이 나온다. 이 때 온몸을 쫙 펴고 360도 회전하기도 하고, 몸을 반 접으며 철봉 쪽으로 가져다 대고 회전하기도 한다. 두 가지 회전은 속도에서 많은 차이가 난다. 몸을 쭉 펴면 회전 관성이 커

체조 경기의 회전 동작
몸을 반 접고 회전하는 것(왼쪽)과 몸을 쫙 펴고 회전하는 것은 각운동량 보존 법칙에 따라 속도 차이가 많이 난다.

서 회전 속도가 느리고, 몸을 웅크리면 회전 관성이 작아져서 그만큼 속도가 빨라진다.

사람의 몸은 3개의 회전축에 대해 회전할 수 있다. 회전축은 서로 직각을 이루고 각각의 축은 우리 몸의 대칭선이다. 우선 머리에서 발가락으로 이어지는 가상의 선을 세로축이라고 한다. 이 회전축을 이용한 것이 서서 빙글빙글 도는 회전이다. 또 다른 축은 좌우 엉덩이를 연결하는 가로축이다. 매트 위에서 앞구르기를 하는 것이나 몸을 쭉 뻗어서 하는 공중제비가 이 축을 이용한 회전이다. 마지막 축은 배와 등을 잇는 중앙축이다. 땅에서 손 짚고 옆돌기를 하는 것이 중앙축을 중심으로 회전하는 동작이다.

물론 몸의 회전 관성은 회전축에 따라 다르다. 머리와 발을 잇는 축으로의 회전은 누구라도 가능하다. 서서 빙글빙글 돌기만 하면 되기 때문이다. 이 말은 우리 몸의 질량이 이 축 주위에 집중돼 있어 회전 관성이 작다는 말이다. 이에 비해 배와 등을 잇는 축이나 왼쪽과 오른쪽을 잇는 축으로의 회전은 쉬운 일이 아니다. 회전 관성이 그만큼 크다는 말이다.

2단 평행봉에서 양손으로 평행봉을 잡고 온몸을 쭉 편 상태에서 360도 회전을 하는 것이 허리를 평행봉에 감고 회전하는 것보다 고난도로 평가된

사람 몸의 회전축
사람의 몸은 머리에서 발가락으로 이어지는 세로축, 좌우 엉덩이를 연결하는 가로축, 배와 등을 잇는 중앙축이 있다.

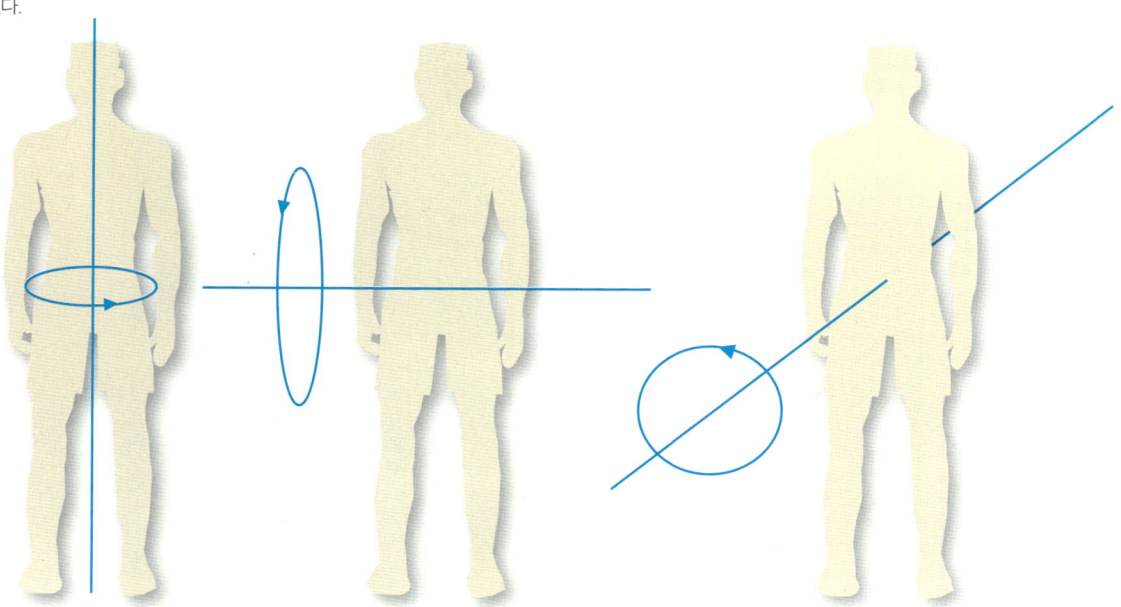

종이 부메랑 날리기

두꺼운 도화지를 3×12cm의 크기로 잘라 3개의 날개를 만든다. 날개 바깥쪽을 넓게 만들면, 부메랑이 오랫동안 회전할 수 있기 때문에 더 잘 돌아온다.

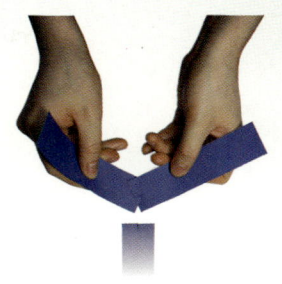

날개 끝 중간에 약 1cm 정도의 칼집을 낸다.

칼집을 낸 3장의 날개를 엇갈려 끼운다.

스테이플러로 고정할 때는 각각의 날개가 120°가 되도록 끼운다.

각각의 날개 중앙을 약간 부풀린다.

부메랑의 가운데를 누르고 날개 끝을 위쪽으로 젖힌다.

부메랑을 던질 때는 먼저 부풀린 쪽을 안쪽으로 잡는다. 그리고 수직면에서 5도 정도 기울여 세우고 손목을 안쪽으로 꺾으면서 던진다. 부메랑은 만드는 것보다 던지는 것이 중요하다. 정확하게 던지려면 연습을 많이 해야 한다. 또한 던질 때는 다른 사람의 눈이나 신체에 맞지 않도록 주의해야 한다.

다. 즉 회전 관성이 클수록 점수가 높다는 얘기다. 마루 운동에서 공중제비를 할 때도 선수들은 가능한 팔과 다리를 완전히 감아 쥔 자세로 회전한다. 이 자세가 회전 관성을 최소화하기 때문에 그만큼 쉽다.

지식의 사슬

2부 |

공의 과학

축구, 농구, 탁구, 배구, 족구, 테니스, 당구, 볼링 등 공을 사용하는 운동은 매우 많다.

각 운동에 사용되는 공은 종목에 따라 가장 적합한 역할을 할 수 있도록 수많은 시행착오를 통해 진화해 왔다. 골프공의 홈은 멀리 날아가도록 하기 위한 것이고, 농구공의 작은 돌기는 땀이 잘 빠져나가서 미끄러지지 않도록 하기 위한 것이다. 하지만 공의 종류는 다양하더라도 같은 원리가 적용된다. 즉 타구가 되어 날아가는 야구공이나 골대를 향해 날아가는 농구공에는 모두 같은 과학 법칙이 적용된다. 이 부에서는 공의 생김새 및 운동에 관련된 과학 내용을 살펴보자.

역전 3점 슛에 숨어 있는 포물선의 원리

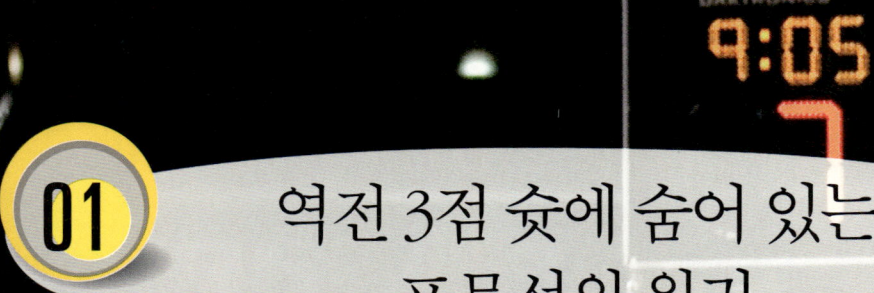

미국프로농구 선수
조던 파머의 3점슛

농구의 하이라이트는 덩크 슛이라고 생각하는 사람들이 많을 것이다. 물론 덩크 슛은 화려하고 멋져서 농구에 빠질 수 없는 장면이다. 그러나 멋진 덩크 슛도 점수는 2점일 뿐이다. 그런 면에서 볼 때 결정적인 순간에 바스켓을 통과해 승부를 가를 수 있는 3점 슛의 아름다운 포물선이야말로 농구의 하이라이트라고 할 수 있다. 마지막 역전 3점 슛의 짜릿함에 숨어 있는 포물선의 원리를 알아보자.

농구는 1891년 미국의 한 체육 학교에 부임한 체육연구가 네이스미스 (1861~1939)에 의해 만들어졌다. 미식축구 시즌이 끝난 겨울철이나 비가 오는 날에도 실내에서 재미있게 운동할 수 있는 방법이 없을까 연구하던 중 농구라는 경기를 만든 것이다. 초기에는 복숭아를 담던 바구니를 체육관 벽에 매달아 놓고, 축구공으로 게임을 했다. 그 후 링과 그물로 된 형태의 골대가 개발되었지만, 초창기에 썼던 바스켓(basket)의 이름을 따서 농구(basket-ball)[1]라고 부른다. 농구는 전 세계로 보급되어 사랑을 받고 있으며, 농구가 올림픽의 정식 종목으로 채택된 것은 1936년 베를린올림픽 때이다.

1 농구의 농(籠)은 삼태기라는 바구니의 한 종류를 뜻하는 한자에서 온 말이다.

농구는 선수들이 끊임없이 움직이며 슛을 쏘는 경기이다. 특히 깨끗하게 포물선 궤적을 그리며 떨어지는 3점 슛을 보면 마음까지 시원해진다. 3점 슈터들은 골대와의 거리, 슛을 쏘는 위치에 따라 농구공의 궤적을 정확히 알고 있다. 이는 끊임없는 반복 연습을 통해 얻어진 것이다.

공이 그리는 포물선 궤적

농구공이 포물선 운동을 하는 까닭은 중력 때문이다. 지구에서 질량을 가진 모든 물체는 지구의 중심 방향으로 향하는 힘인 중력을 받는다. 만약 중력이 없다면 농구공은 던진 각도 그대로 쭉 나아가게 될 것이다. 중력이 아래쪽으로 작용하기 때문에 비스듬하게 던진 공은 포물선을 그리며 날아간다. 곡선을 그리는 농구공의 운동을 이해하기 위해서는 수평 성분과 수직 성분으로 나누어 살펴보아야 한다.

오른쪽 그림은 그냥 떨어뜨린 물체(A)와 수평 방향으로 밀어서 떨어뜨린 물체(B)

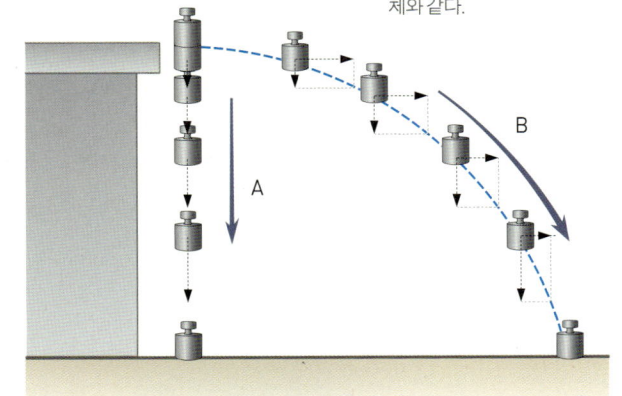

그냥 떨어뜨린 물체(A)와 수평 방향으로 밀어서 떨어뜨린 물체(B)의 궤적
곧장 앞으로 던진 물체의 높이 변화는 자유 낙하시킨 물체와 같다.

가 운동하는 모습을 나타낸 것이다. A와 같이 일정한 높이에서 정지하고 있는 물체가 중력의 작용만으로 떨어질 때의 운동을 자유 낙하라고 하며, 수직 방향의 운동만 나타난다. B와 같이 곡선 경로로 떨어진 물체는 수평 방향의 운동과 수직 방향의 운동이 합쳐져서 나타난 것이다. 즉 수평 방향으로는 힘이 작용하지 않기 때문에 처음에 밀 때의 속력을 그대로 유지하는 등속 운동을 한다. 한편, 수직 방향으로는 정지한 상태에서 중력만을 받는 물체와 같은 운동을 한다. 수직 방향만 보면 자유 낙하한 물체의 운동과 같은 운동을 하는 것을 알 수 있다.

비스듬히 위로 던진 농구공도 마찬가지이다. 처음에 농구공을 던진 속도와 각도, 중력이 작용하여 농구공이 포물선으로 운동하게 된다.

농구공의 궤적에 영향을 주는 요인

농구공을 바스켓에 넣으려면 농구공의 궤적에 영향을 주는 요인을 알아야 한다. 농구공에 작용하는 중력은 바꿀 수 없으므로 농구공의 운동에 영향을 주는 것은 농구공을 던지는 속도와 각도이다.

우선 던지는 속도를 알아보자. 얼마나 세게 던지느냐에 따라 공의 속도가 달라진다. 공을 세게 던지면 던질수록 공의 처음 속도가 빨라진다. 속도가 빠르면 같은 거리를 이동하는 동안 중력의 영향을 받는 시간이 상대적으로 짧기 때문에 아래로 떨어지는 거리가 줄어든다. 따라서 세게 던질수록 공은 더 멀리 날아간다. 골대에서 멀리 떨어질수록 빠른 속도로 던져야 골대까지 공이 날아갈 수 있는 것이다. 거리에 비해 너무 빠른 속도로 던지면 공은 백보드를 맞고 튕겨 나온다.

비스듬히 위로 던진 공의 궤적
수평 방향으로는 속력이 일정한 운동을 하고 수직 방향으로는 곧장 위로 던져 올린 물체와 같은 운동을 한다.

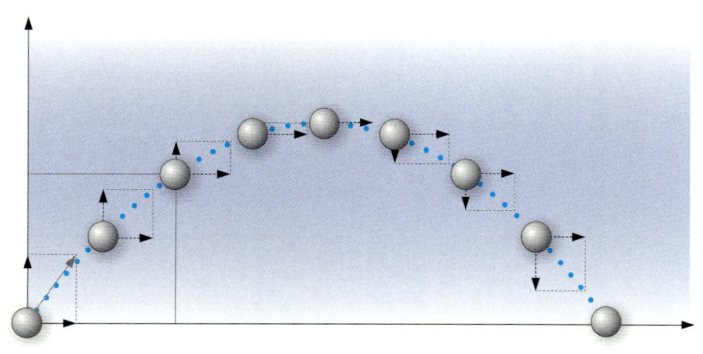

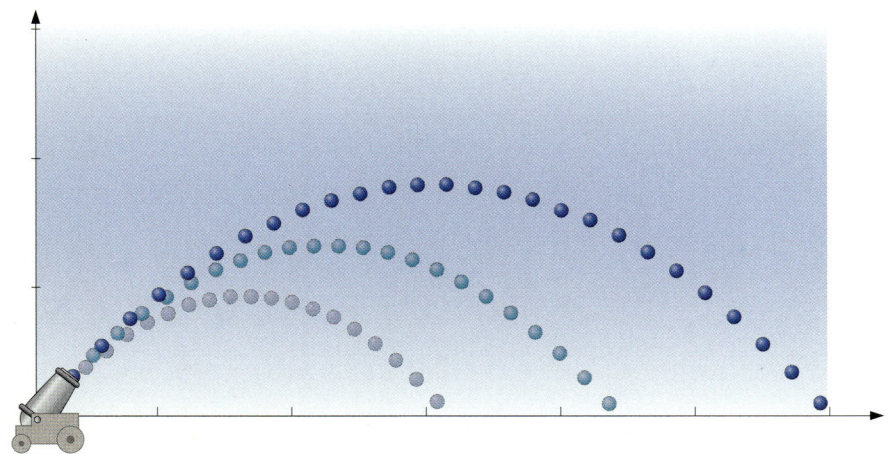

발사 속도를 달리하였을 때 공의 궤적
발사 속도가 클수록 공은 더 멀리 날아간다.

또 너무 느린 속도로 던지면 골대까지 갈 수 없다. 가장 이상적인 속도는 선수의 위치와 골대까지의 거리에 비례한다고 한다. 5.8m 거리의 자유투는 초속 5.8m의 속도로 던지는 것이 가장 확률이 높다. 또 6.25m의 거리에서 던지는 3점 슛은 초속 6.25m로 쏘는 것이 가장 성공 확률이 높다.

던지는 각도도 영향을 준다. 농구 경기를 할 때에는 골대에 공을 넣어야 하기 때문에 던지는 각도를 적당히 조절해야 한다. 발사 각도는 공기의 저항을 무시하면 45°일 때 가장 멀리 날아간다. 왜 45°일 때 가장 멀리 날아갈까? 발사 각도를 수평 성분과 수직 성분으로 나누어 살펴보자.

발사 각도가 낮은 15°의 경우, 수평 성분이 수직 성분보다 큰 것을 알 수 있다. 이 때는 위로 향하는 수직 속도가 앞으로 향하는 수평 성분보다 작기 때문에 땅에 일찍 떨어진다. 반면 발사 각도가 큰 75°의 경우, 위로 향하는 수직 성분이 앞으로 향하는 수평 성분보다 훨씬 크다. 따라서 공은 높이 올라가지만 수평 성분이 작기 때문에 앞으로 멀리 가지는 못한다. 중간 각도인 45°에서는 수평 성분과 수직 성분의 크기가 같다. 이 경우 다른 각도로 발사한 것에 비해 공중에 오래 머무르면서 앞으로 멀리 이동할 수 있다. 따라서 농구공도 45°로 던졌을 때 가장 멀리 이동할 수 있다.

공을 던질 때는 손을 올려서 던지기 때문에 공의 처음 위치는 땅 위에

발사 각도에 따른 수평 성분과 수직 성분
발사 각도가 낮으면 수평 성분이 수직 성분보다 크고, 발사 각도가 높으면 수직 성분이 수평 성분보다 크다. 발사 각도가 45°일 때 수평 성분과 수직 성분의 크기가 같다.

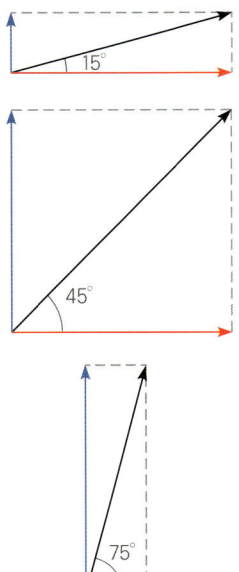

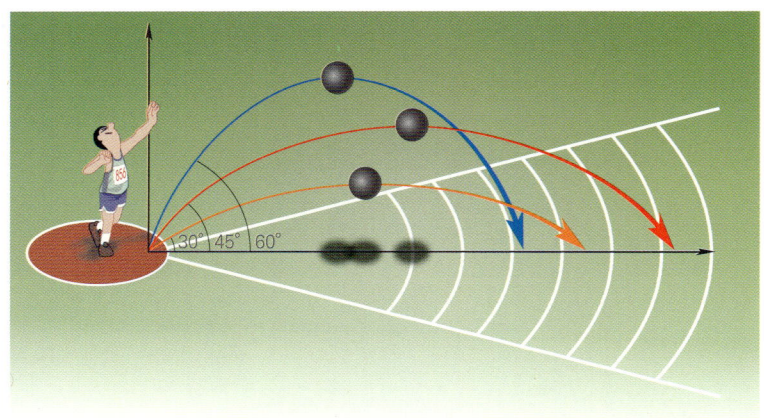

2 상대 선수의 진행을 신체적으로 접촉하여 방해할 때 범하는 반칙이다.

서 약 2m 정도, 골대는 땅 위에서 3m의 위치에 있다. 따라서 포물선의 경로를 약간 위쪽으로 조정해야 한다. 공의 낙하 지점이 출발 지점보다 높을 때는 낙하 각도가 던지는 각도보다 작아지기 때문이다. 따라서 슛을 성공시키기 위해서는 던지는 각도를 약간 높여서 45~52° 사이로 던져야 한다. 여기에 슈팅 순간이 언제인가도 골의 성공 여부에 영향을 끼친다. 이론적으로는 점프가 정점에 이르렀을 때 공을 던지는 것이 가장 적합하다. 점프의 최고점에서는 선수가 순간 정지하여 속력이 0이 되기 때문에 지면에서처럼 안정적으로 슛을 쏠 수 있다. 그러나 실제 경기에서는 상대방의 블로킹(blocking)[2]을 피하기 위해 점프하면서 공을 던지기도 한다.

그러므로 슛을 정확하게 넣기 위해서는 투사각(던지는 각도)과 투사 속력(던지는 속력)의 적절한 조합이 필요하다. 그러나 링이 공보다 크기 때문에 투사 각도와 속력은 일대일로 대응하지 않는다. 투사각에 대한 투사 속력의 범위, 투사 속력에 대한 투사 각도의 범위가 존재한다. 슛이 성공하기 위해서는 투사 속력과 투사 각도의 범위가 넓은 것이 좋다.

미국의 천체물리학자 피터 브란카지오는 더 넓은 범위를 가질 수 있는 투사 속력과 투사 각도를 계산해 내었다. 브란카지오에 의하면, 투사 각도가 클수록 슛을 성공시킬 수 있는 속력의 범위가 넓다. 즉 높은 포물선을 그리도록 던졌을 때 슛의 성공률이 높아진다는 것이다. 반대로 투사 속력은 도달할 수 있는 최소 속력으로 던진 슛이 투사 각도의 범위가 가장 넓다. 즉 힘을 들이지 않고 쏘는 슛의 성공률이 더 높다는 것이다.

예를 들어 키가 180cm인 선수가 4.6m 의 거리에서 슛을 쏜다고 가정해 보자. 이 거리에서 슛을 쏘기 위한 최소한의 속력은 7.16m/s이다. 이 속력으로 바스켓의 가운데 를 정확하게 통과하는 슛을 쏘려면 슛의 각 도가 49°여야 한다. 그러나 46~53° 사이의 각으로 던져도 공을 바스켓에 넣을 수 있다.

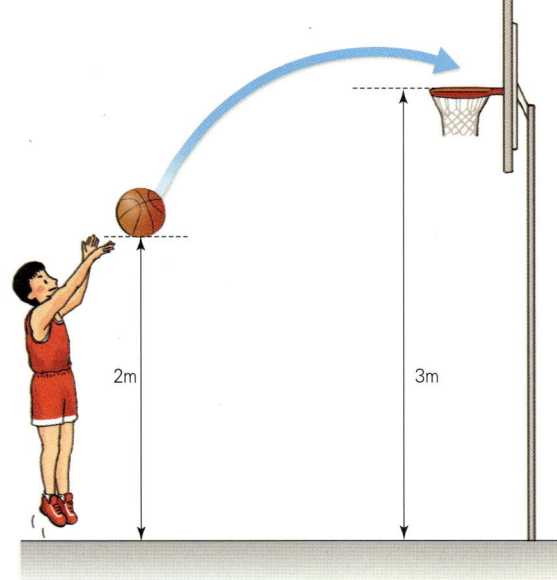

2m

3m

슛의 성공률을 높이려면 공을 놓는 순 간 손목과 손가락으로 공에 역회전을 걸어 주는 것이 좋다. 회전이 걸리지 않은 공은 백 보드에 닿은 각도 그대로 튕겨져 나온다. 그러나 공에 역회전을 걸면 백보 드에 공이 맞는 순간 마찰력이 위로 작용한다. 그리고 이에 대한 반작용으 로 아래쪽으로 향하는 힘이 발생하여 공이 튕겨나가지 않고 바스켓을 통과 할 확률이 커진다.

농구 선수들은 다양한 시합 상황에서 적절한 투사 속력과 투사각, 슛 타이밍을 이용해 슛을 던진다. 이는 선수들이 끊임없이 훈련하여 체득한 것이다.

농구 슛의 투사 각도
공의 낙하 지점이 출발 지점 보다 높으므로 슛을 성공시 키기 위해서는 던지는 각도를 45~52°로 던져야 한다.

농구공의 역회전이 미치는 영향
역회전이 걸린 공은 백보드 에 닿는 순간 아래쪽으로 힘 이 작용하여 공이 튕겨나가 지 않는다.

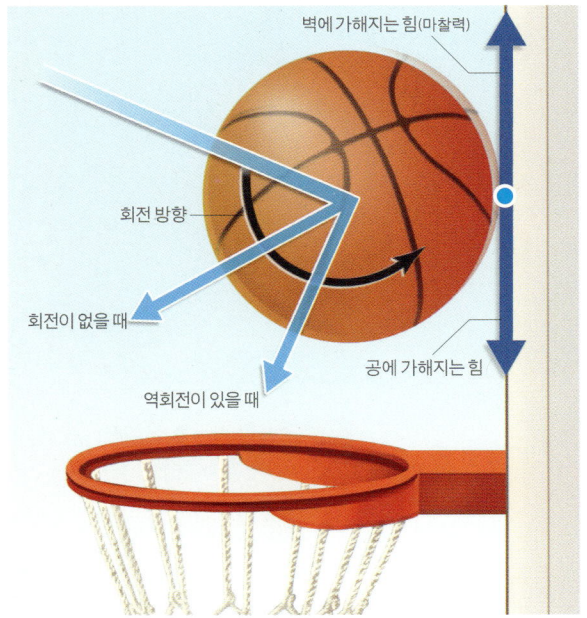

벽에 가해지는 힘(마찰력)

회전 방향

회전이 없을 때

역회전이 있을 때

공에 가해지는 힘

02 울퉁불퉁한 골프공이 멀리 날아가는 까닭은?

4대 메이저 대회를 석권한 타이거 우즈

스포츠 경기에는 다양한 구기 종목이 있고, 축구공, 야구공, 셔틀콕, 골프공 등 다양한 종류의 공이 사용되고 있다. 이중 가장 빠른 공은 무엇일까? 일반적으로 공의 속도는 공의 크기가 작을수록 공기의 저항이 작게 작용하기 때문에 속도가 빠른 것으로 알려져 있다. [1] 미국 프로 골프 선수들의 기록 중 최고 속도는 시속 273km나 된다고 한다. 한 연구에 의하면 골프 스윙 (swing)이 이상적이면 골프공의 최고 속도는 시속 300km를 넘을 수 있다고 한다. 골프공이 이처럼 가장 빠른 속도를 낼 수 있는 것은 그 생김새 때문이다.

골프공의 역사

공은 대부분 표면이 매끄럽지만, 골프공은 표면이 울퉁불퉁하다. 골프공이 처음부터 울퉁불퉁하게 생겼던 것은 아니다. 골프가 처음 유행하던 시기는 14세기로, 당시에는 골프공을 나무로 만들었다. 그러나 나무로 만든 골프공은 멀리 날아가지 못했으므로 17세기에 가죽으로 골프공을 만들었다. 17세기에 만든 가죽공은 쇠가죽을 바느질해 만든 껍데기 속에 깃털을 가득 채운 후 딱딱하게 말려서 나무망치로 두들겨 둥그렇게 만들었다. 이렇게 만든 가죽공은 나무공보다 멀리 날아갔다.

1845년 무렵부터는 천연나무 수액을 동그란 틀에 넣어서 굳힌 구타페르카 공이 만들어졌는데, 그동안 쓰던 공보다 멀리 날아가고 오래 쓸 수 있어서 골퍼들의 사랑을 받았다. 그러다 사람들은 오래되어 표면이 거칠거칠한 공이 매끈한 새 공보다 멀리 날아간다는 사실을 알게 되었다. 그래서 1860년 무렵부터는 일부러 홈을 만든 구타페르카가 만들어지기 시작했다. 이어 20세기 초 미국 스폴딩사가 표면이 옴폭옴폭 들어간 골프공을 만들어 팔기 시작했다. 이 옴폭 들어간 자국을 딤플(dimple)이라고 한다.

깃털로 만든 골프공
쇠가죽 속에 깃털을 가득 채운 후 딱딱하게 말려서 나무망치로 두들겨 둥그렇게 만든 공이다.

공기 저항을 줄이는 딤플

딤플이 있는 골프공이 왜 더 멀리 날아갈까? 공이 날아가면 공의 운동을 방해하는 공기 저항이 생긴다. 공기 저항에는 두 가지 종류가 있다. 공의 앞뒤 표면에 작용하는 압력의 차이 때문에 생기는 형상 저항과 공기와 공의 마찰로 발생하는 마찰 저항이다. 공은 형상 저항이 대부분을 차지하는데, 골프공의 딤플은 이 형상 저항을 감소시키는 역할을 한다. 즉 공기가 공의 표면에 더 오래 머무르도록 하여 뒤쪽에 생기는 소용돌이의 크기를 줄여 주는 것이다.

좀 더 자세히 살펴보자. 공이 빠른 속도로 날아가면 공기가 공의 표면을 따라 흐르다가 공의 중간 지점에서 공의 표면으로부터 멀어진다. 이때 공의 뒤쪽에는 소용돌이가 생긴다. 이러한 소용돌이로 인해 공의 앞쪽에는 공기압이 높아지고, 뒤쪽은 공기압이 낮아진다. 공의 앞쪽과 뒤쪽의 압력 차이로 생긴 저항을 형체 저항이라고 부르는데, 이는 공의 속력을 떨어뜨린다.

형체 저항을 공의 입장에서 쉽게 설명해 보자. 빽빽하게 들어찬 사람들 사이를 헤치며 지나간다고 하자. 이때 사람들을 헤치고 지나가면 앞쪽은 사람들로 가득 차 있지만(높은 공기압), 사람들을 헤치고 지나온 뒤쪽에는 약

골프공의 딤플
골프공의 옴폭 들어간 자국을 딤플이라고 한다. 20세기 초 미국 스폴딩사에서 처음 만들었다.

골프공의 공기 저항
골프공에 딤플을 만들면 형상 저항을 줄여서 공의 속도가 크게 줄어들지 않고 멀리 날아갈 수 있다.

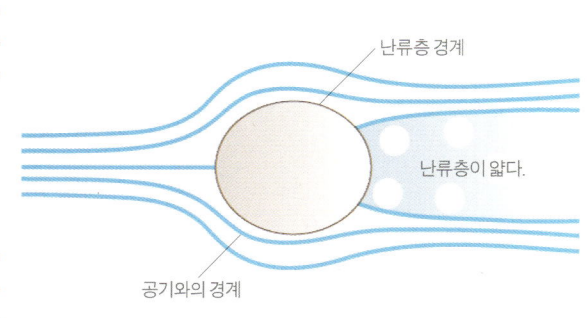

난류층이 두껍다.

공기와의 경계

난류층 경계

난류층이 얇다.

공기와의 경계

간의 틈(낮은 공기압)이 생긴다. 그 상태에서 앞으로 나가려고 애를 쓰더라도, 앞으로 나아가기보다는 오히려 앞쪽의 사람들로 인해 뒤쪽의 빈 공간으로 밀려들어가기가 더 쉬울 것이다. 이것이 공의 운동을 방해하는 형체 저항이다.

그런데 공의 표면이 울퉁불퉁하면 공 주위에서 공기가 매끄러운 흐름을 만들지 못하고, 미세한 난기류[2]가 발생한다. 이러한 난류는 공 표면의 공기를 서로 섞이게 해 주어 공 뒤쪽에 생기는 소용돌이를 줄여 준다. 따라서 형상 저항이 줄어들게 되어 공의 속도가 크게 줄지 않고 멀리 날아갈 수 있다.

만약 골프공 표면을 매끄럽게 하면 날아가는 거리는 반으로 줄 것이다. 공 표면의 딤플이 공을 두 배나 멀리 날아가게 해 주는 것이다. 그러나 딤플이 무조건 많다고 해서 공이 잘 날아가는 것은 아니다. 딤플이 공 표면의 50%를 차지하고 있을 때 가장 멀리 날아간다는 것이 연구를 통해 밝혀졌다. 따라서 딤플의 수는 300~500개 정도로 일정하다. 야구공의 솔기나 테니스공의 보풀도 골프공의 딤플처럼 형체 저항을 줄이기 위해 고안된 것이다.

[2] 사이클 선수나 철새의 뒤쪽에 생기는 공기의 소용돌이와 같은 것으로, 공기가 불규칙하게 뒤엉켜 소용돌이를 일으킨다.

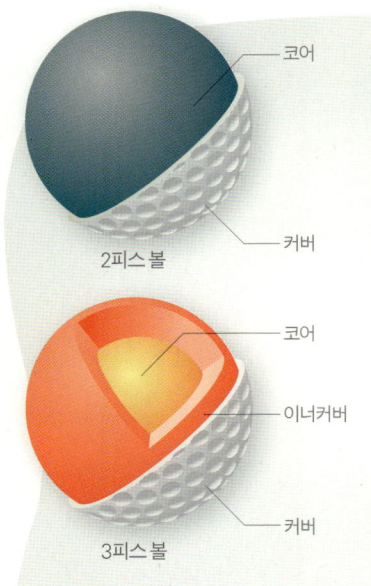

코어
커버
2피스 볼

코어
이너커버
커버
3피스 볼

골프공의 구조

골프공이 멀리 날아가기 위해서는 탄성이 좋은 재료를 사용해야 한다. 예전에는 고무를 한 겹으로 씌웠는데, 요즘은 탄성이 좋은 합성 커버를 한두 겹으로 덧씌운 여러 가지 종류의 공이 만들어지고 있다. 요즘 사용하는 일반적인 골프공은 합성수지로 만든 핵(코어)과 강화 커버를 씌운 2피스 볼, 두 겹의 커버를 씌운 3피스 볼이 있다.

속에 들어가는 핵의 성분은 공을 만드는 회사마다 특급 비밀이다. 2피스 볼의 핵은 모두 고체이지만, 3피스 볼에는 간혹 액체 합성수지가 들어가기도 한다. 일반적으로 2피스 볼은 장타를 칠 때, 3피스 볼은 미세한 컨트롤을 할 때 유리한 것으로 알려져 있다. 요즘은 2피스 볼과 3피스 볼의 장점을 활용한 4피스 볼이 출시되고 있다.

휘어지는 공의 마법

03

마리아노 리베라의 역투

야구 경기를 보면 힘없이 뚝 떨어지는 공에 타자들이 꼼짝 못하고 삼진을 당하는 경우가 있다.
폭포수처럼 떨어지는 투수들의 변화구야 말로 타자를 돌려 세우는 가장 강력한 무기이다.
투수는 마음먹기에 따라 회전력을 더 주거나 덜 줌으로써 커브(curve), 슬라이더(slider),
스크루 볼(screw ball) 등 궤도가 다른 다양한 변화구를 배합해 타자를 공략한다. 타자를
곤경에 빠뜨리는 변화구의 비밀은 공의 표면을 스치는 공기의 속도에 있다.

마그누스 효과

야구에서 투수가 공을 던질 때 회전을 주면, 공이 포수를 향해 진행하면서 진행 방향이 휘어진다. 커브 공이 휘어지는 정도는 공의 회전수와 관련이 있고 공의 빠르기와는 별로 상관이 없다. 즉 공을 느리게 던지든 빠르게 던지든 회전 속도가 같으면 공이 휘어지는 정도도 같다.

공의 진로가 휘어지는 것은 공이 회전하면서 비행할 때 주위에 형성되는 공기 흐름이 달라지기 때문이다. 회전이 걸린 공이 공기 중을 날아갈 때, 공에 작용하는 힘은 베르누이의 원리를 따른다. 유체(流涕)의 속도가 느린 곳은 압력이 커지고, 속도가 빠른 곳은 압력이 적어진다는 것이 베르누이의 원리이다.

그림과 같이 공이 회전을 하지 않고 움직이면 공 주변 공기의 흐름은 같은 모양이 된다. 그러나 공이 회전하면서 움직이면 공의 진행 방향과 바람의 방향이 일치하는 쪽에서는 유체의 속도가 커져 압력이 감소하고, 반대쪽에서는 유속이 작아지면서 압력이 커진다. 이러한 압력의 차이로 인해 공은 회전하는 방향으로 휘어진다. 메이저 리그 투수들의 공은 타자 앞에서 무려 40cm 이상 꺾이기도 한다. 이 현상은 1852년 포탄에 관한 연구를 하던 독일의 물리학자 구스타프 마그누스가 발견한 것으로, 그의 이름을 따 마그누스 효과라고 부른다.

마그누스 효과의 원리
공이 회전하면서 움직이면 압력의 차이가 생겨서 공이 회전하는 방향으로 휘어진다.

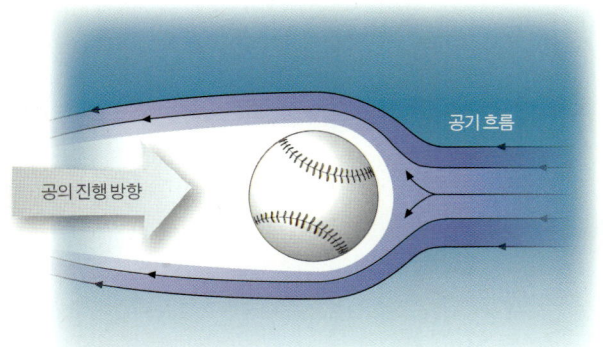

공기 흐름
공의 진행 방향

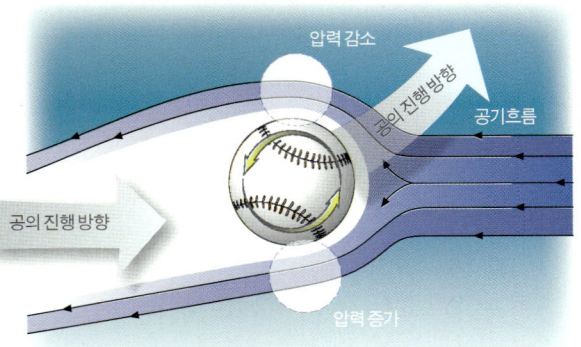

압력 감소
공의 진행 방향
공기흐름
공의 진행 방향
압력 증가

변화구를 만드는 공기의 흐름

타자는 타석에서 자세를 취하고, 투수는 타자가 예측하기 어려운 방향으로 공을 던진다. 대개의 경우 타자는 투수가 던지는 공을 제대로 치지 못하고 아웃되고 만다. 이때 해설가는 투수가 던지는 공을 보고 '빠른 직구', '슬라이더' 등 투수가 던진 공의 구질(球質)을 설명한다. 투수의 생명력 중 하나는 공의 다양한 구질이다. 옆으로 휘어지는 공, 아래로 떨어지는 공, 위로 솟아오르는 공 등 다양한 변화구를 던질 수 있어야 한다. 변화구의 구질은 투수가 공을 잡는 방법을 변화시켜 공에 회전을 어떻게 주느냐에 의해 결정된다.

투수가 톱 스핀(top spin)[1]을 준 경우를 생각해 보자. 공의 윗부분 회전 방향은 진행 방향인 앞쪽이며, 아랫부분의 회전 방향은 진행 방향과 반대쪽인 뒤쪽이다. 따라서 공의 윗부분과 아랫부분의 이동 속도에 차이가 난다.

이 같은 속도 차이는 곧 주변 공기의 속도에 영향을 준다. 공 윗부분은 회전 방향과 진행 방향이 같으므로 속도가 빨라 공기 마찰이 커지고, 주변 공기의 흐름도 줄어든다. 반면에 아래쪽은 회전 방향과 진행 방향이 반대여서 속도가 느리므로 공기의 흐름과 공의 회전이 어울려서 주변 공기의 흐름

[1] 공의 윗부분을 강하게 비틀 듯 던져서 회전을 가하는 것이다. 톱 스핀을 준 공은 바운드 후에 공의 진행 방향으로 빠르게 튀거나 굴러간다.

톱 스핀을 준 야구공
공의 윗부분과 아랫부분의 이동 속도와 압력의 차이 때문에 아래 쪽으로 공이 휘어진다.

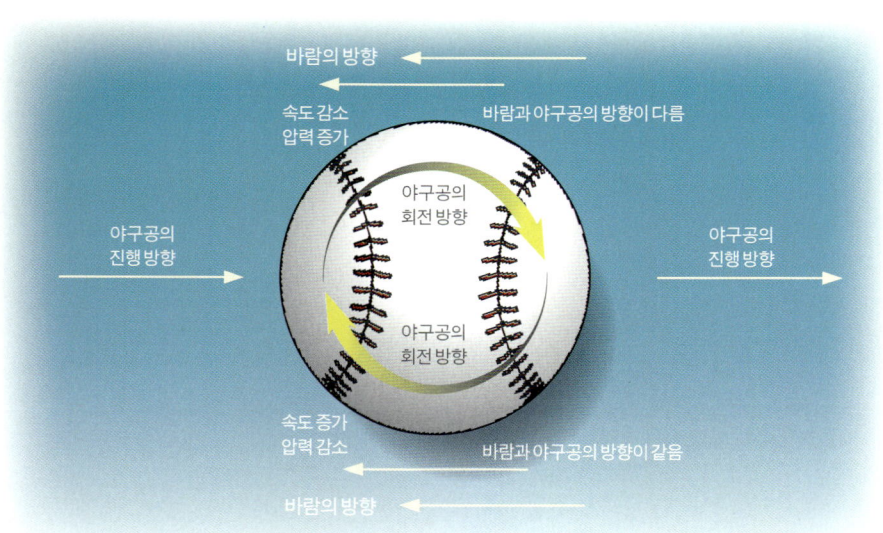

속도가 증가한다. 결국 위아래 공기의 속도 차이는 압력의 차이를 만든다. 즉 베르누이의 원리에 의해 주변 공기의 흐름이 빠른 곳은 압력이 작아지고, 주변 공기의 흐름이 느린 곳은 압력이 높아진다. 공은 압력이 큰 쪽에서 작은 쪽으로 힘을 받아 휘어지게 된다. 회전을 준 방향인 아래쪽으로 공이 휘어지게 되는 것이다.

그러면 앞으로 가다가 위로 떠오르는 공을 던지려면 어떻게 해야 할까? 앞의 경우와는 반대로 백스핀(back-spin)을 걸어 반시계 방향으로 회전을 주면 된다. 이것이 바로 박찬호 선수가 구사하는 라이징 패스트볼(rising fastball)이다. 공이 빠른데다 타석으로 다가올수록 위로 떠서 타자가 치기 여간 어렵지 않다. 라이징 패스트볼을 구사하기 위해서는 1초에 30회 정도로 회전하도록 공에 스핀을 줘야 한다. 이처럼 공의 회전은 공의 진행에 상당한 영향을 준다. 만약 공의 회전을 좌우로 준다면 공은 오른쪽이나 왼쪽으로 휘어지게 되는 것이다.

변화구의 또 다른 묘미는 날아오던 공이 언제 어디쯤에서 휘어지기 시작하느냐다. 만일 미리 휘어지는 방향이 보이면 타자가 쳐 내기는 그리 어렵지는 않을 것이다. 정말 힘든 공은 빠른 직구처럼 보이던 공이 갑자기 타자 앞에서 느려지면서 옆으로 휘어지며 뚝 떨어지는 공이다.

야구공에는 솔기가 있다.[2] 빠른 속도로 던진 공에서는 솔기와의 마찰로 인해 공 주변에 난기류가 생겨서 공이 휘어지지 않는다. 그러나 공이 진행하면서 속도가 조금씩 느려지다가 어느 시점에서는 회전으로 인한 주위의 압력 차이로 휘어지기 시작하는 것이다. 즉 회전을 준 공이 어느 시점에 휘어지느냐는 공의 진행 속도와 솔기로 인한 난기류의 형성 정도에 따라 달라진다. 따라서 변화구를 던지는 투수들은 공을 잡을 때 솔기의 방향을 어떻게 잡느냐가 매우 중요하다. 두말할 것도 없이 훌륭한 투수는 이러한 공의 변화 시점을 잘 조절하고 이용할 줄 알아야 한다.

[2] 야구공은 코르크나 고무로 만든 작은 심에 실을 감고, 흰색 말가죽이나 쇠가죽 두 쪽을 붉은 실로 108번 꿰매 만든다. 이때 만들어지는 솔기는 공의 지름과 무게와 어울려 투수가 다양한 공을 구사하는데 중요한 역할을 한다. 공의 지름은 7.23cm이고 무게는 141.7~148.8g이다.

투수는 물론 포수도 어느 방향으로 공이 휘어질지 모르는 구질의 공이 있다. 이 공은 당연히 쳐내기 어렵다. 이 공은 투수가 손가락 마디(knuckle)로 공을 잡고 던진다고 하여 너클 볼(knuckle ball)이라고 부른다. 너클 볼은 공에 회전을 거의 주지 않고 느린 속도로 던지는 공이다. 너클 볼의 비밀은 야구공의 솔기에 있다. 야구공이 느린 속도로 날아가면 매끄러운 면보다 솔기가 있는 쪽에서 공기가 더 오래 머문다. 그 결과 불규칙해진 공기의 흐름이 공의 위치를 조금씩 바꾼다. 따라서 특정한 방향도 없고 규칙도 없이 공이 흔들리게 되므로 공이 어떤 경로로 나아갈지 예상하기 어렵게 되는 것이다.

직구와 커브

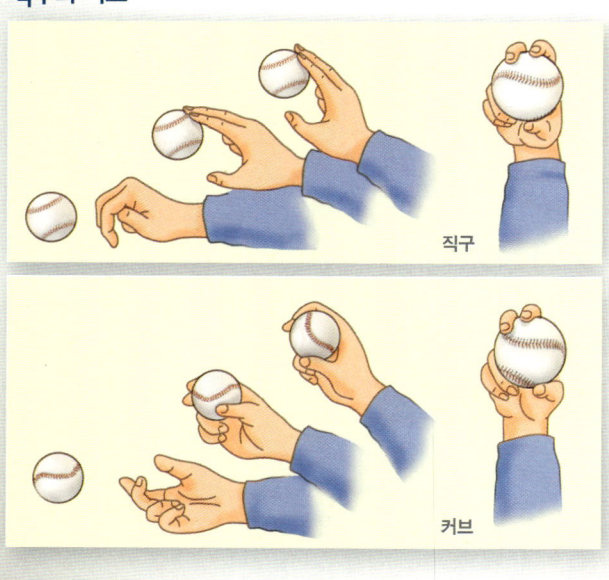

직구

커브

야구에는 투수가 변화를 주지 않고 직선으로 곧게 던지는 직구와 공의 진행 방향이 변하는 변화구가 있다. 변화구에는 커브, 슬라이더, 체인지업(change-up), 포크 볼(fork ball), 스크루 볼, 너클 볼 등이 있다.

직구는 가장 기본적인 구질임과 동시에 또한 가장 위력적인 무기이다. 물론 빠르기만하다고 해서 좋은 직구라고 할 수는 없다. 속도 조절은 기본이다.

커브는 가장 기본적인 변화구이다. 같은 커브라고 해도 공을 잡는 방법이나 던지는 팔의 각도에 따라 천차만별이다. 박찬호와 같이 빠르면서 낙차가 적은 커브를 구사하는 선수들도 있고, 다소 느리지만 폭포수처럼 떨어지는 커브를 구사하는 선수들도 있다.

휘어지는 바나나킥

브라질의 축구 선수 카를로스는 1997년 프레월드컵 개막전에서 환상적인 프리 킥(free kick)을 선보였다. 프랑스 수비수가 쌓은 벽을 멀찍이 돌아 약 30m 떨어진 골네트(goal net)로 빨려드는 골은 바나나킥(banana kick)의 진수를 보여 주었다. 이 바나나킥은 직선 경로에 비해 4m나 꺾였다고 한다. 이런 환상적인 프리킥은 어떻게 가능한 것일까?

축구공에서도 야구공처럼 마그누스 효과가 적용되기 때문이다. 즉 카를로스가 공에 회전을 걸어 찬 것이다. 회전하는 공은 공기를 가르며 날아간다. 이때 회전하는 축에서 보면 공을 따라 흐르는 공기의 흐름이 좌우가 다르다. 공기의 흐름이 회전 방향과 같은 쪽에서는 공기의 속도가 빨라지고 압력이 감소하는 반면, 반대쪽에서는 압력이 증가한다. 따라서 압력이 감소하는 쪽으로 힘이 작용해 축구공이 휜다.

축구공에 나타나는 마그누스 효과는 얼마나 클까? 프리 킥한 공에 작용한 힘을 계산해 보자. 축구공의 속도가 초속 25~30m(시속 90~108km)이고, 회전은 초당 8~10회가 걸렸다고 가정한다. 이때 양력은 약 3.5N이다. 국제축구연맹(FIFA)의 규정에 따라 축구공의 질량이 410~450g이므로 축구공은 약 8m/s²의 가속도를 받는 셈이다.[3] 결국 선수의 발을 떠난 공은 1초 동안 30m를 날아가기 때문에 양력은 직선으로 날아가는 경로로부터 4m나 벗어나게 만들 수 있다.[4] 이 정도면 아무리 유능한 골키퍼라도 당황하지 않을 수 없다. 과학의 법칙이 뛰어난 운동선수의 능력과 결합하면 이처럼 마법을 연출할 수 있다.

3 힘 = 질량×가속도이므로, 3.5N은 0.41~0.45kg과 질량을 곱해 구한 값이다.

4 벗어나는 거리 = 초속도× 시간 $+\frac{1}{2}$×가속도×시간² 인데, 초속도(운동의 시작점에서의 물체 속도)는 0, 시간은 1초이다.

축구공의 마그누스 효과
축구공에 회전을 걸면 압력의 차이가 생겨 공이 휘어진다.

04

프로 선수도 바보로 만드는
바운드의 비밀

드리블 돌파를 시도하는
코비 브라이언트

야구를 보다 보면 내야수들이 평범한 공을 어이 없이 놓치는 경우가 있다. 이런 경우 대부분 공이 예측하지 못한 곳으로 공이 튀어 버리기 때문이다. 공이 지면에 부딪혀 튀어 오르는 것을 바운드(bound)라고 한다. 실제로 흐름이 중요한 야구 경기에서 결정적인 순간 나오는 불규칙 바운드는 승패를 결정짓는다. 불규칙 바운드를 줄이기 위해서는 운동장 표면을 잘 골라야 한다. 그리고 바운드와 관련된 공의 특성도 이해해야 한다.

공의 탄성과 반발 계수

농구 선수들이 드리블할 때 바닥으로 공을 튀기면 공은 다시 튀어 오른다. 단단한 바닥에 부딪힌 공은 약간 찌그러졌다가 다시 원래의 모양으로 되돌아온다. 공이 가진 탄성 때문이다. 튀어 오른 공이 다시 바닥으로 내려가 튀어 오를 때는 처음 튀어 오른 높이보다 높이가

낮게 튀어 오른다. 이것은 변형되었던 공이 원래의 모양으로 되돌아올 때 공이 가지고 있던 에너지의 일부가 열로 변해 빠져 나가기 때문이다. 따라서 탄성이 좋은 공은 변형되었다가 다시 원래의 모습으로 돌아올 때 열로 잃는 에너지의 양이 적은 공이라고 할 수 있다.

공이 바닥에 충돌했을 때 튀어 오르는 정도는 반발 계수로 나타낸다. 반발 계수는 충돌하는 반발 정도를 나타내는 수치이다. 물체의 공이 바닥과 충돌해 튕겨 나오는 정도는 공과 바닥의 탄성에 의해 결정되는데, 표에서 보는 것처럼 속력의 비는 항상 일정하다.

충돌 전의 속력(m/s)	충돌 후의 속력(m/s)
30	24
25	20
20	16
15	12
10	8
5	4

충돌 전의 속력과 충돌 후의 속력

이 때 속력의 비인 0.8이 반발 계수이다. 이 값은 공과 바닥의 상태에 따라 달라진다.

$$반발\ 계수 = \frac{충돌\ 후의\ 속력}{충돌\ 전의\ 속력}$$

반발 계수는 충돌 전의 상대 속도나 물체의 질량에는 관계가 없고 두 물체를 구성하는 물질에 따라 결정된다. 더 쉽게 반발 계수를 알아볼 수 있는 방법은 물체를 떨어뜨리고 나서 첫 번째로 튀어 오른 높이를 재서 공을 떨어뜨린 높이와 비교하는 것이다.

떨어뜨린 높이	다시 튀어 오른 높이
10	6.4
8	5.12
6	3.84
4	2.56
2	1.28
1	0.64

떨어뜨린 높이와 다시 튀어 오른 높이

튀어 오른 높이를 공을 떨어뜨린 높이로 나누고 그 값의 제곱근을 구한 것이 공의 반발 계수이다. 따라서 위의 표와 같이 10m의 높이에서 떨어뜨린 공이 6.4m로 튀어 올랐다면, 반발 계수는 0.8이 된다. 반발 계수가 좋은 공일수록 다시 높이 튀어 오른다.

$$반발\ 계수^2 = \frac{튀어\ 오른\ 높이}{떨어뜨린\ 높이}$$

충돌의 종류

두 물체가 충돌해 다시 튀어 나가는 것은 물체의 탄성 때문이다. 이 때 충돌 전 운동 에너지는 충돌하면서 탄성 에너지와 열에너지, 소리 에너지 등으로 변하고, 두 물체가 반발되면서 탄성 에너지는 다시 운동 에너지로 변한다.

따라서 물체의 운동 에너지 전부가 탄성 에너지로 변하고 다른 에너지로 전환되지 않으면 두 물체는 부딪힌 속도 그대로 반대쪽으로 멀어진다. 즉 반발 계수(e)가 1이 되는 것이다. 반대로 물체의 탄성 에너지가 모두 열에너지나 소리 에너지 등으로 전환될 경우 두 물체는 붙어서 반발 계수가 0이 된다.

일상생활에서 일어나는 충돌의 반발 계수는 $0 \le e \le 1$의 범위에 있다. 물체가 충돌할 때 반발 계수 값에 관계없이 운동량 보존 법칙[1]은 성립하며 반발 계수 값에 따라 세 종류의 충돌로 구분할 수 있다.

e=1일 때의 충돌을 완전 탄성 충돌 또는 탄성 충돌이라고 한다. 이 때는 운동량뿐 아니라 운동 에너지도 보존된다. 기체 분자나 당구공 사이의 충돌은 완전 탄성 충돌에 가깝다. 질량이 같은 물체가 탄성 충돌하면 속도가 서로 교환된다.

$0 < e < 1$일 때의 충돌을 비탄성 충돌이라 하며, 일상생활에서 일어나는 충돌이 여기에 해당한다. 물체가 가지고 있던 운동 에너지의 일부가 소리 에너지나 열에너지로 전환되어 버렸으므로. 충돌 후 운동 에너지는 처음보다 작아진다. 예를 들어 10m/s의 속도로 부딪힌 물체가 다시 반대쪽으로 반발되어 나갈 때는 이보다 작은 속력으로 멀어져 간다.

e=0일 때의 충돌을 완전 비탄성 충돌이라 하며, 이러한 충돌을 하는 물체를 완전 비탄성체라 한다. 진흙이 완전 비탄성체이다. 이때에는 충돌 후 두 물체가 한 덩어리로 합쳐져서 운동하고, 원래 가지고 있던 운동 에너지는 모두 열에너지와 소리 에너지 등으로 변한다.

[1] 외부의 힘을 받지 않는 상태에서는 운동량의 총합이 항상 변하지 않고 보존된다는 법칙이다. 에너지 보존 법칙과 함께 자연 현상을 지배하는 기초 법칙이다.

그러면 반발 계수가 1보다 큰 경우가 있을까? 반발 계수는 1보다 클 수 없다. 1보다 크다는 것은 충돌 전의 상대 속도보다 충돌 후의 상대 속도가 더 크기 때문에 에너지가 증가되는 꼴이 된다. 이는 에너지 보존 법칙에 위배되므로 반발 계수는 절대로 1을 넘을 수 없다.

충돌과 관련된 재미난 실험이 하나 있다. 농구공, 야구공, 탁구공을 각각 같은 높이에서 떨어뜨려서 튀어 오르는 높이를 측정해 보자. 탁구공이 가장 높게 튀어 오르고, 농구공, 야구공의 순서로 튀어 오를 것이다. 그러면 농구공 위에 야구공을 놓고 함께 떨어뜨리면 어떻게 될까? 야구공이 아주 높이 튀어 오른다. 농구공이 튀어 오르면서 야구공과 충돌하기 때문에 야구공은 농구공이 가지고 있던 에너지를 얻어서 높이 튀어 오를 수 있는 것이다. 반면에 에너지의 일부를 야구공에게 준 농구공은 아무 것도 없이 떨어뜨렸을 때보다 더 낮게 튀어 오른다.

바운드에 영향을 주는 요인

공이 튀어 오르는 데는 공 속에 채워진 공기의 압력, 공의 회전, 공이 부딪히는 표면이 영향을 미친다. 농구공을 바닥에 떨어뜨렸을 때 다시 공중으로 튀어 오르는 것은 공 안에 있는 공기가 스프링과 같은 역할을 하기 때문이다. 농구공을 떨어뜨리면 바닥에 닿는 순간에도 관성 때문에 계속 운동하려 한다. 그러나 딱딱한 바닥에 닿아서 더 나아가지 못하고 공 속에 있던 공기 분자들이 압축된다. 압축된 공기는 스프링처럼 작용하여 공을 원래의 동그란 모양으로 돌아오게 만든다. 이 힘 때문에 공이 다시 바닥에서 튀어 오르는 것이다.

따라서 공기가 가득 채워진 공일수록 더 높이 튀어 오른다. 경기를 할 때 사용하는 공은 내부의 공기압을 일정하게 만든다. 보통 180cm의 높이에

서 공을 단단한 나무 바닥에 떨어뜨렸을 때 튕겨 오른 높이가 120~140cm
가 되도록 조절한다.

회전도 공이 튀어 오르는 데 영향을 준다. 선수들은 손목과 손가락을 이
용해서 볼에 회전을 준다. 회전을 주지 않은 공은 바닥에 부딪힌 각도 그대
로 바운드되어 올라온다. 진행 방향 쪽으로 회전을 준 공은 회전을 주지 않
은 공보다 낮고 빠르게 바운드된다. 반면 선수 쪽으로 역회전을 준 공은 더
큰 각도로 바운드된다. 공에 회전을 걸면 공은 항상 회전이 걸린 쪽으로 튀
어 오른다. 즉 공이 왼쪽으로 돌고 있었다면 공은 왼쪽으로 튀어 오르는 것
이다. 공의 회전을 적절히 이용하면 상대편을 따돌리고 우리 편에게 바운드
로 정확하게 패스할 수 있다.

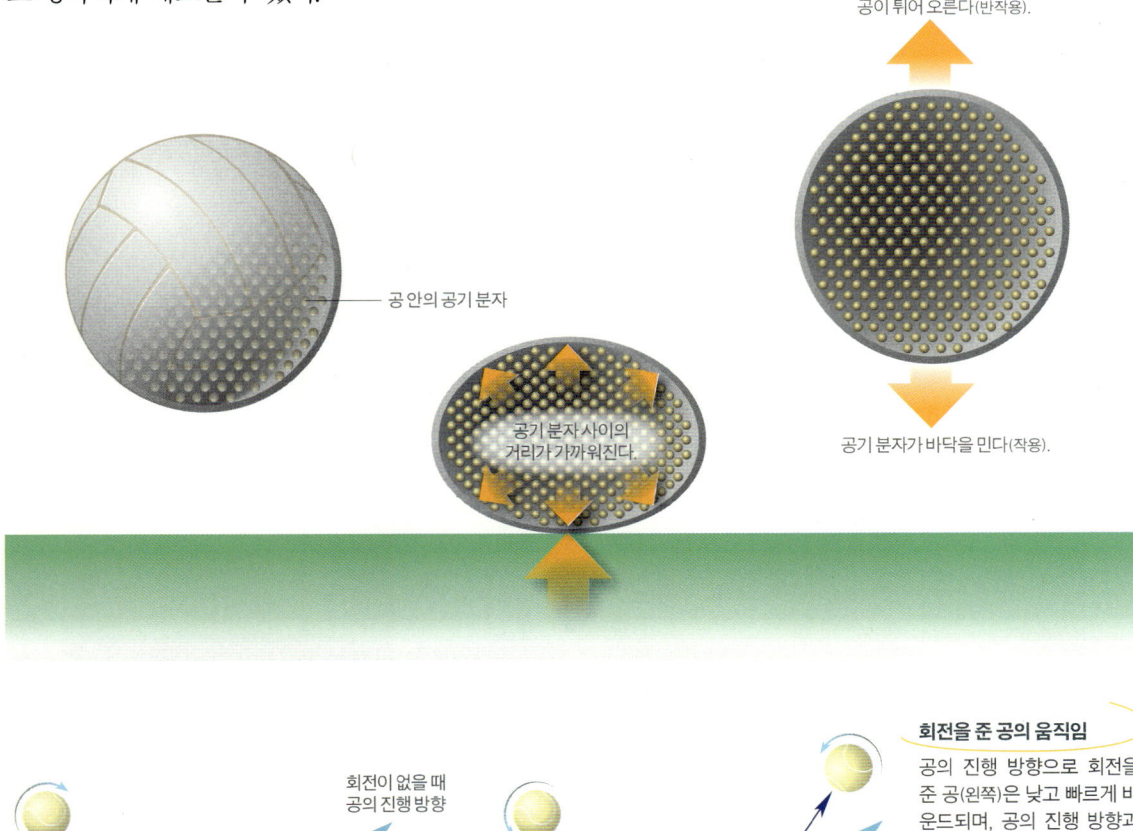

공이 튀어 오를 때
공기의 압력
공을 딱딱한 바닥에 떨어뜨리
면 공 속에 있던 공기 분자들
이 압축되어 이 공기 분자들
이 공을 원래의 동그란 모양
으로 돌아오게 만든다.

공이 튀어 오른다 (반작용).

공안의 공기 분자

공기 분자 사이의
거리가 가까워진다.

공기 분자가 바닥을 민다 (작용).

회전이 없을 때
공의 진행 방향

회전이 없을 때
공의 진행 방향

회전을 준 공의 움직임
공의 진행 방향으로 회전을
준 공 (왼쪽)은 낮고 빠르게 바
운드되며, 공의 진행 방향과
반대 방향으로 회전을 준 공
(오른쪽)은 회전을 주지 않은
공보다 더 큰 각도로 바운드
된다.

원핸드(위)와 언더핸드(아래)
농구에서 자유투를 던질 때 대부분의 남자 선수들을 원핸드로 던지지만, 역회전을 걸기 가장 쉬운 방법은 언더핸드로 공을 던지는 것이다. 아래 사진은 릭 배리 선수가 자유투를 던지는 모습이다.

농구 선수들은 회전을 이용하여 슛을 던진다. 역회전이 걸린 공이 백보드에 맞으면 공이 멀리 튕겨 나가지 않고 바스켓 아래쪽으로 떨어진다. 공에 역회전을 거는 가장 쉬운 방법은 양손을 이용하여 아래쪽에서 던지는 언더핸드(underhand)이다. 대부분의 선수들은 원핸드(one-hand)로 자유투를 쏘지만, 미국프로농구(NBA)의 릭 배리 선수는 언더핸드로 자유투를 던져 성공률이 90%에 이르렀다고 한다. 언더핸드 슛은 주로 여자 농구 선수들이 3점 슛을 던질 때 이용하는 방법이기도 하다.

공이 부딪히는 표면은 공의 운동에 큰 영향을 미친다. 불규칙 바운드는 인조 잔디 구장보다 천연 잔디 구장에서 더 잘 나타난다. 잔디와 흙의 경계 사이에 공이 맞으면 불규칙 바운드가 잘 일어나기 때문이다. 또 잔디의 길이가 길면 타구가 느리게 오거나 불규칙 바운드가 더 자주 일어난다. 우리나라에 천연 잔디 구장은 서울 잠실구장, 인천 문학구장, 부산 사직구장 뿐이다. 이런 사정 때문에 국내 청소년 선수들이 천연 잔디 구장에서 열리는 국제 대회에 참가하면 적응하지 못하고 공을 자주 놓쳐 패배하기도 한다.

테니스도 바운드의 영향을 많이 받는 운동 중 하나이다. 테니스 코트는 크게 잔디 코트와 클레이(NBA) 코트로 나눌 수 있다. 잔디 코트에서는 테니스 공의 바운드가 빠르고 낮고 불규칙하게 나타난다. 회전이 걸린 공이 울퉁불퉁한 표면에 부딪히면 회전하던 힘 가운데 일부가 운동 에너지로 바뀐다. 따라서 공의 회전은 줄지만 튀어 오른 후 직선으로 더 빨리 날아가는 것이다. 반면 클레이 코트에서는 마찰이 많기 때문에 공의 바운드가 느린 편이다. 따라서 테니스 선수는 어떤 코트에서 경기를 진행하느냐가 경기력에 영향을 미치기도 한다. 테니스계의 최고 라이벌인 나달과 페더러의 경기를 분석해 보면 나달은 클레이 코트에 강하고 페더러는 비교적 잔디 코트에 강한 편이다. 클레이 코트는 마찰이 커서 바운드 될 때 공의 속도가 느려진다. 속도가 떨어지면 공에 반응할 수 있는 시간이 길어져서 랠리(rally)가 오래가는 편이다. 따라서 공격보다는 수비에 강한 선수들이 클레이 코트에서는 강점을 보이는 편이다. 선수들은 어떤 코트에서 경기하느냐에 따라 전략을 알맞게 구사할 수 있어야 한다.

스위트 스팟을 찾아라

현대 야구의 타법을 개발한 강타자 베이브 루스

덩치가 작은 야구 선수가 담장을 넘기는 공을 칠 때면, 저렇게 작은 몸에서 어떻게 저런 힘이 나올까 궁금해진다. 타격을 할 때 공을 멀리 보내기 위해서는 강한 힘도 필요하지만, 더 중요한 것은 공과 방망이가 만날 때의 각도와 위치이다. 그러므로 방망이에 공이 '제대로만' 맞으면 힘이 조금 부족하더라도 얼마든지 공을 멀리 보낼 수 있다.

타격에 영향을 미치는 조건

야구의 타격에 영향을 미치는 첫째 조건은 공과 방망이가 만나는 각도와 위치다. 영어 사전에서 스위트 스팟(sweet spot)이란 단어를 찾으면 '가장 멀리 나가는 방망이의 위치'라 설명하고 있다. 과학 용어를 빌려 표현하면 진동의 중심이다.

모든 물체는 부딪치면 그 반응으로 진동한다. 이 진동은 물체를 따라 위아래로 파동을 일으킨다. 그런데 방망이에는 이 파동이 상쇄되는 지점이 있으니, 이곳이 바로 스위트 스팟이다. 스위트 스팟으로 공을 치면 타격에 의한 진동이 상쇄되며, 방망이를 잡은 손은 아무런 느낌을 받지 않는다. 이 지점에서는 방망이의 에너지가 진동에 의해 소모되지 않기 때문에 더 많은 힘이 공에 전달된다. 반면 빗맞은 방망이는 크게 진동하며, 에너지를 수용하지 못하면 부러지고 만다. 스위트 스팟은 대개 타자가 방망이를 어떻게 쥐는가에 따라 달라지는데, 똑같은 방망이라도 방망이를 짧게 쥐면 쥘수록 중심은 앞부분으로 이동한다.

또 하나, 방망이가 공을 맞히는 시간도 중요하다. 방망이가 공과 접촉하는 시간이 길수록 공에 전달되는 운동 에너지가 크기 때문이다. '공에 끝까지 힘을 실어야 한다'는 야구 해설가들의 이야기가 바로 이것이다. 방망이는 빨리 돌리되, 공과 접촉하는 시간을 오래 끌어야 한다는 얘기다.

$$Ft = mv$$

(F : 방망이의 힘, t : 공이 방망이와 접촉하는 시간, m : 공의 무게, v : 공의 속도)

투수가 던진 공을 방망이로 쳐서 넘기는 순간, 관중들은 환호한다. 불과 1초도 되지 않는 순간이 야구의 승패를 좌우하는 것이다. 공과 방망이가 접촉하는 순간, 공과 방망이 사이에는 아주 많은 일이 벌어진다. 우선 방망이와 공의 모양이 모두 변형된다. 변형된 공과 방망이가 원래의 형태로 되돌아오면서 공은 공중으로 날아가게 된다. 이때 방망이의 속도, 방망이에 부딪히는 공의 속도, 방망이와 공의 반발 계수 등 여러 요소가 타격에 영향을 준다.

　타석에 들어선 타자는 방망이나 공의 반발 계수, 공의 속도에는 아무런 영향을 줄 수 없다. 단지 방망이를 휘두르는 속도, 방망이에 공을 맞추는 위치, 방망이와 공이 접촉하는 시간의 요소에만 변화를 줄 수 있다. 스위트 스팟에 정확히 공을 맞추기 위해서 타자들은 끊임없이 스윙 연습을 한다. 스윙할 때는 오른손으로 위치와 속도를 조절하며 밀고, 왼손은 방망이를 몸 쪽으로 당기면서 방망이에 더 큰 토크를 제공하도록 한다. 또 공에 끝까지 힘을 실어 스윙하는 것이 중요하다. 사실 타자가 눈으로 보고 머리로 생각하면서 방망이와 공의 접촉 시간을 늘리기는 불가능하다. 충돌에 걸리는 시간은 겨우 0.015초에 불과하기 때문이다. 다만 스윙할 때 자세를 바로 잡고 힘을 끝까지 실으면 야구공이 조금이라도 더 멀리 날아갈 수 있는 것이다.

야구 선수가 방망이로 공을 치는 순간

공이 방망이에 부딪히는 순간부터 튀어 나오는 순간까지의 속력보다 스윙 속력이 더 빠르면 공과 방망이의 접촉 시간이 늘어난다.

야구 방망이의 무게

테니스 라켓, 골프채 등은 처음에는 나무로 만들었지만 소재의 진화를 거듭하고 있다. 테니스 라켓은 점점 가벼워져서 스윙 속도가 빨라졌다. 또 단단하고 견고해져서 공을 칠 때 라켓이 휘면서 발생하는 에너지 손실을 줄여 공에 전달되는 에너지를 더 크게 만들었다. 넓은 라켓은 스위트 스팟이 넓어져 누구나 쉽게 공을 칠 수 있게 되었다. 또한 반발력을 높인 소재를 사용해 공과 라켓이 접촉했을 때 공이 더 많은 에너지를 얻을 수 있도록 했다.

야구 방망이도 진화를 거듭했지만, 프로 선수들은 아직도 나무 방망이를 쓰고 있다. 사실 야구공과 방망이의 충돌과 관련해서 나무 방망이는 개선의 여지가 많지 않다. 방망이가 나무보다 더 단단해지면 야구공에 변형이 더 많이 생기는데, 그러면 운동 에너지에 손실이 생긴다. 다만 방망이를 가볍게 만드는 것은 도움이 된다. 방망이가 가벼울수록 더 빠르고 강한 스윙이 가능해지기 때문이다.

나무로 만든 방망이는 무겁고 잘 부러진다. 그래서 1969년 한 야구 용품 제조업체에서 알루미늄으로 만든 방망이를 만들어서 판매했다. 알루미늄 방망이는 가볍고 강할 뿐 아니라 스위트 스팟도 크고 휘어지지 않아서 공이 더 멀리 날아갈 수 있었다. 그러나 프로 선수들은 알루미늄 방망이를 사용하지 않는다. 공이 너무 잘 나가서 위험할 뿐더러 경기의 재미도 반감되기 때문이다. 그래서 한국프로야구위원회에서는 야구 방망이의 재질과 크기 등에 관해 규정하고 있다.[1]

이 같은 규정이 만들어지기 전, 선수들은 홈런이 더 잘 나올 수 있는 성능 좋은 방망이를 원했다. 70년대 초 일본에서는 시원스런 홈런을 선사하기 위해 반발력이 강한 방망이를 원했고, 이때 등장한 것이 원목 6.45cm² 당 60t의 압력을 가해 만든 압축 방망이이다. 압축 방망이를 사용하면 보통의

[1] 한국프로야구위원회 규정에는 "방망이는 겉면이 고른 둥근 나무로 만들어야 하며 가장 굵은 부분의 지름이 7cm 이하, 길이는 106.8cm 이하여야 하고, 하나의 목재로 만들어져야 한다."라고 되어 있다.

나무 방망이보다 반발력이 훨씬 높아진다. 압축을 하면 나무의 탄성 계수가 높아지기 때문이다 그러나 너무 잘 나가는 공 때문에 투수들의 반발이 심해서 지금은 사용이 금지되었다.

한편 미국에서는 방망이의 무게를 줄여 스윙 속도를 올리는 방법을 연구했다. 방망이의 중심을 파고 코르크로 채워 넣었던 것이다. 1961년 타격왕에 올랐던 선수 캐시는 이 방망이를 사용했다. 코르크는 무게를 가볍게 할 뿐 아니라 내부에서 팽창해 바깥쪽 나무를 밀어낸다. 그래서 반발력까지 좋아지는 효과가 있었다. 하지만 이 역시 현재는 금지되고 있다. 현재 쓰이고 있는 방망이의 무게는 935g이다. 오래전에는 1.7kg 이상의 방망이를 썼으나 홈런왕 베이브 루스가 1.4kg짜리 방망이의 빠른 스윙으로 홈런을 치면서부터 점점 가벼워졌다. 베이브 루스의 714개 홈런 기록을 깬 행크 아론도 가벼운 방망이를 주로 이용했다.

물체의 운동은 질량, 속도와 관련이 있다. 즉 운동량은 질량과 속도의 곱으로 나타내므로, 질량과 속도가 클수록 운동량이 커진다. 따라서 방망이와 야구공이 충돌할 때 방망이의 무게가 무겁고 스윙 속도가 빠르면 공에 전달되는 에너지도 더 커진다.

이 이론에 따르면 무거운 방망이가 더 유리한 게 아닐까? 실제로 타자들이 홈런을 노릴 때는 조금 더 무거운 방망이를 선택하기도 한다. 그러나 무거운 방망이를 빠른 속도로 휘두르려면 더 많은 에너지가 필요하고, 근력이 뒷받침되어야 한다. 0.5초 이내에 스윙으로 승부가 나는 야구의 타석에서는 무거운 방망이를 휘두르려면 그만큼 우수한 반사 신경과 큰 힘이 필요한 것이다. 따라서 가벼운 방망이로 빠르고 정확하게 치는 것이 훨씬 유리하다고 할 수 있다. 이론적으로 계산해 보아도 방망이의 무게를 줄이는 데서 오는 효과가 더 크다. 방망이가 무게를 2배로 늘이면 공이 튀는 정도는 1/3 정도 밖에 늘어나지 않는다. 그러나 방망이의 무게를 약간만 줄여도 휘두르는 속도는 시속 50km 이상 향상된다. 따라서 무거운 방망이보다는 가벼운 방망이가 더 효과적이라고 할 수 있다.

스위트 스팟을 찾는 법

연습을 오랫동안 하지 않아도 쉽게 스위트 스팟을 찾는 방법이 있다. 한 손의 엄지와 검지로 방망이의 자루 부분을 잡은 후 방망이의 두꺼운 부분을 아래로 향하게 한다. 그리고 망치로 방망이의 아래쪽부터 살살 두드리면서 위쪽으로 올라온다. 이 과정에서 계속 손에 진동이 있다가 어느 순간 진동이 사라진다. 바로 스위트 스팟을 찾은 것이다. 한편 진동을 최소로 줄이는 스위트 스팟 외에도 타자들이 고려해야 할 방망이의 또 다른 위치가 있다. 볼펜 한 자루를 바닥에 놓고 어느 한쪽 끝을 툭 밀어 보자. 이때 순간적으로 볼펜이 어느 한 지점을 중심으로 회전을 한다. 회전의 중심은 힘을 준 부분의 반대편에서 볼 수 있다.

방망이에도 공이 맞았을 때 그 반대편에 회전 중심이 생긴다. 만약 이 위치에서 방망이를 쥐고 있다면 손은 앞뒤로 밀리거나 당기는 느낌이 없다. 만약 회전 중심보다 더 자루 쪽으로 방망이를 쥐고 있다면 공과 방망이가 만나는 순간 손은 앞으로 당겨지고, 회전 중심보다 더 방망이 끝 쪽으로 쥐고 있다면 뒤로 밀린다.

실제로 타자들이 방망이를 쥐는 위치는 거의 일정하다. 따라서 쥐는 위치가 회전 중심이 되도록 공이 맞는 위치를 정하는 것이 더 중요하다. 이 위치를 회전 중심의 스위트 스팟이라고 한다. 그렇다면 진동이 최소인 스위트 스팟과 회전 중심을 고려한 스위트 스팟 중 어느 위치를 더 중요하게 생각해야 할까? 그러나 이런 걱정은 할 필요가 없다. 다행히도 야구 방망이에서 두 위치는 거의 동일하다.

야구 선수들은 물리적인 분석 없이도 진동 없는 타격점을 찾는다. 그들은 수없이 공을 때려 보고 감각적으로 스위트 스팟을 찾는 것이다.

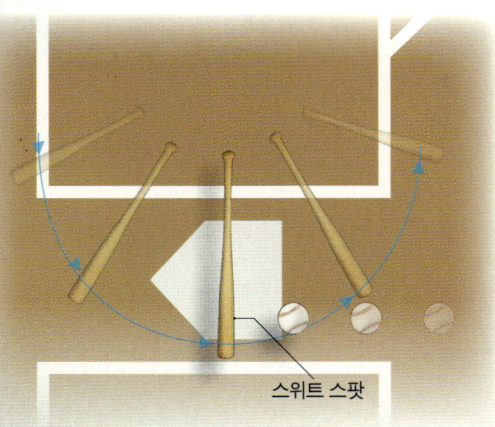

스위트 스팟

스위트 스팟

노벨상을 받은 축구공?

1996년 가을 '축구공이 노벨상을 받았다'는 보도가 있었다. 영국의 크로토가 축구공과 똑같은 구조를 가진 신소재 풀러렌을 개발해 노벨화학상을 받았기 때문이다.

1970년 멕시코월드컵 공인구 텔스타

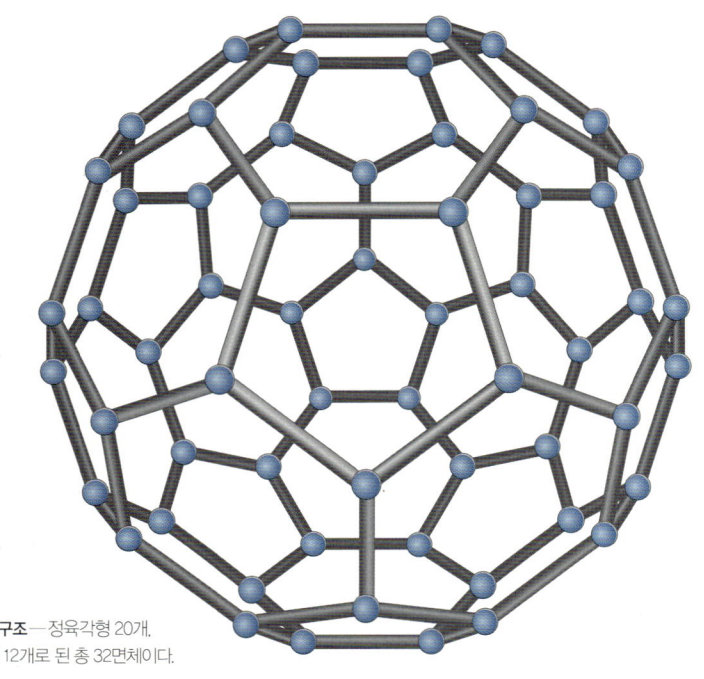

풀러렌의 구조—정육각형 20개, 정오각형 12개로 된 총 32면체이다.

월드컵 공인구 제도는 1970년 멕시코월드컵 때부터 도입되었다. 정오각형 12개와 정육각형 20개의 조각으로 만들어 낸 '텔스타'가 그것이다. 다면체로 만들어 낸 구형에 가까운 축구공, 텔스타의 모양은 축구공의 상징이 되었다. 32개의 조각으로 만드는 축구공은 1998년 프랑스월드컵까지 30년 동안 축구공의 기본 틀이 되었다. 검은색과 흰색이라는 기본 틀을 깬 혁신적인 디자인을 도입한 것은 2002년 한일월드컵 공인구 피버노바이다. 흰색 바탕에 불꽃 문양을 새긴 것이 특징이다. 그러나 이때도 디자인의 변화는 있었지만 32개의 조각은 바뀌지 않았다.

2002년 한일월드컵 공인구 피버노바

2006년 독일월드컵부터 축구공은 진화하기 시작했다. 32개였던 조각을 14개로 줄이면서 공이 원형에 더욱 가까워진 것이다. 4년 뒤인 2010년 남아공 월드컵에서는 8조각으로 구성된 '자블라니'가 탄생했다. 사용된 조각의 수를 줄여 공은 더욱 원형에 가까워졌고 조각 간의 접합도 기존에 해오던 바느질 방식이 아닌 열접착 방식을 사용해 만들었다.

공인구가 발전하는 이유는 골을 더 많이 넣기 위해서이다. 공을 만드는 회사와 국제축구연맹은 골이 많아야 경기가 신나고 즐겁기 때문에 더 많은 골을 위해 공의 반발력을 높이고 원형에 가깝게 만들어 왔다. 그래서 대회를 거듭할수록 공은 막기 힘들어지고, 골키퍼와 수비수를 제외한 모든 사람들은 터져 나오는 골에 즐거워했다. 남아공월드컵에 사용된 8조각 공 자블라니 또한 골은 많이 들어갔지만, 공의 반발력이 너무 좋아져서 공격수도 공을 다루기 어려웠다. 그래서 대회 초반 득점이 적은 주원인으로 불리며 '악마의 공'이라는 별명까지 얻을 정도였다.

2006년 독일월드컵 공인구 팀가이스트

2010년 남아공월드컵 공인구 자블라니

3부 |

운동과 우리 몸

우리가 살아가는 데 건강은 무엇보다 중요한 가치를 지닌다. 몸이 건강해야 무슨 일이든 의욕적으로 할 수 있고 즐겁게 생활할 수 있다. 건강한 신체를 유지하려면 운동을 생활화해야 한다. 운동은 신체적 건강을 유지하는 데 중요한 역할을 할 뿐만 아니라, 긴장을 풀고 성취감을 느끼게 하여 정신 건강을 유지하는 데에도 도움이 된다. 그런데 무작정 운동을 하는 것보다는 운동이 우리 몸과 어떤 관련을 맺고 있는지 이해한다면 더 효율적으로 운동할 수 있을 것이다. 어떤 운동이 어떤 근육을 발달시키고, 에너지는 얼마나 사용하며, 우리 몸에서 어떤 조절 작용이 일어나는지 등에 대해 알아보자.

01 내 체형은 어떤 운동과 궁합이 맞을까?

2008년 베이징올림픽
여자 기계체조 수상자들

농구나 배구 선수는 키가 무척 크다. 반면 체조 선수는 키가 작고 날씬하다. 수영 선수는
어깨가 넓고, 마라토너는 마른 편이다. 배가 나온 선수들도 있다. 역도, 스모, 야구 선수들이
그렇다. 각각의 운동 종목에는 그 종목에 맞는 체형이 있다. 체형과 종목의 궁합이 맞아야
뛰어난 경기력을 발휘할 수 있기 때문이다. 이 장에서는 운동 종목과 신체 구조에 대해
자세히 알아보자.

육상 선수들의 체격

육상에서 가장 빠른 동물인 치타는 1초에 무려 30m의 속도로 달린다. 세계 최고의 스프린터(sprinter)보다 3배나 빠른 속도다. 그러나 장거리에서는 인간이 최고 수준이다. 말도 따라오지 못한다.

인간의 놀라운 장거리 주행 능력은 인체의 독특한 구조 때문이라고 한다. 미국의 브램블 교수와 리버만 교수는 인간과 동물을 대상으로 발로 돌리는 바퀴를 밀게 하고 이때 근육과 인대[1]의 활동을 측정했다. 그 결과 인체에서 장시간의 운동에 적합한 특징을 알 수 있었다.

예를 들어 영장류 가운데 인간에게만 있는 목덜미 인대는 두개골 아랫부분과 목을 연결하는데, 달릴 때 머리가 앞뒤로 흔들리지 않게 하는 역할을 한다. 그리고 긴 아킬레스건[2]을 비롯한 다리의 힘줄이 용수철 역할을 해서 매번 발을 뻗을 때마다 에너지의 절반을 비축해 다음번에 방출하는 것으로 확인됐다. 또 인간의 엉덩이 모양을 통통하게 만들어 주는 큰볼기근[3]은 걸을 때는 가만히 있지만 달릴 때는 수축하는 것으로 나타났다.

리버만 교수는 인간의 장거리 주행 능력이 호모(Homo) 속(屬)[4]이 등장한 약 200만 년 전에 갖춰진 것으로 보인다며 이는 이전의 오스트랄로피테쿠스와 구분되는 면이라고 말했다. 그렇다면 호모 속은 왜 장거리 주자가 됐을까? 리버만 교수는 우리 조상은 청소 동물로, 맹수가 먹다 남긴 고기를 먹기 위해 하이에나와 경쟁한 것으로 보인다며 지평선 멀리 독수리 무리가 보이면 그리로 달려가 찌꺼기를 챙겼을 것이라고 설명했다.

인간은 타고난 장거리 선수지만 육상 선수들의 체격은 단거리에서 장거리로 갈수록 작아진다. 우리나라의 간판 마라토너인 이봉주 선수는 키가 168cm, 몸무게가 55kg인 반면, 세계적인 100m 달리기 선수인 미국의 저스틴 게이틀린은 키 185㎝, 몸무게 83kg이다. 올림픽 육상 선수들의 평균 키와

1 관절 주위에 있는 조직으로, 관절을 보강하고 관절의 운동을 제한하는 역할을 한다.

2 발꿈치 힘줄을 가리키며, 치명적인 약점을 비유적으로 이르기도 한다.

3 엉덩이 부분에 있는 커다란 근육으로, 엉덩이를 움직이거나 몸을 바로 세우는 역할을 한다. 인간에게 가장 발달되어 있다.

4 호모 속은 원인(原人, 원시 인간)으로 오스트랄로피테쿠스와 같은 원인(猿人) 즉, 원숭이 인간과 구분되는 화석상의 인류 종을 말한다. 이들은 원숭이의 특징보다 인간의 특징을 더 많이 가지고 있다.

몸무게를 보아도 경향이 같다. 단거리 선수는 183cm, 68kg인데 마라톤 선수는 169cm, 56kg으로 몸집이 작다. 또 단거리 선수들은 근육이 울퉁불퉁하고 우람하다. 하지만 마라톤 선수들의 근육은 있는지 없는지 모를 정도로 빈약하다. 이런 차이는 몸을 이루는 주된 근육이 다르기 때문이다.

사람의 근육은 붉은 색을 띤 지근과 흰색을 띤 속근, 또 중간 정도의 성질을 띤 중간근으로 나뉜다. 사람은 태어날 때 보통 속근과 지근의 비가 1:1이지만 어떤 운동을 주로 하느냐에 따라 속근과 지근의 비율이 달라진다.

속근은 신경의 자극을 받으면 순식간에 수축하므로, 순간적인 힘을 발휘하는 데 적합하다. 속근은 웨이트 트레이닝(weight training)[5]을 하면 발달한다. 역도 선수나 단거리 선수의 근육이 울퉁불퉁한 것은 속근이 많이 발달했기 때문이다. 지근은 수축 속도가 속근에 비해 훨씬 느리지만 산소를 받아들이는 능력이 커서 오랫동안 사용할 수 있다. 그러므로 지구력을 발휘할 때 적합하다. 지근은 조깅 등 유산소 운동(121쪽 참조)을 해야 발달한다.

빨래집게를 오른손 엄지와 검지로 들고 빠르게 집었다 놓았다를 반복하면 스무 번도 채 하기 전에 더 이상 할 수 없게 된다. 빠르게 운동하는 데는 속근이 필요한데, 속근은 빨리 피로해지기 때문이다.

닭은 서 있거나 여기저기 돌아다니면서 대부분의 시간을 보내기 때문에 다리 근육을 계속 사용한다. 그래서 다리는 속근이 발달하기 때문에 고기가 붉은색을 띤다. 반면 닭은 거의 날지 않기 때문에 가슴 근육이 발달하지 않아서 날개나 가슴살은 흰색을 띤다. 이에 비해 오리와 같은 야생 새는 날개를 많이 쓰기 때문에 가슴이나 날개 살이 붉은 색을 띤다.

짐승 중에서도 사자나 호랑이 등 육식 동물은 속근이 발달해 덩치가 우람하지만 사슴이나 얼룩말 등 초식 동물은 지근이 발달해 날씬하다. 사슴과 얼룩말은 사자에게 쫓길 때 약 500m만 도망가면 살 수 있다. 지근이 발달하지 못한 사자는 먼 거리를 빠르게 뒤쫓을 수 없기 때문이다.

[5] 바벨 등 무거운 기구를 써서 하는 운동이다. 근력의 강화를 위한 것으로, 여러 경기의 보조 운동으로 한다.

힘이냐 스피드냐

근육은 동물이 한 장소에서 다른 장소로 이동하는 기계적인 움직임을 만들어 내는 기본 단위이다. 근육이 움직여야 동물이 움직일 수 있다. 또한 많은 근육이 한꺼번에 움직일수록 더 큰 힘이 발휘된다. 즉 큰 근육을 가진 사람일수록 큰 힘을 낸다는 것이다.

그러나 근육이 크고 많다고 해서 좋기만 한 것은 아니다. 그만큼의 무게를 지고 움직여야 하는 부담 때문이다. 예를 들어 다람쥐는 작다. 다람쥐는 인간이 낼 수 있는 힘에 비하면 수십 분의, 아니 수백 분의 일도 못 낸다. 그러나 다람쥐는 순식간에 나무를 오른다. 인간은 산을 뛰어오르기조차 힘든데 말이다. 이런 차이는 체구에 따라 근육의 움직임이 달라지기 때문이다.

빠르면 힘이 약하고, 힘세면 느리다. 빠를 것이냐, 힘셀 것이냐. 힘과 스피드! 두 극단에서 시작해 만나는 한 정점에서 각 운동 종목에 적합한 체구가 결정되는 것이다.

종목마다 관찰되는 체구와 체형의 특징은 육상 경기에서 아주 두드러지게 나타난다. 1972년 뮌헨올림픽부터 1984년 로스앤젤레스올림픽까지 7개의 달리기 종목 결승전에 오른 174명의 선수들을 분석해 보니, 3,000m 이상 장거리 선수의 키가 단거리 선수보다 약 6cm 작았고, 몸무게도 약 5kg 가벼웠다고 한다. 마라톤 선수는 100m 달리기 선수보다 몸무게가 약 7kg 이상 가벼웠다. 종목마다 최고의 능력을 발휘할 수 있는 적합한 체구가 있는 것이다.

마라토너 아베베
1960년 로마올림픽 때 모습이다. 장거리 육상 선수는 단거리 육상 선수보다 키가 작고 몸무게도 가볍다.

높이뛰기는 긴 다리가 유리하다.

근육의 움직임이 생리적이라면, 우리 눈에 보이는 동작은 물리적으로 이해해야 한다. 메달을 놓고 싸우는 스포츠에서는 더욱 그렇다. 철저하게 물리적인 이점을 살려야 한다.

역도는 작은 키가 유리하다. 키가 작으면 무거운 역기를 굳이 높이 들어올릴 필요가 없기 때문이다. 그러니 작은 키에 짧은 다리와 짧은 팔이라면 금상첨화다. 피겨 스케이팅은 어떤가. 마찬가지로 짧은 다리가 유리하다. 무게 중심이 아래쪽으로 유지돼 안정적이며 다양한 기술을 구사하기 쉽기 때문이다. 피겨 스케이팅 선수들의 다리가 길어 보이는 이유는 스케이트와 의상 때문이다.

이와는 반대로 긴 다리가 유리한 종목도 있다. 높이뛰기가 대표적이다. 높이뛰기 선수는 멀리뛰기 선수보다 평균 키가 약 6.3cm 크다. 긴 다리가 높이뛰기에 유리하기 때문이다. 긴 다리로 널찍하게 달려 빠르게 가속할 수 있고, 다리가 기니까 무게 중심이 높아져 몸을 띄우기가 훨씬 수월한 것이다.

예전의 선수도 지금의 선수들처럼 종목마다 신체 구조가 독특했을까? 오스트레일리아의 케빈 노톤과 팀 올즈는 지난 100여 년 간 프로 스포츠, 세계 선수권 대회, 올림픽에 참가한 22종목의 선수들에 대한 자료를 수집해 선수들의 체구를 조사했다. 먼저 일반인의 평균과는 동떨어진 체구를 요구하는 종목일수록, 시대가 가면서 체구의 변화가 더 심해진다는 사실을 알아냈다. 즉 큰 체구의 운동선수일수록 시대가 변함에 따라 더 커지고, 반대로 작은 체구의 운동선수일수록 평균보다 더 작아진다는 것이다. 그러나 체구가 평균과 비슷한 종목의 운동선수들은 변화가 거의 없다고 한다. 작은 체구는 작게 남아 있거나 더 작아지고, 큰 선수일수록 더 커진다는 것이다. 정리하면 세계적인 운동선수들의 체구가 점점 더 넓은 폭으로 다양해지고 있다는 얘기다.

　박지성 선수는 신장이 175cm로 큰 키가 아닌데도 최고 기량을 발휘하지만, 최근 국제 축구 무대에는 장신 선수가 많다. 1996년 애틀랜타올림픽 축구 대표팀을 구성할 때 비쇼베츠 감독은 안정적으로 수비를 펼칠 수 있게 180cm 이상의 장신을 선호했고, 그 이후 국가 대표와 올림픽 대표 선수들의 평균 키가 커졌다는 분석도 있다.

　박주영 선수는 국내 축구 선수 가운데 가장 이상적인 몸을 가진 것으로 꼽힌다. 박주영의 키는 182cm, 몸무게는 73kg이다. 2005년 국내 프로팀 에프시(FC)서울이 스포츠과학정보센터에 의뢰해 소속 선수들의 체격 조건을 정밀 측정했다. 그 결과 박주영의 배근력[6]은 155kg으로 에프시(FC)서울 선수들의 평균인 134kg을 훌쩍 뛰어넘었다. 서전트 점프 역시 91cm로 평균 62.6cm를 크게 앞섰다.

　야구 선수 중에서 투수들의 하체, 특히 허벅지의 두께는 대단하다. 하체가 튼튼하게 지지해 줘야 순간적으로 큰 힘을 내서 빠르고 강한 공을 던질 수 있기 때문이다. 투수들의 어깨는 서양인들처럼 활짝 펴진 모양인 경우가 많다. 대부분 한국인들의 어깨가 둥글고 앞으로 약간 굽은 모양인 것과 대조적이다. 투수들은 어깨 관절을 이용하여 공을 던져야 하기 때문에 어깨의 근육이 발달하고 어깨가 활짝 펴진 모양이 일반적이다.

　한편 타자 중에는 배가 나온 '술통형' 몸매가 많다. 홈런 타자인 이대호 선수가 대표

[6] 몸과 다리를 쭉 편 뒤에 넓적다리와 몸을 앞으로 구부렸다가 한꺼번에 바로 쭉 펼 때 낼 수 있는 최대 힘을 말한다. 체력 판정의 중요한 항목이다.

술통형 몸매의 야구 선수
야구 선수는 대부분 배가 나오고 허벅지가 두꺼우며 어깨가 활짝 펴진 모양이다.

적이다. 야구는 몸 전체 근육을 이용하기보다 몇몇 근육의 순발력이 요구되는 운동이기 때문에 지방은 큰 문제가 되지 않는다. 오히려 술통형 몸매가 충격 흡수가 좋고, 허리 부상도 적은 편이다.

몸무게와 몸값의 관계

진화는 몸 안팎의 조건에 따라 변화되는 현상이다. 스포츠에서는 다윈의 진화론보다 더 복잡하게 진화가 요구된다. 좋은 기록을 내는 것뿐만 아니라 상대방과의 기량 겨루기에서 우위를 점해야 하기 때문이다. 특히 프로 스포츠에서 그 현상이 두드러진다.

승부에 대한 욕구는 미식축구 중 라인맨(linemen)에게서 잘 나타난다. 라인맨은 상대방을 몸으로 빠르게 막아야 하는 선수이다. 20년 전만 하더라도 체중이 110kg인 라인맨들이 엄청 큰 체구로 여겨졌지만 이제는 160kg 정도 돼야 엄청 큰 체구의 선수라 생각한다. 라인맨들의 평균 체격은 1920년대에 키 181cm에 체중 90kg이었는데, 1990년대 들어와서는 193cm에 137kg으로 변했다. 얼마 전만 하더라도 이런 거대한 선수들이 빠르게 움직일 수 있으리라고는 상상하지 못했다.

왜 이렇게 체구가 커지는 것일까? 은퇴한 미국프로농구 선수들의 신장과 체중을 그들의 프로 선수 경력에 대비해 분석해 봤더니, 체중이 약 33kg 더 나갈수록 평균 1년 이상 선수 경력이 길다는 것이다. 키도 마찬가지다. 약 23cm 더 크면 1년 정도 선수 경력이 길었다. 선수들의 몸값이 1993년 이후에는 평균 100만 달러에 육박하고 선수의 생명력이 4.3년이라는 점을 감안한다면, 선수의 체구가 그들의 경제적 이득과 무관하지 않음을 알 수 있다. 신장이 1cm 더 크거나 체중이 1.3kg 더 나가면 선수 생활을 하는 동안 4만 3,000달러를 더 받는 것이다. 미식축구 선수들도 마찬가지다. 체중이 51kg

농구 선수(왼쪽)와 체조 선수(오른쪽)

큰 키가 유리한 농구 선수들의 체격은 점점 커지고, 작은 체구가 유리한 체조 선수들의 체격은 점점 작아지는 경향이 있다.

더 나가거나 신장이 17cm 더 크면 선수 경력이 1년 더 길어진다. 계산상으로 1cm 더 크거나 3kg 더 무거우면 선수 생활을 할 동안 4만 5,000달러를 더 번다.

작은 체구도 마찬가지다. 여자 체조 선수들은 작고 가벼울수록 가치가 높아진다. 지난 30년간의 국제 경기를 돌아보면, 1976년 여자 체조 선수들의 평균 신장은 160cm, 몸무게는 47.7kg이었다. 그러나 1992년에 이르러서는 키 145cm, 몸무게 40kg으로 체구가 작아진다. 나이도 여기에 동조한다. 1964년에 22.7세였던 평균 연령이 1987년에는 16.5세로 줄어든다. 경쟁에 유리하고 심판의 기준에 맞추기 위해서이다.

이렇게 상대 선수와 직접 접촉하며 승부 가름을 하는 경기가 아니더라도 승리하면 돌아오는 보상을 기대하며 체구와 체형이 진화한다.

남자와 여자가 달리기를 하면 어느 쪽이 유리할까?

몸에서 근육과 체지방이 차지하는 비율을 살펴보면 남자가 유리하다. 남자는 근육이 40%, 체지방이 15%를 차지하는 반면, 여자는 근육이 23%, 체지방이 25%를 차지한다. 따라서 남자는 여자에 비해 큰 힘을 낼 수 있고 순발력이 좋다. 산소를 운반하는 능력을 비교해도 남자가 유리하다. 남자는 심장의 크기도 크고 피 속 헤모글로빈[7]의 양도 많기 때문에 산소를 많이 사용할 수 있다. 자동차의 배기량이 클수록 더 큰 힘을 낼 수 있고 더 빨리 방향을 바꾸거나 속력을 높일 수 있다는 점과 마찬가지이다.

그러나 이것만으로는 남녀의 운동 능력 차이를 비교할 수 없다고 하는 사람도 있다. 남녀가 똑같이 지구력 운동을 하면 여자는 남자보다 더 많은 지방을 사용한다. 상대적으로 여자는 남자보다 단백질과 탄수화물을 적게 사용한다. 짧은 거리를 달릴 때, 사람들은 에너지를 얻기 위해 주로 탄수화물을 태운다. 그러나 달리는 거리가 아주 길어지면 탄수화물보다 지방을 태워 에너지를 얻는 쪽이 효율이 높다. 몸 안에 탄수화물보다 지방을 더 많이 쌓을 수 있기 때문이다. 이 때문에 마라톤 같이 오래 해야 하는 운동은 여자가 더 유리할 수 있다는 것이다. 특히 철인 경기와 같이 자신의 모든 에너지를 소진하는 지구력 운동은 앞으로 여자가 남자보다 더 우수할 수 있다고 하는 사람도 있다.

바닥에 동전을 놓고, 무릎을 꿇고 앉아 팔꿈치를 무릎에 대고, 손끝을 동전 가장자리에 오도록 한다. 그리고 팔을 등 뒤로 보내 몸을 구부려서 동전에 코가 닿도록 한다. 이때 넘어지지 않고 코를 댈 수 있으면 여자이고, 코를 바닥에 찧으면 남자이다.

여자는 엉덩이가 넓고 몸의 아랫부분의 무게가 더 나가기 때문에 무게

[7] 적혈구 속에 있으며, 산소와 쉽게 결합하여 산소 운반에 중요한 역할을 한다.

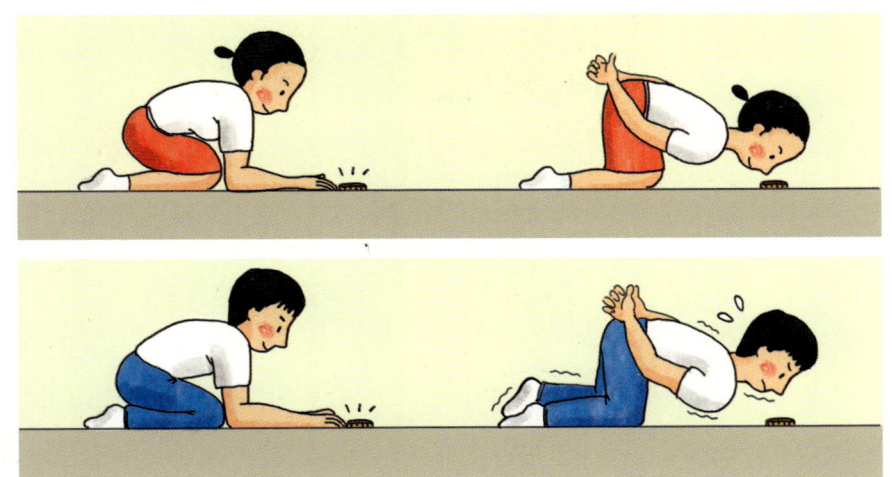

남자일까, 여자일까?
넘어지지 않고 동전에 코를 댈 수 있으면 여자(위), 넘어지면 남자(아래)이다. 여자는 무게 중심이 남자보다 낮은 위치에 있어서 이런 자세를 취해도 넘어지지 않는다.

중심이 남자보다 더 낮은 위치에 있다. 남자는 어깨가 넓고 가슴과 팔에 근육이 많기 때문에 무게 중심이 여자보다 높은 위치에 있다. 따라서 남자는 무릎을 꿇은 상태에서 몸을 앞으로 굽히면 코를 바닥에 찧게 되지만 여자는 넘어지지 않고 코를 동전에 댈 수 있는 것이다.

남녀 성인의 심장을 엑스선으로 촬영해 보면, 크기는 5~15%, 중량은 15%, 면적은 20% 정도 남성이 크다. 심장의 차이는 혈액 순환 능력의 차이로 볼 수 있으므로 이것은 곧 운동 능력의 차이와 같다.

보통 여성의 뼈는 연약한데, 뼈의 무게를 남성과 비교하면 남성의 약 65%에 불과하고 남성에 비해 수분 함유량은 많지만 무기질이 결핍되어 있어 남성보다 골절이 쉽게 일어난다. 뼈의 강도 역시 남성 뼈의 65% 정도밖에 안 된다. 그러나 골격의 구조가 다르기 때문에 관절이 움직일 수 있는 범위는 여성이 더 크다. 체중에 대한 근육의 비율은 여성은 32%, 남성은 40% 정도이며 여성의 근육은 수분과 지방의 함유량이 더 많다. 근육을 구성하는 화학적 성분이나 근단백질의 성질에도 차이가 있어 실제로 발휘되는 근력은 여성은 남성의 60~70% 정도밖에 안 된다.

이차 성징 이후 여성은 피부밑 지방의 침착이 현저하게 증가한다. 등과 배, 허벅지, 엉덩이 등에는 피부밑 지방의 두께가 2cm 이상으로, 전체적으로 피부밑 지방이 남성에 비해 2.7배 정도 두껍게 축적되어 있다. 따라서 상완(위쪽 팔)이나 다리 힘도 여성이 남성보다 현저히 약하다. 그러나 인체 비중은 가볍기 때문에 수영에서 남성보다 유리한 점도 있다. 체중에 대한 지방의 비율은 여성이 28%이며, 남성은 18%이다.

체중에 대한 혈액의 총량은 여성이 남성보다 약 10%가 적은데 적혈구의 수도 10% 정도 적다. 혈액 중의 적혈구[8] 수는 보통 정상적인 남자는 1mm³당 500만 개인데 비해 여자는 450만 개 정도이다. 따라서 혈액의 산소 운반 능력도 10% 정도 떨어지므로 남녀 간의 운동 능력의 차이가 크게 나타나게 된다.

여성의 상지(上肢, 팔)는 남성의 91.5%이며 신장에 대한 상지의 비율은 남성이 46.3%, 여성은 45.5%다. 하지(下肢, 다리)의 신장에 대한 비율은 우리나라 사람은 51%로 남녀가 거의 동일하나 서구인들은 남자 56%, 여성은 55%로 알려져 있다.

성인 남녀의 악력[9]은 여성이 남성의 60~65%, 상완의 펴는 힘은 남성이 평균 60kg, 여성이 평균 34kg으로 여성은 남성의 1/2에 불과하다. 따라

8 혈액 속에 들어 있는 붉은색의 고형 성분으로 주로 골수에서 만들어진다. 적혈구 속의 헤모글로빈은 산소를 몸의 각 부분으로 나르는 구실을 한다.

9 손아귀로 무엇을 쥐는 힘을 말한다.

종목	절대 중량(g)		비교 중량	
	남	여	남	여
체중	53,000	48,000	1,000	1,000
뇌	1,370	1,215	26	25
간장	1,400	1,300	27	27
폐	1,200	1,000	23	20
심장	240	220	4.5	4.5
신장	230	230	4.3	4.7
비장	120	130	2.3	3.0
갑상선	17	15	0.3	0.3

남성과 여성의 장기별 절대 중량과 비교 중량

서 근력이 요구되는 운동은 남녀 차이가 크게 날 수밖에 없다. 폐용적도 남성은 4,880cc, 여성은 3,310cc로 여성은 남성의 68% 정도이며 산소 섭취량은 20%, 산소 부채[10]는 40% 정도 적다. 일정 시간 내에 발생하는 에너지량은 지구력 운동과 관련되고, 최대 산소 부채는 단거리 운동과 관련되기 때문에 여성은 스피드보다는 지구력이 필요한 운동에 더 적합하다.

10 격렬한 운동을 할 때에는 산소 섭취량이 산소 소모량보다 부족하게 되어 운동을 지속하기 어렵게 된다. 이와 같이 안정 시 섭취하는 산소의 양 이상으로 섭취하는 여분의 산소량이 산소 부채를 일으킨다. 즉 운동시 빚진 산소 부족분을 운동이 끝난 후에 갚는다는 개념이다.

여성의 생리 중 운동

여성이 생리 중에 운동을 하는 것이 좋으냐 나쁘냐 하는 논의는 수없이 많았으나 한 마디로 단정하기는 어렵다. 대체로 가벼운 운동은 전혀 지장이 없으며, 심한 운동을 계속 할 경우 생리 불순을 초래한다고 알려져 있다.

미국이나 유럽의 여성들은 비교적 활달하게 운동에 참여하고 있으며 생리의 장애도 적게 나타나고 있다. 그러나 일본이나 한국 등 아시아 지역에서는 아직도 생리 중 운동은 지장이 있다고 주장하는 학자들이 있다. 이들은 운동선수들이 생리 불순의 정도가 많으며 그 원인은 과격하거나 심한 운동에 있다고 설명한다. 특히 배구, 농구, 핸드볼, 수영, 스키, 보트 등 힘든 경기의 선수들이 더 심하다고 한다.

한편 생리 중 체육 수업에 참가하는 여고생들을 대상으로 한 일본 학자의 조사에 의하면, 월경 혈량의 증가 70%, 통증 증가는 약 50% 정도로 나타났다. 월경 중의 운동이 성호르몬 분비 등에 영향을 미치는 것은 건강 상태에 따라 차이가 있는 것으로 알려져 있다. 그러나 대부분의 의사들은 월경 직전 및 월경 시작 후 1일과 2일에는 운동을 피하는 것이 좋다고 하며 운동량을 줄이도록 권장하고 있다.

인간의 상체 근육

최근 남성의 복근을 가리키는 '식스팩'이라는 말이 유행하고 있다. 몸매에 대한 관심이 높아지면서 근육에도 관심이 높아진 것이다. 근육은 아름다운 몸매를 유지하는 데 꼭 필요하지만, 근육의 가장 중요한 기능은 운동 기능이다. 근육이 수축하고 이완하면서 우리 몸은 움직이는 것이다. 근육은 어떻게 생겼고 어떻게 발달하는지, 운동에 따라 근육의 형태가 어떻게 달라지는지 알아보자.

2010년 밴쿠버동계올림픽 스피드스케이팅에서 모태범과 이상화 선수가 나란히 금메달을 땄다. 선수들의 폭발적인 질주와 함께 눈길을 끈 것은 이들의 엄청난 허벅지 근육이다. 보통 우리나라 성인 여성들의 허벅지 둘레는 18in[1] 내외, 성인 남성은 21in 내외이다. 그런데 이상화의 허벅지는 22in나 되는 것으로 알려져 있다.

1 인치. 1in은 약 2.54cm이다.

단거리 육상 선수 우사인 볼트의 허벅지 둘레는 30in, 씨름 선수 이태현은 29in, 역도 선수 장미란은 28in, 스피드스케이팅 선수 모태범은 25in라고 한다. 이들은 모두 순간적으로 큰 힘을 내야 하는 종목의 선수들이다. 500m 스피드스케이팅은 순간적으로 뛰쳐나가며 속도를 내는 큰 힘이 필요하다. 그러기 위해서는 하체 근육을 집중적으로 강화시켜야 한다.

근육은 어떻게 생겼나?

근육이란 근섬유 조직이 다발 형태로 구성되어 있는 것을 말한다. 근섬유는 근원섬유로, 근원섬유는 다시 근세사로 이루어져 있으며 모두 다발 형

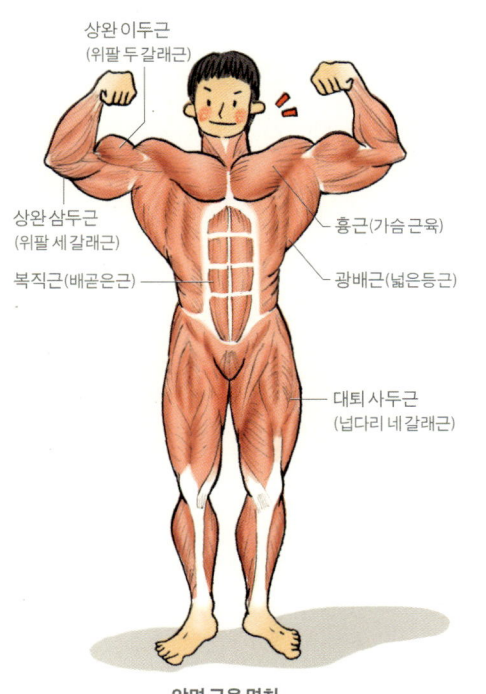

앞면 근육 명칭

상완 이두근
(위팔 두 갈래근)

상완 삼두근
(위팔 세 갈래근)

흉근(가슴 근육)

복직근(배곧은근)

광배근(넓은등근)

대퇴 사두근
(넙다리 네 갈래근)

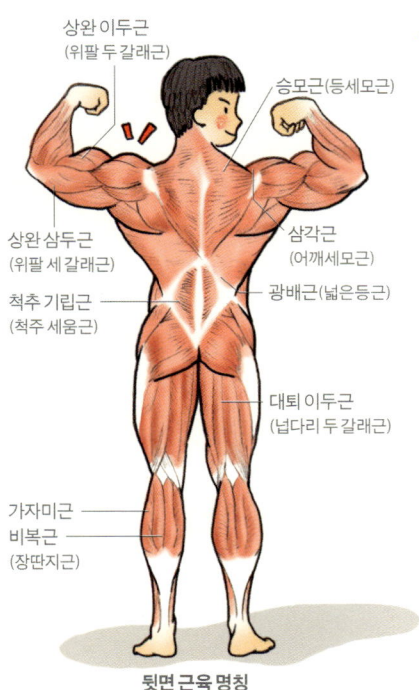

뒷면 근육 명칭

상완 이두근
(위팔 두 갈래근)

승모근(등세모근)

상완 삼두근
(위팔 세 갈래근)

삼각근
(어깨세모근)

척추 기립근
(척주 세움근)

광배근(넓은등근)

대퇴 이두근
(넙다리 두 갈래근)

가자미근

비복근
(장딴지근)

몸을 이루는 각 부위의 근육
인간의 몸은 약 400개 이상의 근육으로 이루어져 있으며, 근육은 체중의 40~50%를 차지한다.

117

태이다. 근원섬유는 단백질 섬유인 근원세사로 되어 있는데, 근원세사는 다시 가는 형태의 근세사와 두꺼운 형태의 근세사로 나뉜다.

근육은 평활근과 심장근, 그리고 흔히 근육이라고 불리는 골격근으로 나뉜다. 대부분의 내장 기관과 혈관 벽을 구성하는 평활근과 심장 벽의 주요 부분을 구성하는 심장근은 대뇌의 의식적 조절에 의해 움직이지 않아 불수의근이라 부른다. 골격근은 대뇌의 의식적인 조절에 의해 움직일 수 있는 근육으로 의도적인 동작이 가능하기 때문에 수의근이라 한다. 골격근은 신체를 구성하는 가장 큰 근육 집단으로 총 근육 양의 약 40~50%를 차지하며, 신체의 자유로운 움직임과 자세 유지를 위한 힘을 생산한다.

근육은 어떻게 만들어지나?

웨이트 트레이닝을 하고 나면 근육이 피로해지고 손상을 입게 된다. 피로를 회복하기 위해서는 휴식과 영양 섭취가 필요하다. 대부분 영양 섭취는 별 무리 없이 이루어지지만, 휴식을 제대로 취하는 사람은 별로 없다.

근육이 완전히 지칠 때까지 웨이트 트레이닝을 하고 나면 꼭 필요한 것이 휴식이다. 같은 부위의 근육을 연속적으로 훈련하면 피로가 회복되지 않은 상태에서 운동을 하기 때문에 훈련이 효율적이지 않다. 게다가 근육에 손상이 남아 있는 상태에서 운동을 하므로 부상의 위험성도 커진다. 물론 만성 피로도 생긴다.

우리가 피로를 느끼는 것은 무산소 호흡을 했을 때 젖산이 축적되기 때문이다. 무산소 호흡은 산소가 공급되지 않은 상태에서 유기물[2]을 분해하여 에너지를 얻는 과정이다. 사람은 평소에는 유산소 호흡을 하지만 격한 운동을 하면 산소가 충분히 공급되지 않아 무산소 호흡이 일어난다. 이때 젖산이 생성되어도 휴식을 통해 산소가 충분히 공급되면 젖산이 분해된다. 이것

2 생물체를 구성하거나 생물에 의하여 만들어지는 물질을 말한다.

근육을 크게 하고 근육 수를 늘려라

신체 부위가 커지는 이유는 두 가지이다. 세포가 증식을 해서 커지거나 세포의 크기가 커지는 것이다. 웨이트 트레이닝을 하면 근육이 커지는데, 근육이 발달하는 주된 이유는 증식이 아닌 비대에 의해서이다. 몇 년 전까지는 근육 세포가 비대를 통해 발달하고 증식을 하지 않는다고 알려졌으나, 최근에는 근육 세포도 증식을 한다는 연구 보고서가 나오고 있다. 하지만 근육이 발달하는 것은 주로 비대에 의해서이다. 근육이 증식을 통해서 발달을 하더라도 그 양은 5~10% 정도에 불과하기 때문에 실제로 근육의 발달은 비대를 통해 이루어진다.

이 바로 피로가 회복되는 과정이다.

근육이 회복되는 시간은 운동의 정도와 개인적인 차이는 있으나, 48~72시간 정도이다. 가볍게 지치지 않을 정도로 웨이트 트레이닝을 하는 사람은 일주일에 1~2일 정도만 휴식을 취해도 된다. 즉 근육의 피로가 없어야 근육이 유지되고 보강될 수 있으므로 운동을 한 후에는 일정하게 휴식을 취하는 것이 필요하다.

근력 강화 훈련의 성과

일정한 동작을 반복하려면 그 동작에 익숙해져야 한다. 예를 들어 무거운 것을 들어 올리려면 정확한 자세를 취하고 한꺼번에 힘을 쓰는 훈련을 해야 한다. 그렇게 어떤 동작에 익숙해지는 것이 신경계가 적응하는 과정이다.

운동을 시작하면, 초기에는 신경계의 강화를 통해서 근력이 빠르게 상승한다. 하지만 어느 정도 시간이 지나면 신경계 강화 그래프의 기울기가 낮아지고, 오히려 근육 비대 그래프의 기울기가 더 높아진다. 즉 6~10주에 걸쳐서 신경계의 적응이 이루어진다. 그때까지는 근력 향상의 주원인이 신경계의 강화이고, 그 후에는 근육의 비대를 통해 근력의 강화가 이루어지는 것이다.

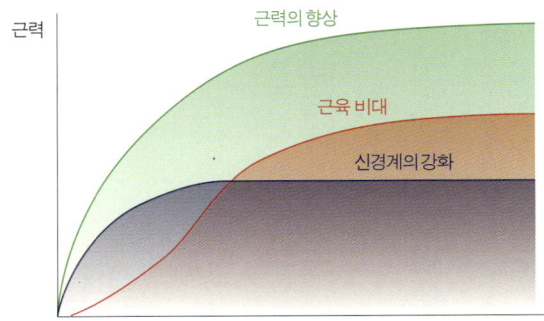

근력의 향상과 시간
훈련 초기에는 신경계의 강화를 통해 근력이 향상되고 신경계의 적응이 이루어진 후에는 근육의 비대를 통해 근력이 향상된다.

근육 비대를 통한 근력 강화는 단백질의 합성을 통해 느리게 이루어진다. 그래서 시간이 많이 필요하다. 결국 근력의 향상은 근력 훈련 초기, 3개월 정도까지 많이 이루어진다. 그 후로는 근력의 향상이 느려지기 때문에 3개월 정도가 근력 강화의 효과를 얻는 시간이라고 생각할 수 있다.

하지만 근력 훈련을 한다고 해서 근력이 계속해서 늘어나는 것은 아니다. 근력은 한계 이상 늘어나지 않는다. 그때 의존하게 되는 것이 바로 약물이다. 위의 그래프에서 알 수 있듯이 약물로 한계를 극복할 수는 있다. 보통 가벼운 운동을 할 때에는 신경계의 역할이 그다지 크지 않지만, 최대 근력을 사용할 때는 신경계의 적응이 매우 중요하다. 같은 근육이라 하더라도 신경계의 강화 수준에 따라 근력의 사용 능력이 많은 차이가 난다. 이런 신경계의 강화를 노리는 약물이 각성제 계열 약물이다.

신경계의 적응과 장기 기억

자전거 타기, 자동차 운전, 악기 연주, 외국어 능력 등은 한 번 학습하면 오래도록 남아 있다. 이는 시행착오를 겪으며 자전거 타기를 배우던 때에 형성된 뉴런(150쪽 참조)의 연락망이 이전의 신경 자극을 기억하고 있기 때문이다. 즉 자전거 안장에 올라 앉아 페달을 밟으며 '넘어지지 말아야겠다'고 생각하는 순간, 이전에 이와 같은 상황에서 동원되었던 운동 뉴런과 근육 세포 사이의 시냅스가 여전히 남아 있다가 즉각 필요한 행동 반응을 유도하는 것이다. 그러나 과거의 학습을 통하여 형성된 시냅스가 오래도록 유지되기 위해서는 일정 수준 이상의 반복 훈련과 암기가 필요하며, 이러한 단련 과정을 거치지 않은 시냅스는 결국 소실되어 버린다. 시험 직전에 집중적으로 암기했던 내용을 시험이 끝난 후에도 잊어버리지 않고 오래 기억하려면 일정 기간을 두고 복습해야 하는 까닭도 바로 이 때문이다. 또한 새로운 정보를 이전의 경험과 연결시켜 기억하면 효율적으로 장기 기억으로 저장할 수 있다.

유산소 운동과 무산소 운동은 어떻게 다를까?

스피드스케이팅이나 단거리 육상, 역도의 근육 훈련은 근육이 오랜 시간 버틸 수 있는 근지구력보다는 근력 향상에 초점을 맞춘다. 그래서 역기를 들고 스쿼트(squart) 운동[3]을 해서 허벅지 근육을 탄탄하게 만든다. 지방은 속도를 내는 데 방해가 되므로 최소한만 남겨야 한다. 여성이 근력 운동을 지나치게 하면 영화배우 아놀드 슈왈제네거처럼 우락부락해지지 않을까 걱정하는 사람도 있는데, 성호르몬의 차이 때문에 그런 일은 생기지 않는다.

운동은 크게 유산소 운동과 무산소 운동으로 나뉜다. 이상화 선수와 같은 허벅지 근육을 만들려면 무산소 운동을 해야 한다. 운동을 하려면 근육에 에너지[4]가 공급되어야 한다. 유산소 운동과 무산소 운동은 에너지의 공급 방식에 따라 구분된다.

유산소 운동이란 말 그대로 산소를 사용하여 산화 작용을 통해 에너지를 만들고, 이렇게 만들어진 에너지를 근육에 공급하는 방식이다. 무산소 운동은 산소를 이용하지 않고 근육 내 글리코겐[5]의 반응에 의하여 에너지를 만들고 이를 근육에 공급하는 방식이다.

유산소 운동을 하면 운동을 시작한 후 5분 정도가 되었을 때 산소 요구량과 공급량이 거의 일치하고, 이 때 산소가 공급되면 산소를 사용해 에너지를 발생시킨다. 그러나 초기 몇 분간은 근육 내에 저장된 글리코겐을 이용해 에너지를 얻고, 그 후에는 혈액 내 포도당을 이용하여 에너지를 낸다. 운동을 더 지속하면 지방을 이용해 에너지를 내고 시간이 지날수록 지방이 차지하는 비율이 점점 높아진다.[6] 따라서 유산소 운동을 통해 체지방을 감소시키려면 오랜 시간 동안 운동해야 하며, 그 최저점은 20분 정도이다.

[3] 앉았다 일어나는 운동으로, 인체가 다룰 수 있는 가장 무거운 중량을 이용한다.

[4] 신체가 사용하는 에너지의 형태를 ATP(Adenosine Triphosphate)라고 한다. 탄수화물이나 지방, 단백질 등을 섭취해서 얻은 에너지는 ATP라는 형태로 만들어서 사용된다.

[5] 동물의 간장이나 근육 등에 들어 있는 동물성 녹말이다. 맛이 없고 냄새가 없는 백색 가루로, 에너지 대사에 중요한 물질이다.

[6] 지방을 이용해 에너지를 내는 과정은 지방 조직에서 유리 지방산이 녹아 나와 혈액을 타고 운동하는 근육에 가서 에너지원으로 쓰이는 것이다.

03 우리 몸의 에너지는 어떻게 만들어질까?

한 가정의 식사 시간

우리는 음식을 먹는데 하루 중 꽤 많은 시간을 보낸다. 음식을 왜 먹을까? 이 질문을 반대로 생각해 보면 답이 쉽게 나온다. 음식을 안 먹으면 어떻게 될까? 기운이 없고, 살이 빠진다. 즉 음식은 우리가 활동하는데 필요한 에너지를 제공해 주고, 몸을 구성하는 성분을 제공한다. 이 장에서는 영양과 운동 및 에너지의 관계를 알아보고, 몸집의 크기와 식사량의 관계 등에 대해 생각해 보자.

자동차가 휘발유나 경유를 태워서 에너지를 얻듯이 사람도 음식물을 태워 에너지를 얻는다. 몸이 흡수한 뒤 쓰고 남은 영양소는 지방으로 바꾸어 저장하는데, 지방이 지나치게 많이 쌓이는 현상이 비만이다. 비만은 당뇨병, 동맥 경화로 인한 심장병(심근 경색증), 유방암, 대장암 등의 주된 원인으로, 요즘은 질병의 일종으로 보기도 한다. 한편 건강을 위해서 균형 잡힌 몸매를 유지하는 것은 필요하지만 무리하게 살을 빼면 건강을 해칠 수도 있다.

악어나 개구리와 같은 변온 동물[1]에 비해 비둘기나 사슴과 같은 항온 동물[2]은 체온을 유지하기 위해 별도의 에너지가 더 필요하다. 그래서 더 많이 먹어야 한다. 특히 같은 항온 동물이라도 벌새와 같이 몸집이 작은 동물은 빼앗기는 열에너지가 많기 때문에 더 많이 먹어야 한다. 이처럼 신체 조건에 따라 사는 모습이 다르기 때문에 개미만한 코끼리, 코끼리만한 개미는 있을 수 없다.

[1] 바깥 온도에 따라 체온이 변하는 동물이다. 체온과 외부와의 열 교환이 빠르고, 겨울에는 체온이 많이 내려가므로 겨울잠을 잔다. 어류, 양서류, 파충류 등이 변온 동물에 속한다.

[2] 바깥 온도에 관계없이 체온을 항상 일정하고 따뜻하게 유지하는 동물이다. 조류와 포유류가 항온 동물에 속한다.

에너지는 영양 섭취에서 온다

비만은 몸속에 지방이 과다하게 쌓여 있는 상태이다. 보통 표준 체중의 10%를 넘으면 과체중, 20% 이상이면 비만이라는 판정을 내리는데, 표준 체중과 비만도는 다음과 같이 구한다.

$$표준\ 체중(kg) = (신장 - 100) \times 0.9$$
$$비만도(\%) = \{(현재\ 체중 - 표준\ 체중) \div 표준\ 체중\} \times 100$$

이 방법은 간단하게 비만 정도를 알 수 있다는 장점이 있으나, 남자와 여자의 차이, 나이에 따른 차이를 고려하지 않았고 또 키가 아주 크거나 아주 작은 경우에도 맞지 않는다는 단점이 있다. 그리고 체중이 많이 나간다고 해서 반드시 비만이라고 말할 수 없다. 예를 들어 165cm, 80Kg의 역도 선수는 비만도가 36%가 넘는 '체중 과다'지만 근육량이 많고 체지방량이 정상인보다 적기 때문에 '비만'은 아니다.

비만을 체형에 따라 분류하면 지방이 주로 배에 많이 분포해 있는 남성형 비만과 엉덩이와 허벅지에 지방이 많은 여성형 비만으로 나눌 수 있다. 남성형이 여성형에 비해 당뇨병, 심장병, 뇌졸중, 고혈압, 고지혈증의 발병 위험이 훨씬 높다.

남자들은 여자들에 비해 여분의 지방을 배에 저장하려는 경향이 크기 때문에 살이 찌면 대부분 아랫배부터 나온다. 반면 여자들은 지방을 몸 아래쪽, 엉덩이나 허벅지에 저장한다. 엉덩이나 허벅지 부위에 있는 지방은 주로 피부 바로 아래쪽에 저장되지만, 배에 있는 지방은 몸 안쪽 깊숙이 내장 사이에 저장된다. 학자들은 내장 지방이 많으면 당뇨병 등의 위험이 늘어나기 때문에 더 위험하다고 한다.

어떤 사람은 체중 조절을 위해 담배를 피우기도 한다. 담배를 피우는 사람이 그렇지 않은 사람보다 체중이 덜 나가는 경향이 있다 하더라도 흡연은 지방을 내장에 모이게 하는 역할을 하기 때문에 오히려 복부 비만의 위험이 커진다.

지방 세포는 남는 에너지를 저장하는 저장고일 뿐 아니라 장기를 보호하는 완충 역할과 추위를 막아 주는 보온 역할도 한다. 남은 에너지를 저장

키 162cm 몸무게 55kg	키 172cm 몸무게 58kg	키 168cm 몸무게 72kg	키 158cm 몸무게 44kg
표준체중 $(162-100)\times0.9$ $=55.8(kg)$ 비만도 $(55-55.8)\div55.8$ $\times100=-1.4(\%)$	표준체중 $(172-100)\times0.9$ $=64.8kg$ 비만도 $(58-64.8)\div64.8$ $\times100=-10.5(\%)$	표준체중 $(168-100)\times0.9$ $=61.2kg$ 비만도 $(72-61.2)\div61.2$ $\times100=17.6(\%)$	표준체중 $(158-100)\times0.9$ $=52.2kg$ 비만도 $(44-52.2)\div52.2$ $\times100=-15.7(\%)$
거의 표준 체중	마른 편	과체중	너무 말랐다.

표준 체중과 비만도의 예

하여 다음에 사용할 수 있기 때문에 겨울잠을 자는 곰이 거의 먹지 않고도 겨울을 날 수 있는 것이다.

지방 세포의 수는 어른의 경우 300억~400억 개로 일정하게 유지된다. 지방 세포는 태어나서 처음 6개월 동안 계속 늘어나다가 이 기간이 지나면 천천히 늘어난다. 이때 만들어지는 세포의 전체 숫자는 유전이나 환경의 영향에 따라 달라지는데 특히 이 기간의 영양 섭취가 큰 영향을 끼친다.

여자는 사춘기에 이르면 지방 세포의 숫자가 다시 크게 늘어난다. 임신하고 모유를 만드는 데 대비해야 하기 때문이다. 우리 몸의 지방 세포 수는 사춘기 때 거의 결정된다. 그 이후 체중 증가는 지방 세포의 수가 증가하는 것이 아니라 단지 세포 하나하나가 커질 따름이다. 반대로 다이어트를 통해 살을 빼더라도 지방 세포가 작아질 뿐 아주 없어지지는 않는다. 쥐에게 음식을 거의 주지 않으면서 관찰해 보아도 지방은 빠지지만 지방 세포는 전혀 줄지 않는다. 음식을 계속 주지 않으면 근육이나 장기의 손실은 있지만 거의 죽기 직전까지도 지방 세포의 크기만 줄었지 숫자는 변동이 없다.

균형 잡힌 식생활을 하기 위해서는 먹을거리를 살 때 식품 포장지에 쓰인 각종 정보를 확인하는 것이 필요하다. 가공식품[3] 포장지에는 열량, 탄수화물, 단백질, 지방, 나트륨 등 다섯 가지 영양 정보뿐 아니라 2007년 12월부터는 트랜스 지방[4]을 비롯해 당, 포화 지방, 콜레스테롤[5] 함량도 의무 표기된다.

식품 포장지에 쓰인 영양 표시를 볼 때 먼저 확인해야 하는 것은 오른쪽 그림의 ❶이다. 무엇을 기준으로 트랜스 지방 함량을 표시했느냐이다. 예를 들어 '식품 100g당(식용유 등 액체 식품은 100ml당)' 기준으로 트

3 농산물, 축산물, 수산물 등을 인공적으로 처리하여 만든 식품으로, 통조림, 말린 오징어, 잼, 소시지, 라면 등이 있다. 조리가 간편하고 저장하기 쉬운 장점이 있다.

4 식물성 기름을 가공 식품으로 만들 때 산패(酸敗)를 억제하기 위해 수소를 첨가하는 과정에서 생기는 지방산이다. 주로 마가린이나 쇼트닝에 들어 있으며, 많이 먹으면 비만이 되기 쉽고 혈관계 질환이 생길 수 있다.

5 고등 척추 동물의 뇌, 신경 조직, 혈액 등에 많이 들어 있는 무색의 고체이다. 혈액 속에 콜레스테롤의 양이 많아지면 동맥 경화증이 나타난다.

영양성분

1회 제공량 1/2컵(30 g), 총 약 12회 제공량 (350 g) (1컵 = 200 ml 기준)

	1회 제공량당 함량	1회 제공량 + 저지방우유 200 ml
열량(kcal)	125	205
탄수화물(g)	23(7%)	33(10%)
당류(g)	7	15
단백질(g)	1.6(3%)	7.6(13%)
지방(g)	2.9(6%)	4.9(10%)
포화지방(g)	0.9(6%)	2.2(15%)
트랜스지방(g)	0	0
콜레스테롤(mg)	0	10(3%)
나트륨(mg)	129(6%)	229(11%)
비타민A(㎍RE)	175(25%)	231(33%)
비타민B1(mg)	0.32(32%)	0.38(38%)
비타민B2(mg)	0.38(32%)	0.58(48%)
비타민B6(mg)	0.38(25%)	0.48(32%)
엽산(㎍)	62(25%)	72(29%)
비타민C(mg)	25(25%)	25(25%)
비타민D(㎍)	1.26(25%)	1.26(25%)
비타민E(mgα-TE)	2.50(25%)	2.70(27%)
나이아신(mgNE)	4.26(33%)	4.46(34%)
철분(mg)	1.65(11%)	1.85(12%)
아연(mg)	1.44(12%)	1.64(14%)
칼슘(mg)	0(0%)	200(29%)

※% 영양소 기준치 : 1일 영양소 기준치에 대한 비율

가공식품의 영양 성분표 예 | 가공식품 포장지에는 열량과 영양소, 당, 트랜스 지방 등의 함량이 표기되어 있다.

랜스 지방 함량이 5g일 때, 이 식품을 50g 먹었다면 트랜스 지방을 2.5g 섭취한 셈이다.

다음으로 ❷를 보자. 여기에 만약 5라고 써 있으면 '1회 분량당' 트랜스 지방이 5g 들어 있다는 의미다. '1회 분량당' 트랜스 지방 함량이 0.5g 이상 든 식품이라면 일단 피해야 한다. 다른 식품에서도 섭취하면 금세 하루 기준치를 초과할 수 있기 때문이다.

❷에서처럼 '1회 분량당' 트랜스 지방 함량이 0으로 표시된 식품도 자주 볼 수 있다. 0이라고 해서 트랜스 지방이 전무하다는 뜻은 아니다. 미국 정부는 '1회 분량당' 트랜스 지방이 0.5g 미만이면 0으로 표시하도록 허용했다. 반면 캐나다는 트랜스 지방을 0.1g까지 표시하도록 의무화했다. 따라서 과자 한 봉지(1회 분량)에 0.4g의 트랜스 지방이 들어있다면 미국에서는 0, 캐나다에서는 0.4로 표기한다. 우리나라는 아직 0으로 표시할 수 있는 기준을 확정하지 못했다. 정부, 업계, 소비자 단체의 의견이 팽팽하게 맞서고 있기 때문이다.

새우깡으로 메추리알 익히기

생명을 유지하려면 음식과 물, 산소가 반드시 필요하다. 이중 음식은 체내의 모든 세포를 만들고 유지시키는 데 꼭 필요한 물질과 에너지를 제공한다. 특히 탄수화물, 단백질, 지방은 몸 안에서 서서히 타면서 에너지를 낸다. 음식물이 에너지를 낸다는 것을 확인하기 위해 새우깡을 연료로 메추리알을 삶아 보자. 단, 불은 조심해서 다루고 부모님 지도 아래 해 보기를 권한다.

준비물 : 음료수 캔, 알루미늄 포일, 메추리알 3개, 새우깡, 삼발이, 물 약간, 성냥이나 라이터
❶ 음료수 캔을 잘라 화덕과 냄비를 만든다.
❷ 음료수 캔 냄비에 메추리알을 담고 메추리알이 절반 정도 잠길 정도로 물을 넣은 다음, 알루미늄 포일로 덮는다.
❸ 냄비를 삼발이 위에 놓고 화덕을 삼발이 아래에 둔 뒤 새우깡에 불을 붙여 화덕에 넣는다.
❹ 화덕의 불꽃을 관찰하면서 새우깡을 하나씩 차례로 넣는다.
❺ 냄비의 물이 끓으면 1분 후에 냄비를 열어 메추리알이 익었는지 확인한다.

끝으로 ❸을 보자. 오른쪽 '% 영양소 기준치'는 하루 영양소 섭취 기준치를 100이라고 할 때 이 식품 섭취(100g 또는 1회 분량)를 통해 얻는 영양소의 비율을 가리킨다. 지방, 포화지방, 콜레스테롤은 '% 영양소 기준치'가 제시돼 있으나 트랜스 지방은 공란이다.

지나친 다이어트는 에너지의 적

비만도 문제지만, 지나친 다이어트도 문제가 크다. 다이어트를 한다고 잘 먹지 않으면 빈혈이 생긴다.

빈혈을 단순히 어지러운 것으로 알고 있는 사람들이 많은데, 빈혈은 단지 어지러움을 뜻하는 것은 아니다. 빈혈이란 혈액 속의 적혈구에 들어 있는 헤모글로빈이 줄어드는 증상이다. 헤모글로빈은 산소를 온몸으로 운반하는 작용을 하는데 헤모글로빈이 줄어들면 몸의 조직들에 산소 결핍 현상이 나타난다. 두통이 생기기도 하고 귀에서 소리가 들리기도 하고 가슴이 울렁거리고 숨이 차기도 한다. 특히 여자는 매달 생리로 2.5mg 정도의 철분을 잃어버리기 때문에 빈혈이 생기기 쉽다.

균형 잡힌 영양 섭취는 매우 중요하다. 오랜 기간 에너지 수지가 균형을 이루지 않는다면 심각한 문제들이 일어난다. 만약 섭취하는 열량이 만성적으로 부족하면 영양 부족 상태가 일어난다. 이러한 상황에서는 저장된 글리코겐과 지방이 쓰이고, 체내의 단백질이 에너지 공급원으로 사용되기 위해 분해되며, 근육의 크기가 줄고, 뇌에서 단백질 부족 현상이 일어난다. 만약 에너지 소비가 섭취보다 많은 상태가 계속되면 결국 죽는다. 심각한 영양 부족 상태였던 사람은 살아남더라도 회복할 수 없는 손상을 입는다.

사람을 포함해서 동물은 탄수화물 이외에 필수 영양소를 공급받아야 한다. 필수 영양소는 동물의 세포가 만들지 못하므로 이미 만들어진 형태로 얻어야 한다. 하나 이상의 필수 영양소가 부족한 상황을 영양실조라고 한다. 예를 들어 채식만 하면 무기질 부족에 시달릴 수 있다. 사람에게 영양실조는 영양 부족보다 더 자주 일어난다. 그리고 뚱뚱한 사람이 영양실조인 경우도 있다. 영양실조를 막을 수 있는 방법은 편식을 피하고 여러 음식을 골고루 섭취하는 것이다.

거식증 환자에게서 나타나는 증상

거식증은 먹는 것을 거부하거나 두려워하는 병적 증상이다. 거식증에 걸리면 아래와 같은 증상이 나타난다.

- 혈액 순환이 잘 안되어 손발이 차갑고 새파래지며 붓고 동상에 걸리기 쉬워진다. 심하면 저체온으로 사망하기도 한다.
- 일찍 깨고 밤에도 여러 번 깨어 숙면을 취하지 못한다.
- 방광이 약해져서 밤낮으로 자주 소변을 본다.
- 맥박이 느려지며 저혈압이 생기고 심하면 기절을 한다.
- 골다공증으로 뼈가 약해져 쉽게 골절이 되며 심지어 기형을 초래 할 수도 있다.
- 체중이 과도하게 적게 나가면 호르몬의 변화로 월경이 사라지거나 불규칙해진다.
- 위가 줄어들어 음식을 조금만 먹어도 더부룩하고 불편해지며 회복이 된 후에도 위궤양이 지속될 수 있다.
- 장 운동이 느려지고 변비가 생긴다.
- 적혈구와 백혈구의 형성이 충분하지 않아 빈혈이 생기고 쉽게 염증이 생긴다.
- 영양 부족으로 단백질 형성이 부족하여 특히 발목과 다리가 자주 붓는다.
- 간 기능 이상으로 에스트로겐[6]이 부족해져 혈중 콜레스테롤이 증가한다.
- 신경 및 근육의 손상으로 계단을 오르기 힘들어지고 다리를 질질 끌며 걷고 심한 피로를 느낀다.
- 저혈당으로 머리가 멍해지고 심한 불안이 생기며, 지속되면 혼수와 사망에 이를 수 있다.
- 신장 질환으로 염증과 결석이 생기기 쉽고 신부전증을 일으킬 수 있다.
- 소아 거식증의 경우 성장과 사춘기 발달이 늦어지거나 중단된다.

[6] 여성 호르몬의 하나로 사춘기 이후에 많은 양이 분비된다. 여성의 이차 성징의 원인이 되고, 자궁벽의 두께를 조절하고 배란에 관여한다.

몸집이 작을수록 많이 먹는다?

몸집이 큰 동물이 많이 먹지만, 몸무게에 비하면 작은 동물이 더 많이 먹는다. 생쥐와 코끼리를 비교하면 코끼리가 몸집도 크고 그만큼 많이 먹지만, 몸무게 1kg당 식사량을 비교해 보면 오히려 생쥐가 코끼리의 7배이다.

동물	무게(kg)	하루 식사량(g)	1kg당 식사량(g)
생쥐	0.025	7	280
다람쥐	0.4	70	175
큰 토끼	3.5	469	134
표범	37.5	1,763	47
사람	63	1,512	24
얼룩말	341	7,161	21
코끼리	3,222	135,324	42

동물별 무게 및 식사량 | 하루 식사량은 몸집이 큰 코끼리가 가장 많지만 1kg당 식사량은 몸집이 작은 생쥐가 가장 많다.

몸집이 작으면 상대적으로 몸의 표면적(겉넓이)이 넓어져서 외부로 빼앗기는 열량이 커진다. 그만큼 많은 에너지를 몸에서 만들어야 하니까 먹는 양도 많아진다. 같은 여우라도 더운 사막에 사는 여우는 북극에 사는 여우에 비해 몸집이 작다. 또한 어른에 비해 어린 아이는 체온을 잘 잃기 때문에 보온에 더 신경 써야 한다.

한편, 뱀이나 개구리 같이 주위 기온에 따라 체온이 변하는 동물은 체온을 유지하기 위해 에너지를 소모하지 않아도 된다. 이런 동물은 항온 동물에 비해 식사량이 적어도 된다. 또한 겨울이 되면 겨울잠을 자는데, 이때에도 생명 활동을 유지하는데 필요한 최소한의 에너지만 소비하기 때문에 중간에 깨어 음식을 섭취하지 않아도 긴 겨울을 보낼 수 있다.

『걸리버 여행기』의 주인공 걸리버가 릴리푸트(소인국)에 도착했을 때, 릴리푸트 사람들은 걸리버에게 매일 릴리푸트 사람 1,728인분의 음식을 지급하기로 했다. 걸리버의 말을 들어 보면, 그의 식사는 다음과 같이 요란스러운 것이었다.

"300명의 요리사가 내 식사를 준비했으며, 내 집 주위에는 다른 작은 집들이 세워지고, 거기서 요리사들은 가족들과 함께 지내면서 요리를 했다. 식사 때마다 나는 20명의 급사를 식탁 위에 올려 주었다. 그러면 100명쯤의 또 다른 급사들이 대령하고 있어서, 어떤 사람은 음식 접시를 내밀고 어떤 사람들은 포도주며 다른 음료를 담은 통을 두 사람씩 어깨에 걸친 막대로 운반하기도 했다. 식탁 위에 있는 급사는 내가 원하는 것을 밧줄과 도르래를 이용하여 무엇이건 끌어올렸다."

그런데 릴리푸트 사람들은 도대체 어떻게 계산했기에 이렇게 많은 양의 음식을 걸리버에게 제공했던 것일까? 걸리버의 키는 기껏해야 릴리푸트 사람들보다 12배 컸을 뿐인데 말이다. 걸리버의 키는 릴리푸트 사람의 12배이기 때문에, 몸 전체의 크기(부피)는 12×12×12, 곧 1,728배에 해당한다. 따라

사막에 사는 여우와 북극에 사는 여우

사막여우

북극여우

페넥여우(사막여우)는 몸집은 작고, 몸에 비해 귀가 매우 크다. 북극여우는 반대로 몸집이 크고, 몸에 비해 귀가 아주 작다. 추운 곳에 사는 동물은 비교적 몸집이 크고 팔다리나 귀가 발달하지 않은 경우가 많다. 몸집이 큰 동물은 상대적으로 표면적이 작기 때문에 외부로 뺏기는 열이 적다. 따라서 체온을 유지하는 데 유리하다. 그리고 팔다리나 귀와 같은 몸의 말단부가 발달될수록 표면적이 넓어지므로 열을 많이 잃게 돼 추운 곳에서 살기에 불리하다. 그 때문에 몸의 끝 부분이 비교적 뭉뚝뭉뚝한 체형인 것이다.

서 릴리푸트 사람들보다 12배 큰 걸리버는 목숨을 지탱하기 위해서 그들의 1,728인분의 음식을 섭취해야 한다는 것이다.

그러나 이 계산에는 중요한 것이 빠졌다. 몸집이 커지면 부피에 대한 표면적의 비율이 낮아진다. 즉 몸집에 비해 표면적이 상대적으로 좁아지는 것이다. 이로 인해 외부로의 열 손실이 줄어든다. 따라서 걸리버는 굳이 1,728인분의 식사를 하지 않아도 된다.

그뿐 아니라 다른 모든 것도 달라져야 한다. 예를 들어 코끼리만한 개미는 움직이지도 못할 테니까 존재할 수 없다. 신체 각 부분의 크기가 비례해 커지면, 무게는 대략 길이의 3제곱에 비례해 커지는데 비해 이를 지탱할 수 있는 기둥 역할을 하는 다리의 단면적은 2제곱에 비례해 커진다. 따라서 재질의 강도가 동일하다면 다리가 굵어져야 몸을 지탱할 수 있다. 거대한 공룡의 다리가 아주 굵은 것도 같은 이치이다. 그러므로 걸리버 여행기에 나오는 거인은 실제로는 불가능하다. 설사 이런 사람이 있다고 하더라도 다리에 작은 충격만 주면 다리가 부러질 것이다.

코끼리와 개미의 길이는 약 600배 정도 차이가 난다. 그러므로 개미가 코끼리만큼 600배 커지면 무게는 600×600×600이므로 2억 1,600만 배 늘어나는데, 단면적은 600×600으로 36만 배 늘어나기 때문에 단면적당 견뎌야 하는 무게가 600배로 늘어난다. 개미의 다리가 받는 압력이 600배 증가하면 개미의 다리로는 그 압력을 견딜 수 없다. 따라서 코끼리만큼 큰 개미는 있을 수 없다.

또한 개미의 피가 도는 구조는 매우 단순하다. 개미의 신체에는 혈관과 심장이 없기 때문에 각 세포 사이로 산소와 영양을 교환한다. 만약 개미의 몸이 600배 커지면 신체를 구성하는 세포의 수가 엄청나게 증가하여, 세포 간 영양과 산소 교환은 극히 미미한 부분에서만 일어나게 될 것이다. 결국 세포들은 영양과 산소의 부족으로 괴사하여 결국 개미는 죽게 된다.

사람의 몸을 단순화시킨 그림
각 부분의 길이가 2배씩 커지면 무게는 8배가 되는데 비해 다리(기둥)의 단면적은 4배 밖에 안 커지므로 무게를 지탱하기 힘들어진다.

마찬가지로 개미만한 코끼리도 존재할 수 없다. 코끼리의 신체 기관은 거대한 몸을 유지하기 위해 아주 복잡하고 다양하다. 그러나 코끼리의 몸집이 1/600로 줄어들면 코끼리를 구성하는 세포의 수는 1/216,000,000으로 줄어들어 이렇게 적은 세포 수로는 신체의 복잡한 기관들을 구성할 수 없다.

에너지와 세포 분열

세포의 모양과 크기는 생물의 종류에 따라 다양하고, 한 종의 생물체 내에서도 세포의 위치와 기능에 따라 달라진다. 하지만 대부분의 세포는 직경이 10~100μm[7] 사이이다. 즉 개미의 세포나 코끼리의 세포나 그 크기는 개체의 크기와 관계없이 거의 비슷하다. 다만 세포의 수가 다를 뿐이다.

세포가 살아가기 위해서는 외부와 물질 교환을 계속해야 한다. 영양분과 산소를 받아들이고 노폐물과 이산화탄소를 내보내는 것이다. 이러한 물질 교환은 표면을 통해 이루어진다. 그런데 세포가 계속 커져도 표면적은 별로 커지지 않는다. 그래서 외부와 물질을 교환할 수 있는 표면적이 커진 몸집에 비해 상대적으로 좁아진다. 그 결과 외부와 효과적으로 물질을 교환하기 어렵게 된다.

세포가 정육면체 모양이라고 가정해 보자. 한 변의 길이가 1cm라면 부피는 1cm³이며, 외부와 물질을 교환할 수 있는 표면의 면적은 6cm²이다.[8] 그런데 세포가 자라서 한 변의 길이가 2cm가 되면, 부피는 8cm³인데 비해 표면의 면적은 24cm²가 된다. 부피는 8배로 늘었는데 표면적은 4배 밖에 안 늘었다. 즉 몸집이 증가한 것에 비해 표면은 감소한 셈이다. 이런 현상은 몸집이 커질수록 점점 심해지고 이로 인해 외부와 물질 교환 효율이 떨어진다. 이 문제를 극복하는 길은 세포 분열을 통해 몸집이 작은 세포로 나뉘는 것이다.

세포가 커지면 세포 내 기관에 영양분을 공급하기 어려워진다. 세포막

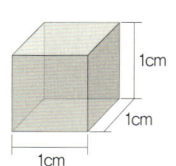

1cm
1cm
1cm

8 위의 그림과 같이 한 변의 길이가 1cm인 정육면체의 부피는 1x1x1=1(cm³)이며, 표면의 넓이는 한 면의 넓이가 1x1=1(cm²)이고 1cm²인 면이 6개이므로 6cm²가 된다.

을 통해 영양 물질과 산소가 세포 안으로 들어왔다고 하더라도 이들이 핵
이나 미토콘드리아와 같은 세포 내의 기관까지 가기 위해서는 확산에 의해
서 이동되어야 한다. 확산은 매우 짧은 거리에서는 효율적으로 일어나지만
거리가 멀어질수록 그 효율성은 떨어진다. 즉 정상보다 커다란 세포는 세포
막을 통해 들어오는 영양 물질이나 산소가 필요량에 미치지 못할 뿐만 아니
라 세포막에서 멀리 떨어진 중심부까지 확산되는 것이 쉽지 않다. 마찬가지
로 세포의 중심부에서 물질 교환으로 생겨나는 노폐물이 배출되기 위해서
는 세포막까지 확산되어야 하는데, 그 거리가 멀 때에는 확산이 쉽게 일어나
지 않는다.

　세포의 중심이고 생명의 중심인 핵은 세포의 모든 활동을 지배하고 있
다. 만약 세포가 자꾸 커지면 세포질의 양이 계속 증가하여 핵의 명령이 도
달하지 못하는 부분이 생긴다. 따라서 핵이 세포 전체를 통제하지 못하게 된
다. 그러면 세포의 생명 활동이 제대로 이루어질 수 없으므로 핵을 둘로 갈
라서 나누어 지배하는 것이 효율적이다. 보통의 세포는 핵이 하나여야 되므
로 결국 세포 분열이 이루어져 세포의 크기가 줄게 된다.

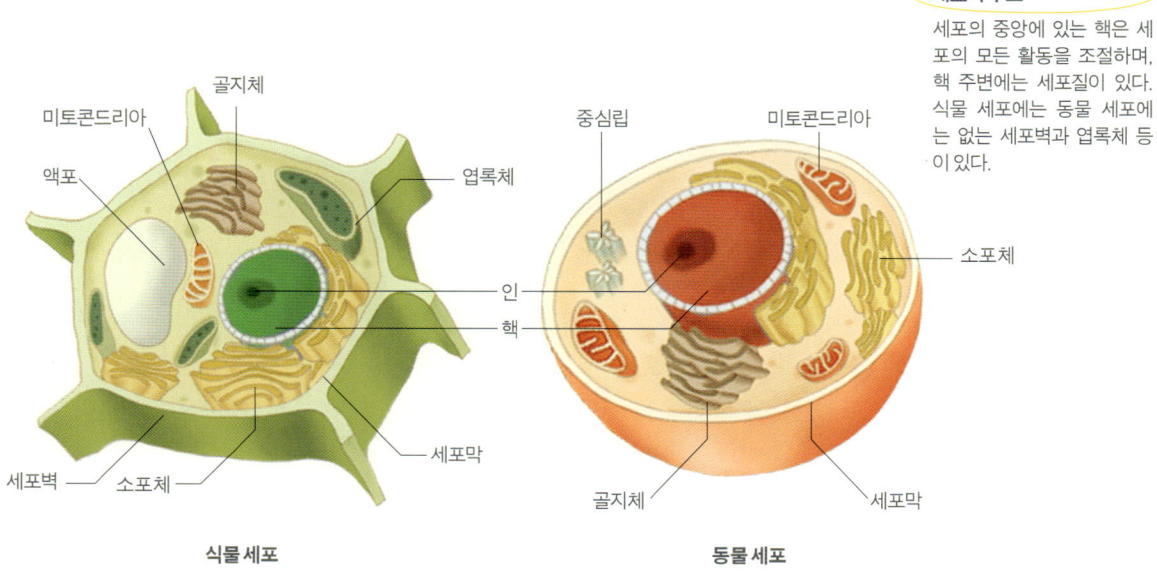

세포의 구조

세포의 중앙에 있는 핵은 세
포의 모든 활동을 조절하며,
핵 주변에는 세포질이 있다.
식물 세포에는 동물 세포에
는 없는 세포벽과 엽록체 등
이 있다.

식물 세포

동물 세포

에너지와 혈액 순환

36.5 또는 37. 굳이 설명하지 않아도 이 숫자가 인간의 체온을 의미한다는 사실을 알 수 있다. 그러나 이 숫자만큼 인간의 체온이 단순할까? 때때로 자신의 팔을 만져 보면 따뜻한 정도가 항상 똑같지 않다. 인간은 항온 동물로 체온을 일정하게 유지시킨다고 하는데, 왜 팔의 온도는 일정하지 않을까? 사실 '일정한 체온 유지'는 몸 전체에 해당되는 말은 아니다. 인간의 체온 유지는 몸통 내 여러 장기, 예를 들어 심장, 신장, 폐, 간, 내장 등에만 의미가 있다. 이런 장기에서는 37℃ 정도로 거의 일정하게 유지되는데, 이를 심부 온도라고 한다. 우리가 일반적으로 체온이라고 하면 바로 이 심부 온도를 말한다. 그렇다면 피부와 같은 말초 조직의 온도는 무엇이 결정하는 것일까? 외부 환경에 의해서일까?

인체는 대사[9] 작용에 의해 끊임없이 열을 생산한다. 안정된 상태에서 체내 열 생산의 70% 이상은 여러 장기에서 일어나며, 피부나 근육 등의 조직에서는 약 30%의 열량을 생산한다. 따라서 피부 조직은 그 자체에서 생성되는 열량이 아주 적기 때문에 피부 온도는 혈액 순환에 의해 체심부로부터 피부로 운반되는 열량에 의해 결정된다.

체심부에서 37℃로 데워진 동맥혈은 온도가 낮은 피부로 흘러와서 열을 잃고 찬 정맥혈이 돼 다시 체심부로 돌아간다(138쪽 참조). 혈액의 이런 작용 때문에 여러 장기에서 생성된 열이 몸의 표면으로 이동될 수 있어 심부 온도가 일정하게 유지된다. 만일 심부 온도가 높아지면 이를 낮추기 위해 열을 더 많이 발산시켜야 하는데, 이를 위해 혈액 순환량이 증가된다. 그 결과 체심부로부터 피부로 운반되는 열량이 증가해 피부 온도가 높아진다. 반면에 심부 온도가 떨어질 때는 체열 발산을 줄이기 위해 피부 혈관이 수축되므로 피부로 흐르는 혈액량이 감소돼 피부 온도가 떨어진다. 즉 피부 온도는

9 생물체가 몸 밖으로부터 섭취한 영양 물질을 몸 안에서 분해하고 합성하여 물질이나 에너지를 생성한 후 필요하지 않은 물질을 몸 밖으로 내보내는 작용이다.

134

3부 | 운동과 우리 몸

환경 온도에 의해 직접 결정되는 것이 아니라 피부로 흐르는 혈액량에 의해 결정된다.

추운 곳에서 손발이 찬 것은 환경 온도가 낮아서 피부가 차가워졌기 때문이 아니다. 추운 환경에서 심부 온도를 유지시키기 위해 피부의 혈액 순환이 줄었기 때문이다. 그런데 이런 순환 조절이 손발이나 팔다리에서는 잘 일어나지만 가슴이나 머리에서는 잘 일어나지 않는다. 특히 머리의 혈액은 뇌 조직에 산소와 영양을 안정적으로 공급하는 일이 중요하다. 그래서 머리 쪽의 혈액 순환은 언제나 원활히 이루어지므로 환경 온도에 따라 조절되지 않는다. 이런 이유 때문에 아무리 추워도 손발은 차지지만 이마의 온도는 내려가지 않는다.

이처럼 우리 몸에서 조절되는 온도는 심부 온도이지 피부 온도가 아니다. 심부 온도를 유지시키기 위해 여러 가지 조절 작용의 결과로 나타난 것이 신체 각 부위의 피부 온도이다. 조절 작용의 정도는 부위에 따라 다르기 때문에 피부 온도는 부위에 따라 다르다.

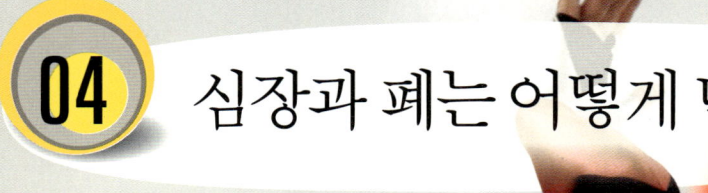

04 심장과 폐는 어떻게 단련될까?

○ 심폐 기능이 중요한 스피드스케이팅

운동을 하면 심장이 빨리 뛰고 호흡이 가빠진다. 특히 평소에 운동을 하지 않던 사람은 이러한 변화가 더 심하게 나타난다. 심장 박동과 호흡은 서로 밀접한 관련이 있다. 심장이 빨리 뛰면 호흡이 가빠지며, 호흡이 가빠지면 심장 박동도 빨라진다. 왜 운동을 하면 심장 박동과 호흡이 빨라지는 것일까? 심장과 폐는 어떻게 생겼고, 어떤 체제로 기능할까? 운동을 꾸준히 하면 심장과 폐에 어떤 영향을 미칠까? 이러한 궁금증을 해결해 보자.

1936년 마라토너 손기정이 베를린에서 일장기를 달고 금메달을 목에 건 이후 1992년 황영조가 바르셀로나올림픽에서 금메달을 목에 걸었다. 그리고 2010년 동계올림픽에서 이승훈이 빙상 역사상 처음으로 스피드스케이팅 10,000m 경기에서 역시 금메달을 목에 걸었다. 스피드스케이팅에서 10,000m는 빙상의 마라톤이라고 불릴 정도로 심폐 기능의 지구력과 스피드를 필요로 하는 종목이다. 이승훈은 '빙판의 황영조'라고 불릴 만큼 심폐 기능이 뛰어난 것으로 알려졌다.

운동을 하면 심장과 폐에 어떤 영향을 줄까?

빙속 장거리는 키가 190cm에 육박하고 체격이 큰 유럽 선수들의 전유물로 여겨졌다. 다리가 길어 한 번 빙면을 지칠 때 많이 뻗어나가고, 속도가 붙으면 더 잘 지치는 게 이들의 공통점이다. 그러나 이승훈은 다리가 짧은 아시아 선수들의 취약점을 타고난 심폐 지구력으로 이겨냈다. 이승훈은 중학교 때 심폐 지구력이 마라토너 황영조와 같은 수준이었다고 밝힌 적이 있다.

심장과 폐의 기능, 즉 심장 박동[1]과 호흡은 서로 밀접한 관계가 있다. 운동을 하면 자동으로 심장 박동이 빨라지고 호흡이 가빠진다. 이 과정을 통해 각 세포, 특히 운동을 담당하는 근육 세포에 산소를 빨리 공급할 수 있다.

100m 달리기에서 짧은 시간 동안 폭발적인 힘을 내려면 순간적으로 근육을 수축·이완시켜야 하는데 이럴 때는 산소의 공급이 원활하지 못하다. 따라서 대개 무산소 운동을 한다. 그러나 마라톤이나 10,000m 스피드스케이팅 경기와 같은 장거리 경주는 산소를 충분히 공급하면서 운동하는 유산소 운동으로 경기가 이루어진다.

유산소 운동은 산소를 체내에 많이 받아들여 에너지 소비를 증가시키는 율동적인 운동을 말한다. 걷기, 계단 오르기, 체조, 수영, 자전거 타기, 빠

1 심장의 심방과 심실이 교대로 수축과 이완을 되풀이하는 것을 말한다. 박동에 의해 혈액이 온몸을 돈다.

른 속도로 걷기, 조깅 등이 유산소 운동이다. 유산소 운동은 심장과 폐의 기능을 향상시키고 심장병의 위험을 감소시켜 우리 몸을 건강하게 한다.

많은 연구 결과에 의하면 운동을 하지 않은 사람은 운동을 하는 사람에 비하여 심장 질환의 발병률이 2배 정도 높다. 운동은 심장 발작을 감소시키는데, 심장 발작의 주요 원인은 관상 동맥 질환이다. 관상 동맥이란 심장에 혈액을 공급해주는 동맥이다. 관상 동맥 질환은 관상 동맥 벽에 지방이 들러붙어 혈관이 좁아지거나 혈전[2]으로 막혀 혈액이 통하지 않는 질병이다.

관상 동맥 질환을 일으키는 위험 인자가 많으면 심장 발작의 가능성이 높아지는데, 운동을 함으로써 이러한 위험 인자를 상당히 없앨 수 있다. 규칙적으로 운동을 하면 고혈압, 당뇨와 비만을 조절할 수 있다. 또한 우리 몸에 나쁜 콜레스테롤은 감소시키는 반면, 좋은 콜레스테롤은 증가시켜 혈액 순환이 원활해진다.

심장의 구조와 기능

혈액은 우리 몸을 돌면서 산소를 전달하고 이산화탄소를 흡수하며 여러 영양 물질을 공급하는 역할을 한다. 혈액은 심장을 통해 우리 몸을 돈다. 즉 심장은 신체의 각 부위로 혈액을 수송하며 혈액량을 조절하여 각 기관으로 보내는 역할을 한다. 심장으로부터 나온 혈액이 동맥[3]을 지나 모세 혈관[4]을 거쳐 정맥[5]을 통해 다시 심장으로 들어오면 한 순환이 끝난다. 심장은 끊임없이 수축과 이완을 계속하여 혈액을 순환시킨다.

장기간 운동을 하면 심장의 근육은 강해지고 심실의 부피가 증가한다.[6] 그러나 이러한 결과는 운동 종목에 따라 차이가 있다. 마라톤 같이 지구력이 필요한 운동을 하는 선수의 심장근은 심실벽 두께의 변화보다 좌심실 용적이 커지는 경향을 보이며, 순발력이 필요한 운동을 하는 선수는 좌심

2 혈관 속에서 피가 굳어서 된 조그마한 핏덩이이다.

3 심장 박동으로 밀려 나온 혈액이 흐르는 혈관이다. 몸의 여러 부분으로 갈라지면서 점점 가늘어지다가 모세 혈관과 연결된다.

4 동맥과 정맥 사이를 연결하는 혈관이다. 온몸에 그물처럼 퍼져 있으며 적혈구 한 개가 지나갈 수 있을 정도로 매우 가늘지만, 총 길이는 동맥이나 정맥보다 훨씬 길고 총 단면적도 가장 넓다.

5 온몸의 모세 혈관을 지난 혈액이 심장으로 되돌아오는데, 이러한 혈액이 흐르는 혈관이다. 판막이 있어서 혈액이 거꾸로 흐르는 것을 막아 준다.

6 장기간의 유산소 운동 후 운동 효과는 초음파 심장 촬영술(echocardiography)로 정확하게 확인할 수 있다.

실 용적이 커지기보다는 심실벽 두께가 두꺼워지는 경향을 보인다. 지구성 운동은 심장에서 뿜어내는 혈액량이 높은 수준으로 유지되어야 하므로 심실의 용적이 커지며, 비지구성 운동은 심실의 압력이 높은 수준으로 유지되어야 하므로 심실벽의 두께가 두꺼워지는 것이다.

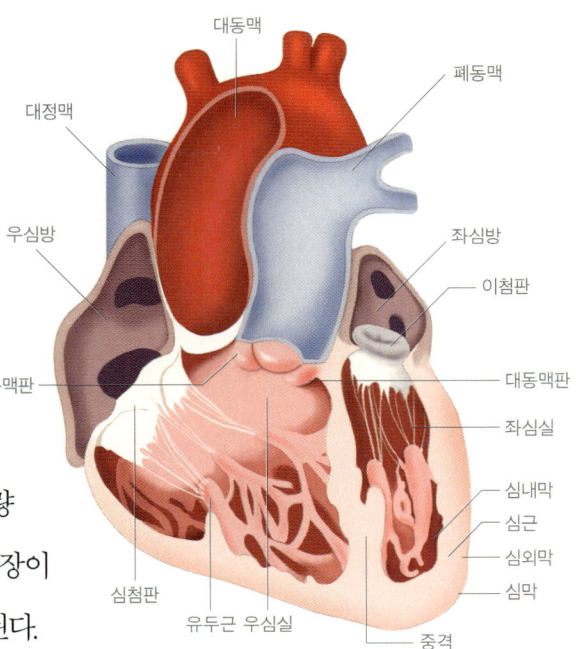

심박출량은 1분 동안 심장이 뿜어내는 혈액량을 말하며, 1분간 심장이 박동한 회수(심박수)와 심장이 한 번 뿜어내는 혈액량(1회 박출량)의 곱으로 표현된다.

심장의 구조
심장은 두 개의 심방과 두 개의 심실로 나뉘어져 있다. 혈액은 정맥에서 심방으로 들어와 심실을 거쳐 동맥으로 나간다.

심장의 구조 라벨: 대동맥, 폐동맥, 대정맥, 우심방, 좌심방, 이첨판, 폐동맥판, 대동맥판, 좌심실, 심내막, 심근, 심외막, 심막, 심첨판, 유두근 우심실, 중격

심박출량 = 심박수(heart rate; HR) × 1회 박출량(storke volume; SV)

1회 박출량은 일반인이 평균 70ml 정도이고 운동선수는 평균 100ml 정도이다. 안정된 상태의 심박출량이 약 5.0 l/분라고 하면, 각각 심박수는 70회/분과 49회/분이다. 그러므로 운동선수의 심장은 1분간 49번의 박동만으로도 같은 양의 혈액을 뿜어낼 수 있다. 반대로 운동을 하지 않으면 1회 박출량이 적어지고 이를 보상하기 위해 심박수가 증가한다. 심장이 자주 수축을 하여 많은 에너지를 낭비하게 되는 것이다.[7]

인체도 기계처럼 많이 쓸수록 기능이 저하된다. 따라서 분당 20회씩 심박수가 줄면 하루에 2만 8,800회를 줄이고 일 년이면 약 1,000만 번의 박동을 쉬게 하는 효과가 있다. 그러므로 운동이 부족하여 1회 박출량이 줄어들면, 심장은 일정한 심박출량을 유지하기 위해서 심박수를 증가시켜 심장의 부담을 가중시킨다. 이에 따라 쉽게 피로를 느끼고 유산소성 운동 능력 또한 낮아진다.

7 운동을 하여 심박수가 감소하는 현상을 운동성 서맥이라고 한다. 부교감 신경 자극의 증가와 심근의 수축력 증가가 그 원인이다. 부교감 신경은 심장 박동을 느리게 하는 아세틸콜린을 분비하므로 부교감 신경의 자극이 증가하면 심장 박동은 줄게 된다. 대신 심장 수축력의 증가로 1회에 많은 혈액을 공급하게 된다.

우리는 음식을 먹고 산소를 들이마신다. 필요한 에너지는 먹은 음식물을 산화[8]시켜 공급 받는다. 운동을 하면 에너지가 더 많이 필요하므로 들이마시는 산소의 양이 늘어난다. 최대로 산소를 섭취할 수 있는 능력을 **최대 산소 섭취량**이라고 하며, 규칙적으로 운동을 하면 최대 산소 섭취량이 5~25% 정도 증가된다. 최대 산소 섭취 능력이 높으면 쉽게 피로해지지 않고 운동 지속 능력이 늘어난다. 이 때 심폐 지구력이 향상되었다고 표현한다.

산소 섭취량은 1회 박출량과 심장 박동수, 동맥혈의 산소 함량에서 정맥혈의 산소 함량을 뺀 값을 곱해서 산출한다. 즉 1회 박출량, 심장 박동수, 동맥혈 산소 함량의 증가, 정맥혈 산소 함량의 감소에 의해서 산소 섭취량은 늘어난다.

> 산소 섭취량 = 1회 박출량 × 심장 박동수
> × (동맥혈 산소 함량 − 정맥혈 산소 함량)

지속적으로 운동을 한 사람의 1회 박출량은 보통 사람에 비해 두 배 정도 많고, 심장 박동수도 높다. 운동이 부족한 사람은 심장의 펌프 작용이 퇴화하므로 최대 심장 박동수가 낮아진다. 동맥혈 산소 함량은 1분 동안 허파에 들어온 공기량인 폐환기량 등에 의해 결정되는데, 운동을 규칙적으로 한 사람이 운동이 부족한 사람보다 더 많은 공기를 들이쉬고 내쉴 수 있으므로 동맥혈 산소 함량이 높다. 정맥혈 산소 함량은 근육 세포의 산소 사용량에 의해 결정되며, 근육 세포 내의 미토콘드리아와 미오글로빈[9] 밀도와 관계가 깊다. 운동을 규칙적으로 하면 미토콘드리아와 미오글로빈의 밀도가 높아져서 산소를 더 많이 보내므로 정맥혈의 산소 함량이 상대적으로 더 낮아진다. 따라서 운동을 오랫동안 한 사람이 산소 섭취량이 더 높고 지치지 않고 근육을 써야 하는 일을 쉽게 처리하거나 극복할 수 있다.

폐의 구조와 기능

등산, 수영, 조깅, 마라톤 등 유산소 운동을 오랫동안 하면 호흡이 깊어지고 폐활량[10]도 커진다. 유산소 호흡을 하면 영양 물질을 산소를 이용하여 분해하는데 무산소 호흡에 비해 최대 19배까지 많은 에너지를 낼 수 있다. 이러한 변화를 통하여 호흡 효율을 높일 수 있다.

사람은 약 60조 개의 세포로 구성되어 있다. 세포가 생명 활동을 하려면 에너지를 공급 받아야 한다. 에너지를 얻기 위해 우리 몸에서는 물질(유기물)을 산화시키는데, 이때 대량의 산소가 요구된다.

폐는 오른쪽은 3개의 폐엽, 왼쪽은 2개의 폐엽으로 구성되어 있고 코로 넘어온 공기는 인두, 후두, 기관을 거쳐 폐로 넘어오며, 가스 교환은 폐포(허파꽈리)에서 일어난다.

10 힘껏 숨을 들이마신 다음 맘껏 내쉬어 숨 쉴 때 내쉴 수 있는 양을 말한다. 건강한 성인 남자의 경우 3,500~4,000㎖가 보통이다.

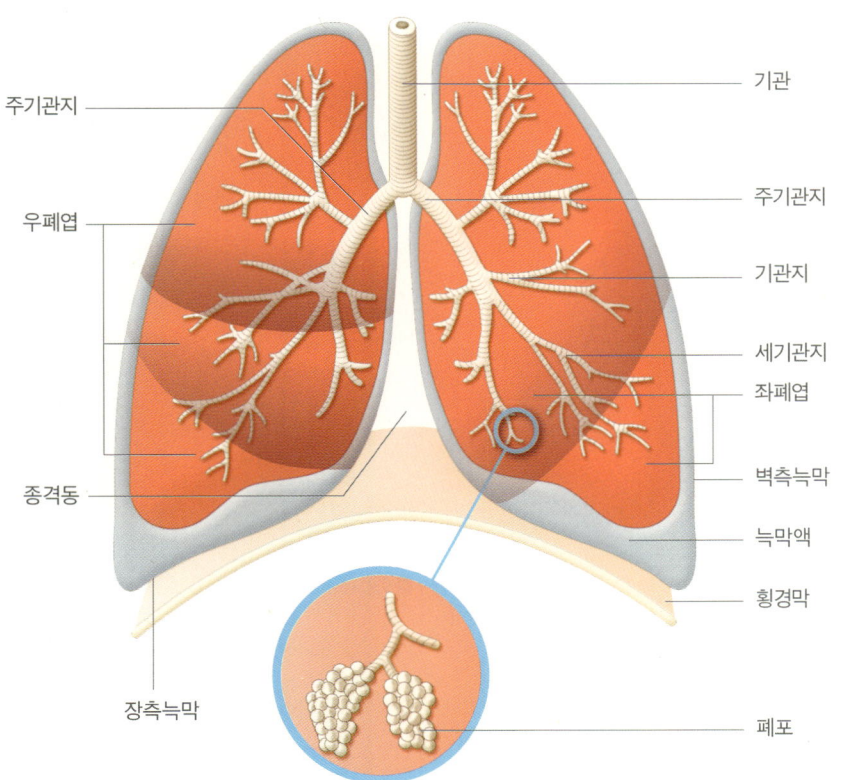

기관
주기관지
우폐엽
종격동
주기관지
세기관지
좌폐엽
벽측늑막
늑막액
횡경막
장측늑막
기관지
폐포

폐의 구조
기도는 나무뿌리를 머리 쪽으로, 가지를 폐포 쪽으로 거꾸로 세운 것 같은 형태이다. 기관은 나무줄기에 해당되며 굵기가 지름 1.5cm, 길이 약 10cm 정도이다. 기관은 두 갈래로 갈라져 좌우의 기관지가 되고, 이때의 굵기는 새끼손가락 정도이다. 기관지는 가지가 갈라지면서 굵기도 가늘어져, 가지 끝의 기관지는 지름이 0.25cm인 모세기관지가 되었다가 폐포관이 된다. 폐포관의 끝에는 약 7억 5천만 개에 달하는 반구 형태의 폐포가 달려 있다.

온몸의 혈액은 심장의 펌프 작용에 의해 2~3분마다 폐포 주위의 좁은 혈관을 지나가야 한다. 피로해서 검푸르게 된 혈액은 폐포를 지나면서 신선하고 산소가 많은 공기와 접촉한다. 거기서 혈액은 운반해 온 이산화탄소를 버리고 산소를 받아들여 신선한 혈액으로 바뀐다.

폐포는 조그마한 가슴 속에 들어 있지만 펴 놓으면 그 접촉면이 몸 전체 넓이의 25배인 $56m^2$나 되는 대공장이다. 가스 교환의 주역인 혈색소는 22조 개의 적혈구 속에서 굉장한 속도로 빙빙 돌고 있다. 혈액 속에 확산된 산소 분자는 혈액 속의 헤모글로빈과 결합하여 혈액의 흐름을 타고 몸 안의 모

이산화탄소의 이동

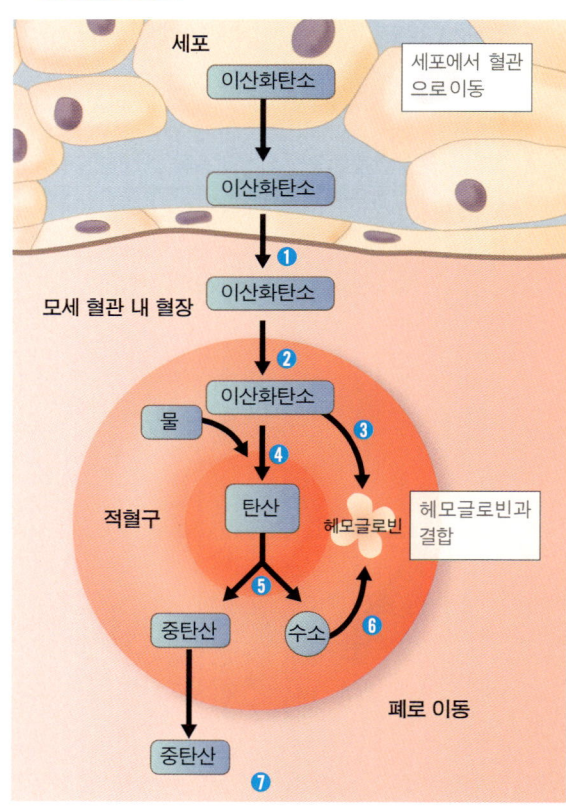

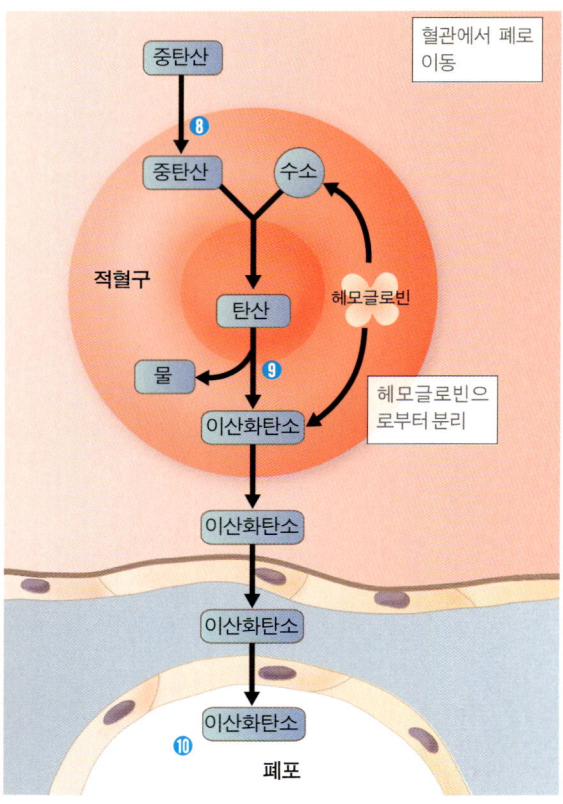

❶ 세포에서 만들어진 이산화탄소가 혈장으로 들어간다.

❷ 9% 정도의 이산화탄소만 혈장에 남고, 90%는 적혈구로 이동한다.

❸ 이산화탄소 중 일부는 헤모글로빈과 결합한다.

❹ 대부분의 이산화탄소는 물과 결합하여 탄산이 된다.

❺ 탄산은 중탄산과 수소로 분리된다.

❻ 헤모글로빈은 수소와 결합하여 혈장이 산성화되는 것을 막는다.

❼ 대부분의 중탄산은 혈장으로 빠져나가 폐로 이동한다.

❽ 중탄산은 적혈구를 이용하여 헤모글로빈에서 나온 수소와 결합하여 다시 탄산이 된다.

❾ 탄산은 물과 이산화탄소로 분리된다. 헤모글로빈에서도 이산화탄소가 떨어져 나온다.

❿ 이산화탄소는 폐포로 이동하여 날숨을 쉴 때 밖으로 나간다.

든 세포로 이동한다. 이리하여 산소는 인체의 연료(유기물)와 결합하여 에너지를 방출한다. 이때의 산소량은 호흡 속도와 혈액의 속도에 의해 항상 변한다. 즉 산소량은 신체가 필요로 하는 에너지량에 의한다는 것이다. 예를 들면, 침대에서 잠을 자는 사람의 산소 소비량은 1분당 약 1/4 l이지만, 세계 기록에 도전하는 달리기 선수는 1분당 5 l 이상의 양을 필요로 한다.

산소와 달리 이산화탄소는 세포에서 끄집어내어져 혈액에 의해 운반된다. 폐에서 산소가 들어오는 길과 반대로 운반된 이산화탄소는 폐포막에 도착하여 혈액의 흐름에서 빠져 나간다. 산소와 이산화탄소는 동일한 막을 통과하지만 둘 사이에는 아무런 관계도 없다.

이산화탄소의 양은 너무 많으면 인체에 해를 끼친다. 그렇다고 이산화탄소가 아예 없어도 위험하다. 혈액 속 이산화탄소는 인체에 필요한 조절 물질의 하나로서, 생명 유지에 매우 중요한 역할을 한다. 체액의 산성도를 항상 적절한 상태로 유지시켜 주며 호흡을 조절한다.

1분간 허파를 거쳐나가는 공기량을 환기량이라고 하며, 1회 호흡량과 1분간 호흡수의 곱으로 나타낸다.

환기량 = 1회 호흡량 × 1분간의 호흡수

장기간 운동을 하면 1회 호흡량이 많아지고 호흡에 관련된 근육이 발달해 호흡수도 증가한다. 따라서 최대 환기량이 증가한다. 최대 환기량의 증가는 최대 산소 섭취량의 증가에 따라 일어나는 현상이다.

그런데 환기량은 운동을 시작하려는 것만으로도 증가한다. 이는 운동할 것을 예상하여 신체적 반응이 나타나는 것이다. 운동 중에는 환기량이 극심하게 변화된다. 운동 시작 후 몇 초 이내에 환기량이 갑자기 증가한다. 골격근의 운동이 관절에 자극을 주기 때문이다. 이처럼 급격하게 증가한 환

04 | 심장과 폐는 어떻게 단련될까?

폐용적과 동적 폐기능

운동의 목적이 심장과 폐를 단련시키는 것이라면 운동 시 심박동수를 최대 심박동수의 50~75%로 유지하려고 노력하는 것이 좋다. 최대 심박동수의 50~75%를 목표 심박동수라고 하는데, 최대 심박동수는 1분 간 심박동수를 나타내며, 220에서 연령을 뺀 숫자이다.

규칙적으로 운동을 하고 약 6개월이 지나면 최대 심박동수의 85%까지 운동할 수 있다. 목표한 심박동수로 운동하고 있는지 알려면 운동을 멈춘 직후 곧바로 맥박을 재보면 된다. 맥박은 운동을 멈추고 바로 목 부위 동맥(경동맥)에 두 번째와 세 번째 손가락을 가볍게 대고 맥박수를 센다. 손목 부위(요골동맥)에서 측정해도 된다.

운동은 무리하지 않고 편안하다고 느낄 수 있는 강도로 시작해야 한다. 예를 들어 **빠른 속도로 걷기나 조깅**을 한 후 편안하게 대화할 수 있을 정도면 된다. 운동을 마치고 10분 후 다시 이전 상태로 돌아오지 않는다면 너무 무리하게 운동을 했다고 생각할 수 있다. 마찬가지로 운동 후 숨쉬기가 곤란하고 현기증이 나거나 기운이 빠지는 느낌이 든다면 너무 심하게 운동을 한 것이므로 즉시 운동량을 줄여야 한다.

연령	목표 심박동수(회/분)	최대 심박동수(회/분)
20세	100~150	200
25세	98~146	195
30세	95~142	190
35세	93~138	185
40세	90~135	180
45세	88~131	175
50세	85~127	170
55세	83~123	165
60세	80~120	160
65세	78~116	155
70세	75~113	150

연령별 심박동수

맥박이 목표 심박동수 안에 있다면 효과적인 운동을 하고 있는 것이며, 만약 목표 심박동수 이하라면 다음 운동 때에는 강도를 높일 필요가 있다. 또한 목표 심박동수 이상이라면 다음 운동 때에는 약간 가볍게 해도 좋다. 그러나 최대 심박동수까지 운동하려는 것은 너무 무리한 행동이다.

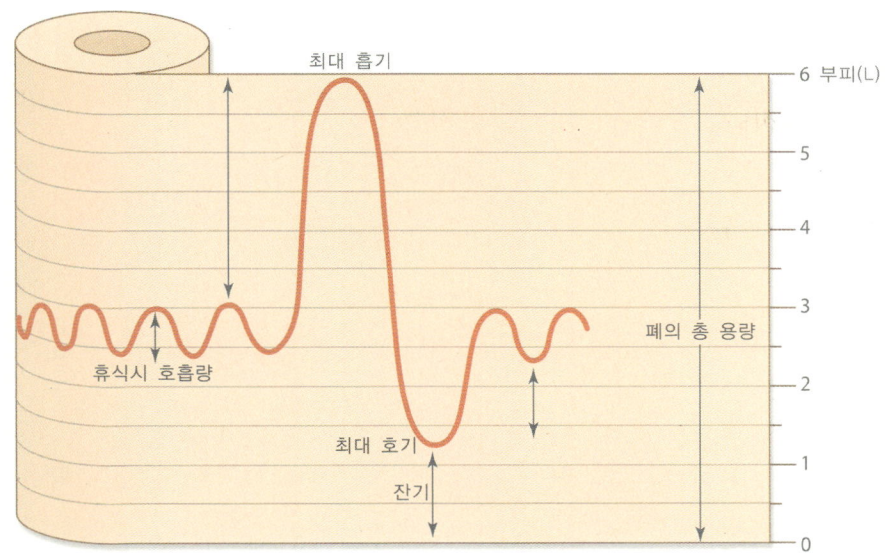

최대 흡기

6 부피(L)

5

4

3

폐의 총 용량

2

휴식시 호흡량

1

최대 호기

잔기

0

폐의 용량

폐의 총용량은 6L, 휴식 시 호흡량은 500~700mL이고 최대로 흡수할 수 있는 공기량은 3,700mL, 최대 호기량은 1,700mL 정도이며 잔기용량은 1,300mL 정도이다.

기량은 그 후 서서히 증가하면서 최대 수준에 이른다. 그리고 운동 종료 직후에는 환기량이 갑자기 줄어든다. 이렇게 줄어드는 것은 운동이 끝나서 근육과 관절로부터의 자극이 중단되었기 때문이다. 환기량이 급격히 줄어든 후에는 안정된 수준으로 천천히 줄어든다. 격심한 운동일수록 환기량이 안정한 수준으로 되돌아가는 데에는 오랜 시간이 걸린다.

운동을 장기간 하면 같은 일이나 운동을 해도 숨이 덜 차다. 이런 현상을 우리는 환기 효율이 높다고 표현한다. 환기 효율이 높다는 것은 같은 산소를 소비해도 폐를 통과하는 공기량이 적다는 것을 의미한다. 지속적인 운동(마라톤 또는 스피드스케이팅 10,000m 경기)에서 환기량이 낮다는 것은 호흡에 관련된 근육에서는 산소를 적게 소비하고 활동을 하는 골격근에 더 많은 산소를 공급한다는 것을 의미한다.

폐용적은 폐의 일정 시점에서의 부피를 의미하고, 폐용량은 두 개 이상의 용적이 나타내는 부피를 의미한다. 일정한 기간 동안 수영 운동 후 관찰 결과, 잔기 용량[11]과 기능적 잔기 용량[12] 그리고 총폐용량에 대한 잔기 용적의 비율이 감소하고 폐활량은 눈에 띄게 증가되었다. 폐활량이 증가하는 원

11 더 이상 숨을 내쉴 수 없는 한계에 도달해도 폐 속에는 1,500ml의 공기가 남아 있는데, 이를 잔기라고 하며 그 양을 잔기 용량이라고 한다. 이 상태에서 폐를 몸 밖으로 잘라내면 잔기의 대부분은 나가 버리지만, 그래도 소량의 공기가 끈질기게 폐 속에 남아 폐를 물에 띄우면 뜨고 손으로 쥐어짜면 공기 거품이 나온다.

12 폐 속에서 보통의 호흡으로는 움직이지 않는 공기를 말한다. 내쉬는 공기의 양과 잔기의 합계로, 그 양이 3,000ml 정도 되고 격렬한 운동을 할 때 크게 호흡하기 위해 남겨 두는 것이다.

145

인은 숨을 들이쉴 때 작용하는 근육이 강화되어 들이마시는 공기의 양이 증가했기 때문이다. 잔기용적, 기능적 잔기 용량, 총폐용량에 대한 잔기 용적 비율의 감소는 폐활량의 증가가 그 원인이 되었다고 할 수 있다. 그러나 4개월간의 레슬링 운동은 폐용적과 폐용량의 변화를 일으키지 못했다.

동적 폐기능은 운동 시 폐가 공기를 내뿜거나 들이마시는 능력을 의미한다. 장기간 운동을 하면 공기를 강하게 내쉬는 능력을 나타내는 강제 폐활량, 1초나 3초 동안 내뿜는 공기량인 강제 호기량, 그리고 1분간 의도적으로 내뿜을 수 있는 공기량인 최대 수의적 환기량은 어느 정도 증가하는 경향을 나타낸다. 동적 폐기능의 증가는 호흡 능력이 개선됨을 의미한다.

운동을 오랫동안 한 사람들은 그렇지 않은 사람보다 산소가 폐포로 유입되는 양이 더 많다. 운동을 한 사람이나 안 한 사람이나 폐포와 모세혈관의 표면적은 비슷하므로, 운동을 한 사람이 폐포의 단위 면적당 산소의 유입량이 더 크다는 것을 뜻한다. 또한 가스 운반 능력은 장기간 운동 후에 증가하는데, 이는 혈액량이 증가했기 때문이며 더 많은 산소가 폐에서 조직으로 운반되고 더 많은 이산화탄소가 조직에서 폐로 운반된다. 이렇듯 운동은 가스 교환 및 운반 능력을 개선시켜 운동이나 신체 활동을 더 쉽게 할 수 있다.

운동 시간은 나이, 체력 단련 정도, 운동의 강도에 따라 다르지만, 대개 준비 운동 5분, 본 운동 30~45분, 정리 운동 5분으로 진행한다. 오랜 기간 동안 운동을 하지 않았다면 일주일에 3회 정도로 10~15분간 천천히 걷기부터 시작할 수 있다.

준비 운동은 스트레칭을 한다. 준비 운동은 몸을 유연하게 하며 강도 높은 운동을 쉽게 할 수 있도록 해 준다. 운동 강도가 높은 조깅은 빠른 속도로 걷기보다 더 많은 에너지가 필요하므로 운동 시간을 약간 짧게 잡는다. 본 운동 후에는 반드시 정리 운동을 해야 하는데, 본 운동의 강도를 점진적으로 줄이는 것도 정리 운동의 한 좋은 방법이다. 정리 운동 없이 갑작스럽게 운동을 중단하면 현기증이 생길 수 있다.

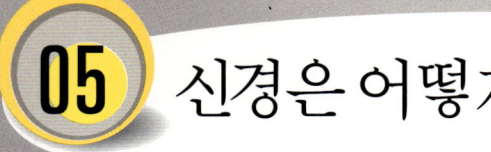

05 신경은 어떻게 운동을 제어할까?

무릎반사 실험

토끼가 멧돼지를 만나 달아나기 시작했다는 것은 눈이나 코, 귀와 같은 감각 기관을 통해 빛이나 소리, 냄새와 같은 자극이 중추에 전달되었음을 의미한다. 중추는 자극을 종합하여 위험하다고 판단되면 달아나는데 필요한 근육에 운동 명령을 내린다. 근육에 운동 명령이 도달하면 토끼는 몸을 움직인다. 따라서 토끼가 잘 도망가려면 자극을 받아들이는 감각기와 자극에 대해 어떤 반응을 할지 결정하는 중추, 반응기인 근육이 함께 잘 작용해야 한다. 자극에 반응하고 적응하는데 관여하는 신경계와 운동의 관계를 알아보자.

자극에 대한 신체 반응

축구할 때는 공을 받기 전에 줄 곳을 미리 생각하고 있어야 빨리 패스할 수 있다. 공을 받고 나서 줄 곳을 찾으면 이미 상대 수비에 의해 줄 곳을 차단 당한다. 그리고 공이 이리저리 다른 곳을 옮겨 다니다 보면 패스 횟수가 많아지고 속도가 지연되며 결국은 답답한 경기를 하게 된다.

사람의 신체 반응은 대략 7단계의 과정을 거쳐서 이루어진다. 먼저 선수는 공이 자신에게 패스되는 것을 오감을 통해 느낀다. 이 인식은 곧바로 감각 뉴런에 모아져 뇌에 전달된다. 뇌에서는 이 정보가 어떤 것인지를 재빨리 식별하고 어떻게 할 것인가를 결정한다. 뇌에서 행동을 선택하면 어떤 과정을 거쳐 이를 수행할 것인가 하는 반응 프로그램이 확정된다. 그리고 이것이 뇌에서 운동 뉴런을 통해 근육에 전달된다. 근육이 이 신호를 받아 수축하면 하나의 반응 과정이 완성된다.

> 감각 기관이 자극 인식 → 감각 뉴런을 통해 이 정보가 모아져서 뇌에 전달 → 뇌에서 자극 식별 → 뇌에서 반응 선택 → 반응 프로그램 확정 → 운동 뉴런에 전달 → 근 수축

이 모든 단계에 걸리는 시간이 반응 시간이다. 정보 전달의 과정이나 근육 수축의 과정은 신체의 기계적인 과정이므로 개인별로 시간 차이가 거의 나지 않는다. 반응의 시간차는 바로 뇌에서 일어나는 자극 식별, 반응 선택, 반응 프로그램 확정의 세 단계에서 주로 결정된다.

그 중에서도 뇌에서 '어떻게 할 것인가'하는 반응 선택을 하는 시간이 가장 중요하다. 일반적으로 축구 선수는 반응 시간이 0.25~0.35초 정도인데, 이 시간 중 0.8~0.12초 정도가 뇌에서 소요된다. 그러므로 '우물쭈물 한

다는 것'은 뇌에서 반응 선택을 하는데 시간이 걸린다는 의미이다.

선수가 머리를 쓰지 않고 아무 생각 없이 공만 차고 달리는 훈련을 반복하면 시시각각 달라지는 경기 상황에서 반응 선택 시간이 결코 줄어들지 않는다. 선수들은 자극이 식별된 후 생각하는 시간을 없애고 곧바로 반응이 일어나도록 스스로 상황을 머리에 그리며 훈련해야 한다. 그래서 어떠한 상황에서나 합당한 반응 선택이 나와 우물쭈물하는 시간을 없앨 수 있다. 축구 선수에게 '머리'가 필요한 것이 바로 이 때문이다.

자극을 전달하는 세포, 뉴런

사람의 신경계는 중추 신경계와 말초 신경계로 구성된다. 중추 신경계는 뇌와 척수(151쪽 참조)로 이루어지고, 감각 기관에서 받아들인 자극을 판단하고 그에 맞는 반응을 결정하여 운동 신경을 통해 운동 기관이 반응하도록 한다. 말초 신경계는 중추 신경계로부터 피부, 근육 등으로 연결되는 신경의 모든 경로이다. 몸의 각 부분에 그물처럼 퍼져 있으며 감각 신경과 운동 신경으로 이루어진다.

뉴런은 신경계의 구조적·기능적 단위로, 전기 화학적인 흥분을 전달할 수 있도록 특수화된 세포이다. 뉴런의 형태는 다양하지만 일반적으로 핵과 세포 내 소기관으로 이루어진 큰 세포체와 두 가지 형태의 신경돌기로 이루어진다. 신경돌기 중 하나는 그 수가 많고 나뭇가지 모양의 수상돌기로, 신호를 받는 역할을 한다. 그리고 다른 하나는 돌기가 길게 뻗은 축색돌기로, 다른 뉴런으로 신호를 보내는 역할을 한다.

뉴런에는 감각 뉴런, 연합 뉴런, 운동 뉴런이 있다. 감각 뉴런은 감각기의 자극을 중추로 전달하는 역할을 하며 세포체가 축색돌기의 한 쪽 옆에 있다. 연합 뉴런은 감각 뉴런과 운동 뉴런을 연결하고 있으며 뇌나 척수에 주로

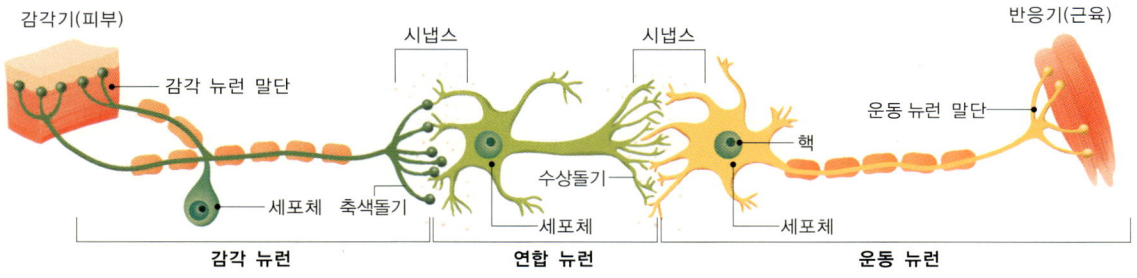

감각기(피부) / 시냅스 / 시냅스 / 반응기(근육)

감각 뉴런 말단 / 운동 뉴런 말단 / 핵 / 수상돌기 / 세포체 축색돌기 / 세포체 / 세포체

감각 뉴런 / **연합 뉴런** / **운동 뉴런**

분포하고 수상돌기가 많은 것이 특징이다. 운동 뉴런은 중추의 명령을 반응기에 전달하는 뉴런으로, 세포체가 비교적 크며 수상돌기가 많고 축색돌기가 긴 특징이 있다. 축색돌기는 상당히 긴 편이다. 기린은 척수에서 뒷다리 끝까지 분포하는 뉴런의 길이가 3m에 가까울 정도다.

뉴런의 구조

뉴런은 감각기와 연결된 감각 뉴런, 반응기와 연결된 운동 뉴런, 감각 뉴런과 운동 뉴런을 연결하는 연합 뉴런이 있다.

1 근육 세포나 신경 세포 등 특정한 기능을 수행하는 세포를 주위에서 지지해 주는 세포이다.

뇌와 척수

사람의 뇌는 사람이 생각할 수 있도록 해 주는 살아 있는 슈퍼컴퓨터이다. 사람의 뇌는 약 1,000억 개의 뉴런과 그 10배 이상이 되는 수많은 지지 세포[1]를 포함한 복잡한 구조이다. 무게는 약 1.4kg이고 부피는 약 1300~1500cm^{3}이다.

뇌는 피질과 수질로 구분된다. 피질은 뉴런의 세포체 부분으로 회백색을 띠고 있어 회백질로도 불린다. 대뇌의 피질은 감각령, 연합령, 운동령으로 구분한다. 감각령은 시각과 청각, 후각, 미각과 같은 감각을 받는 일을 담당한다. 운동령은 운동 명령을 전달하고, 연합령은 사고, 판단, 추리 등의 고등 정신 작용을 한다.

수질은 뉴런의 신경 섬유 부

감각 호먼큘러스와 운동 호먼큘러스

대뇌 피질에 있는 각 신체 기관의 감각과 운동 영역에 대한 상대적인 비율로 인간의 모습을 재구성한 것이다.

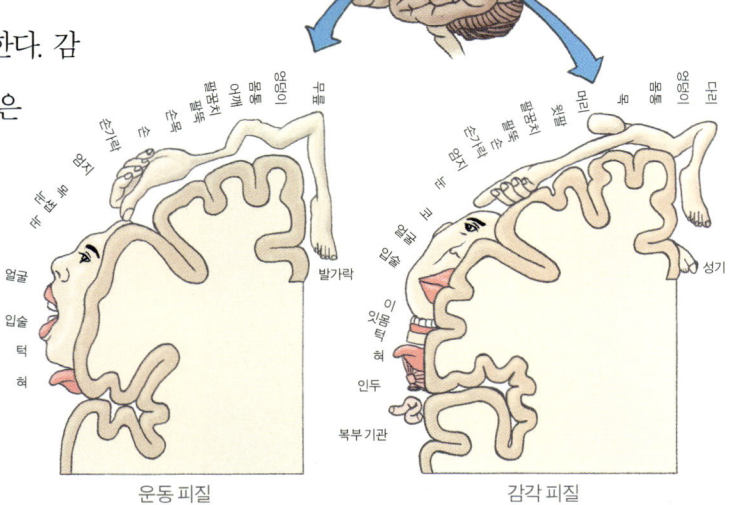

운동 피질 / 감각 피질

분이 모여 있는 곳으로 백색을 띠고 있어 백질로도 불린다. 수질은 다른 중추의 피질에 흥분을 전달하는 역할을 한다.

뇌는 중요한 작용을 하므로 정교하게 보호해야 한다. 뇌는 일단 단단한 두개골로 싸여 있으며, 이외에도 뇌를 둘러싸는 3겹의 질긴 보호막인 뇌척수막으로 보호되고 있다. 또한 뇌척수막과 뇌 사이의 공간에 뇌척수액이 있어서 압력과 충격으로부터 보호된다.

척수는 연수 아래쪽에 위치한 중추로 척추에 싸여 보호되고 있다. 척수의 피질은 백질이고 수질은 회백질로 되어 있어 대뇌와 반대이다. 척수의 등쪽으로는 운동 신경이 연결되어 있고 배 쪽으로는 감각 신경이 연결되어 있다. 척수는 말초신경과 뇌를 연결하는 역할과 함께 반사 운동의 중추로도 작용한다.

뇌는 운동을 조절하는 사령부

우리가 하는 운동은 결국 척수 운동 신경계에 의해 이뤄진다. 하지만 의식적으로 계획하는 수의적 운동과 같이 복잡한 운동을 하기 위해서는 뇌가 척수 운동 신경계를 조절해야 한다. 과학자들은 정교한 동물 연구를 통해서 수의적 운동을 하는 동안 뇌의 여러 영역이 서로 복잡하게 상호작용을 한다는 사실을 이해하기 시작했다.

이때 중요한 뇌 영역 가운데 하나가 대뇌 피질의 일부분인 운동 피질이다. 원숭이와 사람의 운동 피질은 척수 운동 신경 세포의 활동을 강력하게 조절하고 있다. 운동 피질의 어떤 신경 세포는 동시에 많은 근육이 필요한 운동을 할 수 있도록 전문적으로 조절하기도 한다. 그래서 우리가 어떤 특정 위치로 팔다리를 움직일 수 있는 것이다.

대뇌 피질 외에 기저핵, 시상, 소뇌, 중뇌, 뇌간(대뇌 피질과 척수를 연결하는

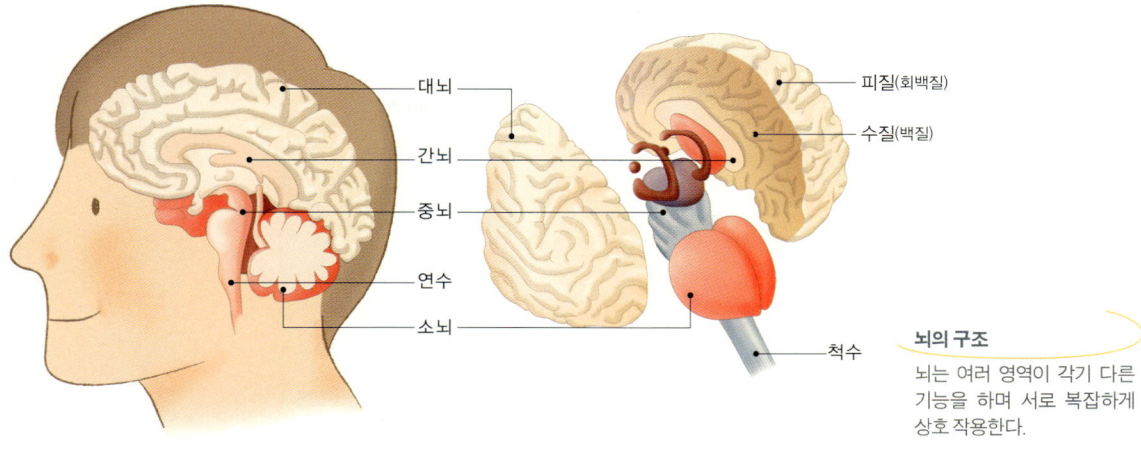

뇌의 구조
뇌는 여러 영역이 각기 다른 기능을 하며 서로 복잡하게 상호 작용한다.

중간 부분) 등 뇌의 다른 영역들도 운동 조절에 중요한 역할을 맡는다. 과학자들은 기저핵과 시상이 대뇌 반구의 감각 영역과 운동 영역에 폭넓게 연결돼 있다는 것을 알아냈다. 예를 들어 기저핵이 조절 기능을 상실하면 운동 기능에 심각한 문제가 발생할 수 있다. 이런 질환의 한 예가 바로 파킨슨병이다.

파킨슨병은 기저핵과 연결된 중뇌 흑질의 도파민 신경 세포가 죽어서 발생하는데, 아직까지 정확한 발병 이유는 알아내지 못했다. 최근에는 분자 생물학과 유전공학의 발전으로 기저핵에 도파민을 분비하는 신경 세포를 이식하거나 줄기세포[2]를 이식해 이 질환을 치료하는 방법이 연구 중이다.

소뇌는 숙련이 필요한 모든 운동을 조절하는데 중요하게 관련돼 있다. 소뇌가 기능을 상실하면 운동할 때 균형 감각을 잃어버리거나, 여러 근육이 협동하면서 운동을 조절하는 능력이 떨어진다. 소뇌는 근육의 감각 수용기, 머리의 위치와 운동을 감지하는 속귀[3]의 감각 수용기로부터 직접 감각 정보를 받는다. 또한 대뇌 반구도 소뇌로 신호를 직접 보낸다. 소뇌는 이와 같은 모든 정보를 통합해 근육 운동을 유연하게 조절함으로써 숙련된 운동을 자동적으로 할 수 있게 해 준다.

예를 들어 농구를 배울 때 처음에는 동작 하나하나에 집중하고도 서툴지만, 점차 숙련됨에 따라 동작이 점점 매끄러워지고 마침내 거의 무의적으

2 여러 종류의 신체 조직으로 분화될 수 있는 세포, 즉 미분화된 세포를 말한다.

3 속귀는 전정 기관과 반고리관이 있는데, 전정 기관에서는 몸의 균형, 반고리관에서는 몸의 회전을 감지한다. 이 감각의 중추가 소뇌이다.

로도 능숙하게 할 수 있게 된다. 이것은 뇌에 새로운 운동 프로그램이 만들어졌다는 것을 뜻한다. 이처럼 운동 관련 정보가 소뇌에 저장됐다가 대뇌가 명령을 보내면 다시 불려 나와 행동이 이뤄지는 것이다.

행동의 원천, 운동 신경계

운동 신경계는 행동을 직접 실행하는 일을 맡는다. 걷기, 말하기, 글쓰기와 같은 일상적인 행동뿐만 아니라, 숙련을 요구하는 스포츠나 악기 연주에 이르기까지 인간의 모든 행동은 운동 신경계를 통해 이뤄진다. 따라서 운동 신경계 질환이 발생하는 메커니즘을 규명해 치료법을 개발하는 일은 질 높은 생활을 위해서도 꼭 필요하다.

우리는 축구 선수의 자로 잰 듯한 패스를 보면서, 또 정교한 컨트롤로 상대 선수에게 삼진 아웃을 잡아 내는 야구 선수의 활약상을 보면서 열광한다. 하지만 걷기, 말하기, 글쓰기와 같은 일상적인 운동도 대단히 복잡한 중추 신경계가 수많은 근육의 작용을 세밀하게 조절해 이뤄진다. 사실 인간의 행동은 급변하는 환경 속에서 750여 개의 근육들이 다양한 조합으로 세밀하게 활동을 하면서 수행되는 것이다.

운동을 조절하는 신경계의 역할을 이해하기 위해서는 먼저 근육에 대해 알아야 한다. 대부분의 근육은 하나 또는 여러 개의 관절을 가로질러 뼈의 한 부분에 부착돼 있다.

우리는 작용근이라고 불리는 근육을 이용해 관절을 구부리거나 펼 수 있다. 작용근과 반대 역할을 하는 근육은 대항근이라고 한다. 즉 작용근이 수축할 때 대항근(맞버팀근)은 이완된다. 운동을 할 때는 작용근과 대항근 여러 개가 함께 작용한다. 매우 드물기는 하지만 부드러운 조직에 작용하는 근육도 있는데, 눈동자나 혀를 움직이는 근육, 얼굴 표정을 조절하는 근육이

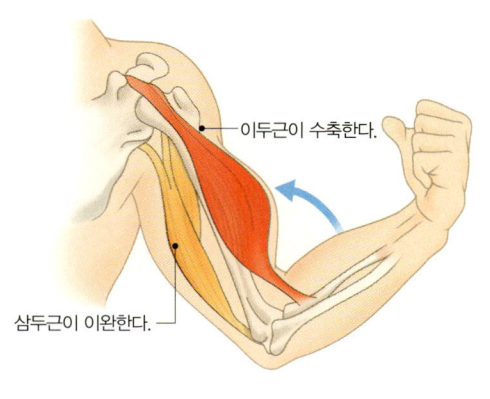

이두근이 수축한다.

삼두근이 이완한다.

아래팔이 굽는다.

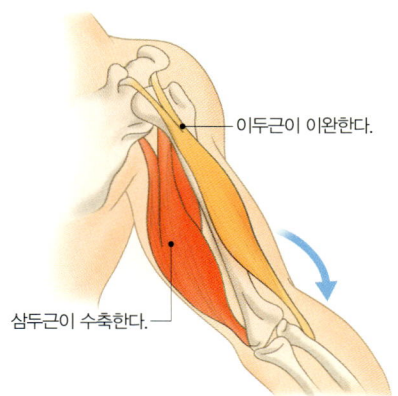

이두근이 이완한다.

삼두근이 수축한다.

아래팔이 펴진다.

작용근과 대항근
작용근과 작용근의 반대 역할을 하는 대항근을 이용해 관절을 구부리거나 펼 수 있다.

이에 해당한다.

각 근육은 근섬유 수천 개로 구성돼 있다. 각각의 근섬유는 뇌나 척수에서 알파 운동 신경 세포에 의해 조절된다. 알파 운동 신경 세포 하나는 근섬유를 평균 수백 개 제어할 수 있다. 알파 운동 신경 세포 한 개와 그 지배를 받는 모든 근섬유가 동시에 하나의 단위가 돼 근육의 작용을 제어하므로 이를 운동 단위라고 한다.

자세를 유지하는 데 관여하는 항중력근이나 다리 근육처럼 움직이는 범위가 넓은 근육은 운동 단위가 커 하나의 알파 운동 신경 세포가 1,000개 이상의 근섬유를 지배한다. 그러나 손가락이나 눈 주변의 근육과 같이 세밀한 운동을 담당하는 근육은 하나의 알파 운동 신경 세포가 수 개의 근섬유만 지배하므로, 많은 수의 작은 운동 단위를 가져 중추 신경계의 정교한 조절을 받는다.

이처럼 운동 신경 세포는 중추 신경계와 근육 사이에서 중요한 연결 작용을 하므로, 이 신경 세포가 죽으면 몸을 움직일 수 없다. 예를 들어 근위축성 측삭경화증은 척수의 알파 운동 신경 세포들이 점점 파괴되는 병으로, 끝내는 호흡 근육이 마비돼 죽는다. 미국 메이저리그 뉴욕 양키스의 유명한 야구 선수였던 루게릭(Lou Gehrig) 선수가 걸렸던 병으로 일명 '루게릭 병'이라고도 한다.

단순하지만 꼭 필요한 운동, 반사

인간의 가장 단순한 운동은 반사 작용이다. 반사 작용은 특정 자극에 대해 근육이 항상 고정적으로 반응하는 것이다. 대부분의 근육 안에는 근수축을 직접 담당하는 근섬유 이외에 근방추라는 작고 특수한 구조물이 있다. 근방추는 근육의 길이가 늘어나는 것을 감지하는 감각 수용기로 근육에 대한 정보를 직접 알파 운동 신경 세포로 전달한다.

뇌는 감마 운동 신경 세포라는 별도의 운동 신경 세포를 통해 근방추의 감수성을 조절한다. 이렇게 해서 다양한 운동 형태를 정밀하게 조절하는 것이다. 이외에 근육의 힘을 감지하는 감각 기관도 있는데, 이는 척수 신경 다발을 통해 전달돼 운동 신경에 영향을 준다. 결국 중추 신경계는 매우 복잡한 시스템으로 정교하게 운동을 조절하고 있는 것이다.

중추 신경계는 커피가 가득 찬 찻잔을 들고 있을 때처럼 정확한 위치 조절이 필요한 경우, 공을 던질 때처럼 빠르고 강한 움직임이 필요한 경우 등 운동 형태에 따라 다르게 반응한다. 불이 켜진 계단을 걸어 내려갈 때와 어둠 속에서 걸어 내려갈 때의 차이점을 비교해 보면 뇌가 운동을 수행하기 위해 얼마나 다양한 전략을 구사하는지를 경험할 수 있다. 옆에 앉아 있는 친구가 의자에 기대어 깜박 잠이 들었을 때 자연스럽게 입이 벌어지는 걸 본 적이 있을 것이다. 이는 잠이 들면 뇌가 운동 신경 세포를 감시하고 조정하는 기능이 현저히 떨어져 입을 다물게 하는 근육이 느슨해지면서 나타나는 자연스러운 현상이다.

바닷가 모래사장에서 맨발로 걷다가 날카로운 물체를 밟아 자기도 모르는 사이에 발을 재빨리 들어 올렸던 경험이 있을 것이다. 이는 인체의 손상을 방지하는 회피 반사의 대표적인 예다. 이때 자극을 받은 다리는 즉시 들어 올리지만, 다른 쪽 다리는 반대로 몸의 균형을 유지하기 위해서 더욱 지탱한다. 근육이 갑자기 늘어나면 근방추의 감각 신경 섬유를 따라서 연속적인 전기 신호가 척수로 전달된다. 이때 척수는 늘어난 근육을 지배하는 운동 신경 세포를 직접 활성화시켜 해당 근육이 반대로 수축되도록 유도한다. 이 현상을 신장 반사라고 한다.

이와 같은 반사 작용은 교통사고 등으로 인해 다쳤을 때 척수나 척수 신경의 손상 여부를 알기 위한 진단용으로 사용되고 있다. 의사가 척수 반사 활동을 확인하기 위해 무릎을 진단용 망치로 두드리는 것이 좋은 예다.

반사 활동은 척수 신경계에서 바로 일으키므로 주의를 집중하지 않더라도 매우 빠르게 나타난다. 이 덕분에 어린아이가 태어나서 자라는 동안 뜨거운 주전자 같은 위험한 물체에 닿았을 때 회피 반사로 신체 손상을 방지할 수 있다. 따라서 통증을 느끼는 감각과 회피 반사는 인간의 가장 기본적인 생존 전략이다.

이처럼 신경계는 인간의 운동을 제어하면서 인간을 살아가게 하는 핵심적인 역할을 한다.

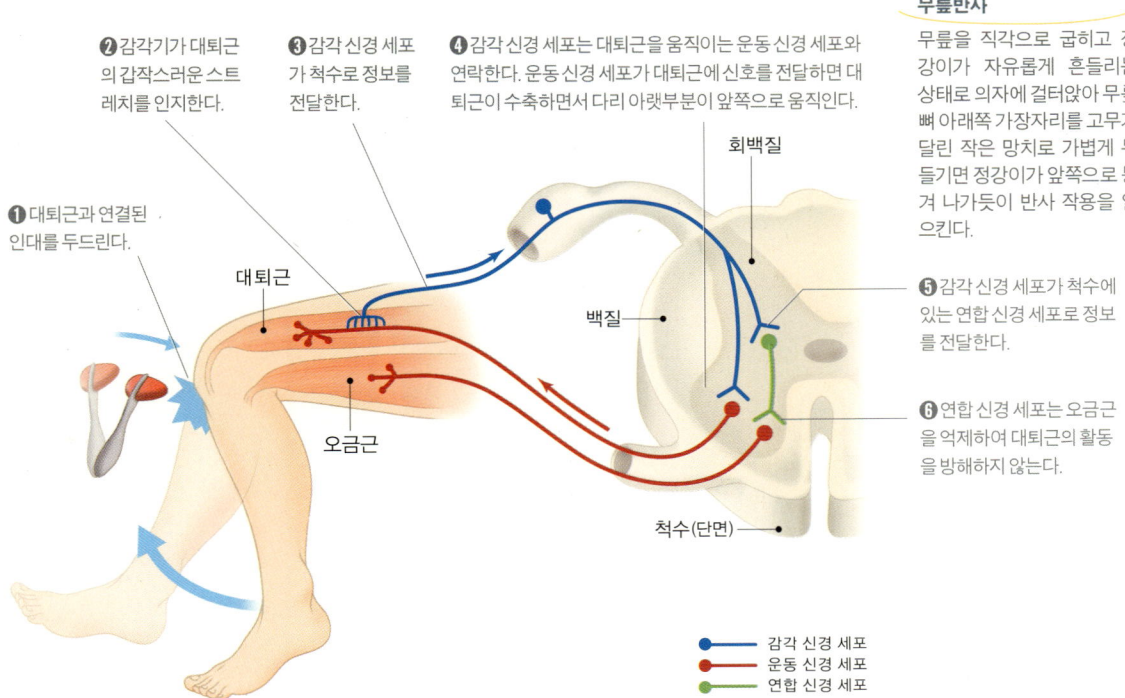

❷ 감각기가 대퇴근의 갑작스러운 스트레치를 인지한다.

❸ 감각 신경 세포가 척수로 정보를 전달한다.

❹ 감각 신경 세포는 대퇴근을 움직이는 운동 신경 세포와 연락한다. 운동 신경 세포가 대퇴근에 신호를 전달하면 대퇴근이 수축하면서 다리 아랫부분이 앞쪽으로 움직인다.

❶ 대퇴근과 연결된 인대를 두드린다.

대퇴근

오금근

회백질

백질

척수(단면)

무릎반사

무릎을 직각으로 굽히고 정강이가 자유롭게 흔들리는 상태로 의자에 걸터앉아 무릎뼈 아래쪽 가장자리를 고무가 달린 작은 망치로 가볍게 두들기면 정강이가 앞쪽으로 통겨 나가듯이 반사 작용을 일으킨다.

❺ 감각 신경 세포가 척수에 있는 연합 신경 세포로 정보를 전달한다.

❻ 연합 신경 세포는 오금근을 억제하여 대퇴근의 활동을 방해하지 않는다.

● — 감각 신경 세포
● — 운동 신경 세포
● — 연합 신경 세포

157

06

호르몬은 어떻게 운동을 조절할까?

○ 운동을 하며 즐거움을 느끼고 있는 여성

운동을 하려면 에너지가 필요하다. 에너지는 음식을 먹고 호흡을 해야 생성된다. 그런데 이것만으로는 에너지가 공급되지 않는다. 아주 적은 양이지만 우리 몸에서 분비되는 어떤 화학 물질이 있어야 에너지가 공급된다. 우리 몸에서는 여러 종류의 화학 물질이 분비되는데, 이런 화학 물질을 호르몬이라고 한다. 호르몬은 어떻게 분비되는지, 운동과 관련된 호르몬은 어떤 것이 있는지 알아보자.

우리 몸의 조절 체계

운동을 잘하려면 신경과 호르몬에 의한 조절 작용이 필요하다. 사람의 체내 상태를 조절하는 체계에는 두 가지가 있는데, 신경계와 내분비계가 그 것이다. 내분비계는 체내의 호르몬이나 체액 등을 분비하는 기관을 말한다. 침샘[1]이나 소화샘[2]처럼 개별적인 분비관이 있어서 특정 기관으로 직접 물질을 분비하는 것을 외분비계라고 하고, 뇌하수체(161쪽 참조)나 부신[3] 같이 일정한 분비관이 없이 혈관 속으로 액을 분비하는 기관을 내분비계라고 한다.

내분비계에서 분비되는 호르몬은 효과를 나타내는 데 어느 정도 시간이 필요하다. 몇 분이나 몇 시간이 필요할 수도 있고 며칠이 걸릴 수도 있다. 그러나 신경계는 우리 몸을 초 단위로 조절할 수 있을 정도로 빠르다. 뜨거운 물체에 손을 데지 않도록 피하는 빠른 움직임은 호르몬이 아니라 신경계에 의한 반응이다.

한편 신경 신호가 반응기에 도달하기 위해서는 화학 전달 물질에 의존한다. 신경계와 내분비계는 상호 작용을 통해 신체 상태를 조절하고 있는 것이다.

1 침을 내보내는 샘이다. 귀밑샘, 턱밑샘, 혀밑샘 등이 있다.

2 소화액을 분비하는 샘을 통틀어 이르는 샘이다. 위샘, 창자샘, 침샘, 간, 이자 등이 있다.

3 콩팥 위에 있는 내분비샘으로, 겉질과 속질로 나뉘어져 있다. 겉질에서는 부신 겉질 호르몬을 분비하고 속질에서는 부신 속질 호르몬을 분비한다.

호르몬의 특성

호르몬이란 체내 상태를 조절하는 화학 물질을 의미한다. 호르몬은 대개 내분비선에서 분비되어 혈액을 통해 다른 곳으로 운반된다. 시냅스와 신경 말단에서 분비되는 아세틸콜린이나 노르에피네프린도 호르몬 작용을 한다. 이것은 신경계와 호르몬이 상호 보완적으로 밀접한 관계를 가지고 있다는 것을 의미한다.

내분비선에서 분비된 호르몬은 일정 시간 동안 온몸을 순환하며 극히

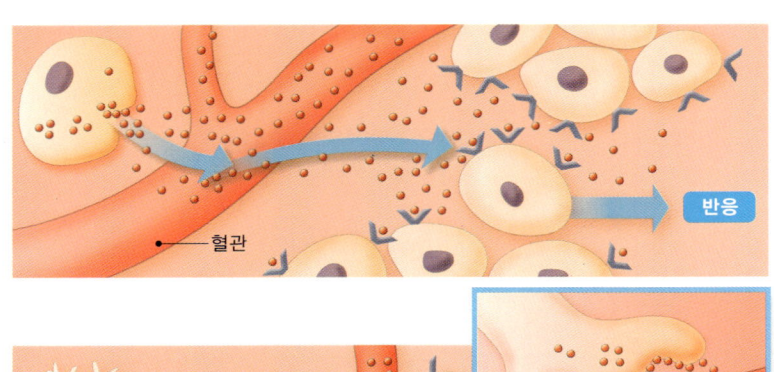

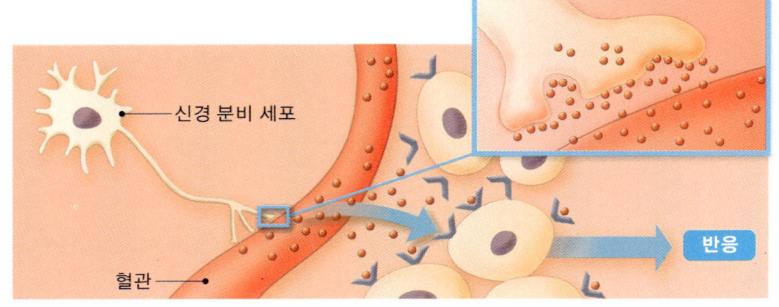

호르몬 분비

호르몬은 혈관을 통해 운반되어 특정 세포에 작용하여 반응을 일으킨다. 위의 그림은 내분비 세포에서 호르몬이 분비되는 것을 표현한 것이고, 아래 그림은 신경 말단에서 분비되는 것을 표현했다.

적은 농도로도 강력한 효과를 나타낸다. 호르몬은 혈액을 통해 온몸을 순환하지만 모든 세포에 작용하지는 않는다. 특정 호르몬은 특정 세포에만 작용하는데, 이는 특정 세포에 특정 호르몬하고만 결합하는 수용체가 있기 때문이다. 호르몬이 작용하는 시간은 보통 1시간을 넘지 못한다. 특정 세포에 작용한 후 호르몬이 곧 분해되기 때문이다. 호르몬은 작용 시간이 짧기 때문에 분비량과 분비 시간을 통해 효과를 조절할 수 있다.

호르몬 분비의 조절

야구를 잘하려면 어떤 요건이 갖춰져야 할까? 첫째, 정확한 판단과 빠른 반응을 해야 한다. 날아오는 공의 모습을 받아들이는 감각기(눈)에서 공의 모습은 신경 신호로 바뀌어 뇌에 전달된다. 뇌는 공을 잡겠다는 판단을 내리고 손이나 다리 등에 있는 근육에 운동 명령을 내린다. 뇌의 명령은 운동 신경을 통해 손이나 다리 등의 근육까지 전달된다. 이 과정이 일어나는 데 걸리는 시간이 빠르면 운동 신경이 발달했다고 한다.

둘째, 몸이 튼튼해야 한다. 공을 힘껏 던지기 위해서는 팔과 다리, 어깨의 근육과 뼈가 잘 발달되어야 한다. 생장 호르몬과 남성 호르몬은 다리의 근육과 뼈가 잘 발달하게 한다.

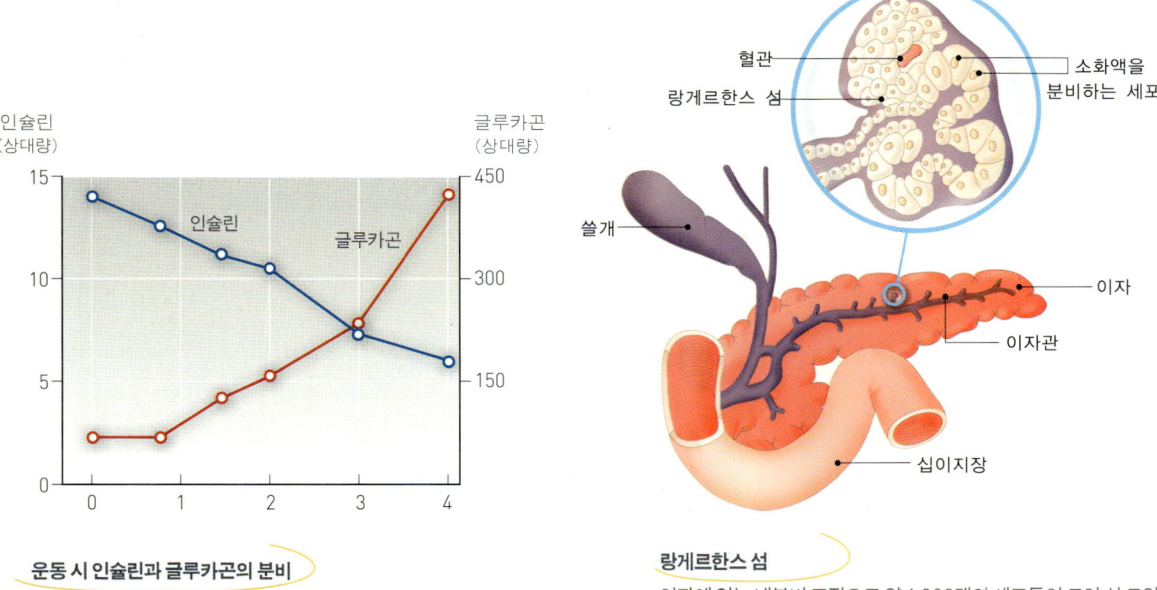

인슐린
(상대량)

글루카곤
(상대량)

운동 시 인슐린과 글루카곤의 분비
운동을 시작할 때는 인슐린의 상대량이 훨씬 많으나, 운동을 하면 인슐린 분비는 줄어들고 글루카곤의 분비량이 늘어난다.

혈관

랑게르한스 섬

소화액을
분비하는 세포

쓸개

이자

이자관

십이지장

랑게르한스 섬
이자에 있는 내분비 조직으로 약 1,000개의 세포들이 모여 섬 모양의 조직을 이루며, 이자에는 이러한 섬이 100만 개 정도 있다.

셋째, 에너지 공급이 잘 되어야 한다. 야구 경기장을 뛰어다니려면 지속적으로 에너지가 공급되어야 한다. 이때 근육 세포에 필요한 에너지를 공급하기 위해서 포도당이 쓰인다. 혈액 중의 포도당량을 조절하는 호르몬에는 이자의 랑게르한스 섬에서 분비되는 인슐린과 글루카곤이 있다. 인슐린은 혈당량을 낮추고, 글루카곤은 혈당량을 높이는 기능을 한다. 따라서 운동을 오래 할 때는 혈액 속의 포도당 농도가 낮아지므로 인슐린이 적게 분비된다.

인슐린, 글루카곤 등과 같은 내분비 호르몬을 조절하는 중추는 시상하부이다. 시상하부는 체내외의 상태에 따라 뇌하수체를 직접 조절하여 호르몬의 분비가 이루어지도록 한다. 뇌하수체는 시상하부 바로 아래의 주머니 모양 뼈에 들어 있는 내분비선이다. 시상하부와

뇌하수체
시상하부 바로 아래의 뼈에 들어 있는 내분비선으로, 전엽과 후엽으로 이루어져 있다.

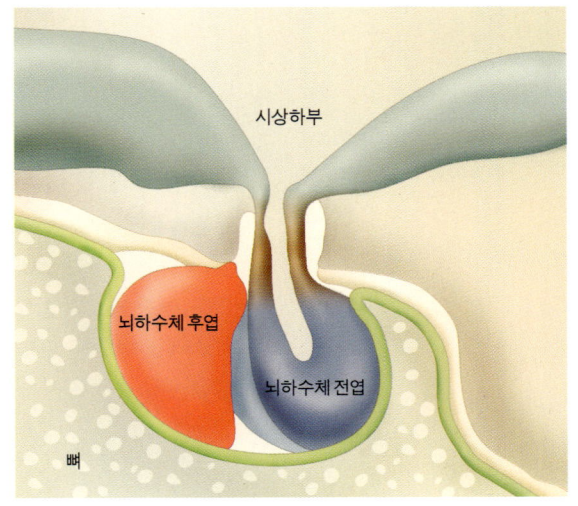

시상하부

뇌하수체 후엽

뇌하수체 전엽

뼈

뇌하수체는 체내의 다른 내분비선을 자극하여 호르몬 분비가 이루어지도록 한다. 각 내분비선에서 분비된 여러 가지 호르몬의 농도가 높아지면 시상하부와 뇌하수체의 작용이 억제된다. 이러한 방식을 통해 호르몬의 분비가 정밀하게 조절되고 있다.

그러면 호르몬의 분비가 잘 조절되지 않으면 어떻게 될까? 호르몬의 분비가 너무 많거나 적으면 과다증이나 결핍증이 나타나게 된다. 생장을 촉진하는 생장 호르몬의 분비가 많으면 거인증이 나타나고 적으면 소인증이 나타난다. 어릴 때 티록신이라는 호르몬이 적게 분비되면 신체 발육과 정신 발달에 지장이 생기는 갑상선 기능 저하증이 나타난다. 너무 많이 분비되면 체중이 감소하고 안구가 돌출하는 갑상선 기능 항진증이 나타난다.

인슐린은 혈당량을 낮추는 작용을 하는 호르몬이다. 몸속에서 인슐린의 분비가 잘 이루어지지 않으면 혈당량이 정상보다 높은 상태가 되어, 오줌으로 포도당이 배출되는 당뇨병의 원인이 될 수도 있다.

운동 중독이란?

"하루라도 운동을 거르면 몸이 뻐근해서 못 견디겠어요. 잠자는 시간이 부족해도 운동은 꼭 합니다."

운동선수와 합성 호르몬

운동선수들 중에는 경기력을 향상시키기 위해 남성 호르몬과 유사한 합성 호르몬을 사용하는 경우가 있다. 합성 호르몬으로 근육을 강화시켜 기록을 높이기 위한 것이다. 높은 농도의 합성 호르몬은 뇌하수체에 작용하여 정소의 크기가 감소하고 콜레스테롤 수준이 높아지거나 우울증이 나타나기도 한다. 즉 근육을 강화시키는 효과를 얻을 수 있을지는 모르지만 체내 항상성을 유지하는 호르몬의 균형 이상으로 예상치 못한 심각한 부작용을 겪게 되고 건강을 해치게 된다.

"숨이 차오르고 관절이 끊어질 듯해도 조금만 참으면 근육이 생기고, 그 성취감은 운동을 해 본 사람만 알 거예요."

이와 같은 증상은 운동 중독이다. 운동 중독이란 지나치게 운동에 이끌리고 운동에 대한 욕구를 억제하지 못하는 감정으로 다른 중독과 마찬가지라고 생각하면 된다. 흔히 알코올 중독과 비슷한 특징으로 의존, 내성, 금단 증상이 나타난다.

의존은 운동에 참여하여 마음의 위안을 얻는 것을 말하는데, 운동 중독자들의 흔한 특성 중 하나가 운동을 하기 위해 중요한 일을 미루거나 어기는 행동이다. 내성은 운동을 계속 이어나가기 위한 욕구를 이겨내지 못하고, 점차 운동 시간과 강도를 증가시키는 것을 말한다. 금단 증상은 운동 중독의 가장 중요한 특성이다. 운동을 그만둔 다음 24~36시간이 지나면 죄의식, 좌절, 불안감을 느끼고 안절부절하는 것이다. 이러한 운동 중독은 마라톤이나 헬스(보디빌딩)에서 가장 흔한데 이는 운동을 통해서 신체의 변화를 빨리 느낄 수 있는 종목으로 만족감이 크기 때문이다.

운동 중독의 원인은 화학 물질 베타엔돌핀(β-endorphine)으로 짐작된다. 운동을 하다 보면 중추 신경계에서 마약 성분과 구조와 기능이 비슷한 베타엔돌핀이라는 화학 물질이 분비된다. 바로 이 물질이 통증을 완화시키고 기분을 상승시킨다. 이것은 통증에 대한 민감성을 감소시켜 기분을 들뜨게 하고 진통 효과가 있기 때문에 점차 중독된다.

하지만 건강 상태가 좋아지면서 만족감을 느끼게 되고 일상생활에서 활력이 넘치고 우울한 기분과 긴장이 해소되는 효과도 있다. 반면에 격렬한 운동으로 집중력 감소, 맥없음, 피로감, 판단력 저하, 업무 능력의 저하 등이 나타날 수도 있다. 그리고 운동 중에 손상이나 상해 등 부상을 입었을 때에도 운동을 강행하게 된다. 운동을 강행하다가 증상이 악화되어 만성 장애가 될 수 있기 때문에 운동 중독은 위험하다.

육상에는 '세컨드 윈드(second wind)'라는 것이 있다. 달리다가 아주 편하면서 환상적인 레이스 상태를 경험하는 것을 말하며, 지속 시간은 일정하지 않다. 세컨드 윈드는 사점 뒤에 나타난다. 사점은 몸속에서 필요로 하는 산소가 극단적으로 부족한 상태에 이르러 죽을 고비에 다다른 점을 말한다. 즉 세컨드 윈드는 산소 필요량과 산소 섭취량의 불균형으로 생긴 사점에서 점차 산소 필요량과 산소 섭취량이 균형을 이루어 평정 상태를 이루는 것이다. 이때 베타엔돌핀이 분비되는데 베타엔돌핀의 진통 효과는 진통제보다 40~200배 정도로 강하다고 한다. 특히 탈진 상태에 이르는 최고점 운동 시 베타엔돌핀은 무려 2~5배 정도 증대된다. 이때 기분이 유쾌하며 묘한 행복감을 느끼는데, 마약 복용보다도 더 강력하다고 한다.

마라톤에는 '러너스 하이(runner's high)'라는 것이 있다. 러너스 하이는 중간 강도의 운동을 30분 이상 계속했을 때 느끼는 행복감을 말한다. 이때의 느낌은 마약과 같은 약물을 투여했을 때 나타나는 느낌이나 상태와 비슷하다고 한다.

운동 중독은 그 증세를 파악하기 어려워 치료 또한 쉽지 않다. 그러므로 운동 중독자들 스스로가 강도를 조절할 수 있는 능력을 기르는 것이 중요하다. 그리고 운동을 한 후에는 충분히 휴식을 취해 몸을 충전해야 한다.

나는 운동 중독인가?

운동 중독은 규칙적으로 운동하는 사람들 일부에서 발생하는데, 그 수가 얼마나 되는지는 알려져 있지 않다. 운동으로 인해 가정이나 학교에서 문제가 없는지, 운동을 중단했을 때 금단 증상이 있는지, 아픈데도 운동을 하여 부상당한 병력이 있는지를 스스로 확인해 봐야 한다. 다음은 운동 중독의 진단 기준이다.

● 하루에 한 번 또는 그 이상 규칙적으로 정해진 운동 형태에 참여한다.

● 운동을 유지하는 것이 다른 활동보다 중요하다.

● 운동에 대한 내성이 점차 증가한다.

● 운동을 중단하면 정신 상태의 혼란과 관련된 금단 증세가 나타난다.

● 운동을 다시 하면 금단 증세가 약해진다.

● 운동에 대한 욕망이 강렬해서 억제하기 어렵다.

4부 |

운동과 생활

활력이 넘치는 건강한 생활은 모든 사람의 바람일 것이다. 특히 평균 수명이 늘고 신체의 아름다움을 강조하는 분위기로 인해 건강한 생활에 대한 관심이 어느 때보다 높다. 그러나 현대인들은 운동할 기회는 적고 여러 가지 스트레스에 얽매여 건강한 생활을 하기가 매우 어렵다. 건강에 대한 잘못된 정보나 과도한 다이어트, 약물 복용 등 건강을 해치는 것들에 귀가 솔깃해지기도 한다. 이 부에서는 운동을 하면 우리 몸의 어떤 점이 좋아지고 우리 생활에 어떻게 도움이 되는지, 잘하면 건강에 도움이 되지만 잘못하면 건강을 해칠 수 있는 다이어트와 약물 복용 등 건강한 생활을 유지하는데 필요한 지식을 만나 보자.

01 체력은 어떻게 키울 수 있을까?

○ 운동을 하며 체력을 키우는 여성

같은 운동을 반복해서 훈련하면 그 운동 기능을 습득하여 특정한 힘과 기술이 생긴다. 그뿐만 아니라 오랫동안 운동을 할 수 있는 심폐 지구력, 짧은 시간에 힘을 발휘하는 순발력, 지치지 않는 지구력 등 체력이 발달해서 운동 능력이 향상된다. 이 장에서는 체력이 무엇이고, 훈련을 하면 어떻게 체력이 발달하는지 알아보자.

체력이란

2010년 남아공월드컵에서 한국 팀은 원정 16강이라는 훌륭한 성과를 거뒀다. 열심히 뛴 한국 선수들을 보면 그럴 만하다는 생각이 든다. 각 경기마다 이청용, 박지성 선수가 뛴 거리는 평균 10km를 넘는다고 한다. 이러한 강철 체력이 바탕이 되어 한국 축구가 부상하고 있다. 역시 모든 운동은 기초 체력이 갖춰져야 좋은 성과를 얻을 수 있다.

체력이란 몸[體]의 역학적인 힘[力]만을 뜻하는 것이 아니다. 오히려 능력이라는 의미가 더 크다. 다시 말해서 근육, 신장, 생리적 기능 등 운동 기능만을 말하는 것이 아니고, 몸의 모든 기능을 종합하여 발현하는 작업 능력이라는 뜻이 포함된다. 따라서 체력이란 인간 생활의 기초가 되는 신체적 능력이라 말할 수 있다.

체력을 구성하는 형태적 요소에는 키, 앉은 키, 팔, 다리, 손, 발, 등뼈 등 신체 부위의 길이에 관련된 것과 가슴둘레, 몸무게, 피부밑 지방의 두께 등 조직과 기관의 발육 및 발달에 관련된 것이 있다. 체력의 가능적 요소로는 근육 기능, 신경 기능, 감각 기능, 호흡 기능, 소화 기능, 혈액 기능, 대사 기능, 내분비 기능 등이 있다.

운동으로 좋아지는 것

과거에는 정기적으로 운동을 하면 건강하게 된다고 생각했으며, 조깅이나 달리기와 같은 신체적인 활동을 '건강 운동 프로그램'과 같은 말로 생각했다. 그러나 현대에는 과학적이고 체계적인 프로그램을 꾸준히 실시하여 운동의 효과를 얻을 수 있다고 생각한다.

최근에는 고강도 운동으로 심폐 기능을 증진시키기보다는 낮은 강도와

적은 시간의 운동으로 효과를 얻을 수 있다는 보고가 있다. 낮은 강도의 운동에는 걷기, 자전거 타기, 수영, 하이킹 등과 심장에 영향을 적게 주는 에어로빅, 정원을 걷는 일, 정원 돌보기 등이 있다.

건강에 효과가 있는 운동을 규칙적으로 하면 심장병, 성인 당뇨병, 골다골증 등 성인병을 유발하는 위험 요소를 낮출 수 있다. 또한 비활동적인 사람은 긴장, 의기소침, 걱정이 많다는 것은 누구나 아는 사실이다.

이를 토대로 운동을 통하여 얻을 수 있는 효과에 대해 생각해 보자.

첫째, 혈액 순환을 돕는다. 운동은 심장을 튼튼하게 하고 혈관의 탄력을 유지시켜 혈액 순환을 원활히 해주는 동시에 몸속에 산소 공급을 늘려 활력을 증가시킨다. 젊음을 오래 간직할 수 있는 비결은 심장과 체내에 들어오는 산소량에 달려 있다.

지속적으로 운동을 한 사람과 평소에 운동을 하지 않는 사람의 운동 전후 호흡을 통해 체내에 공급되는 산소의 양을 비교한 그래프를 보자.

지속적으로 운동을 한 사람의 몸은 평소 운동을 하지 않는 사람에 비해 운동 중 필요한 산소를 즉각 공급한다. 평소에 운동을 하지 않았던 사람은 운동 중 충분한 양의 산소를 세포에 공급하지 못하므로 많은 양의 에너지를 무산소 호흡을 통해 충당한다. 그 결과 근육에 더 많은 양의 젖산이 쌓이게 되므로 운동 후 피로감이 더 오래 지속된다. 운동 중 더 많은 양의 무

체내에 공급되는 산소량

왼쪽은 지속적으로 운동을 한 사람, 오른쪽은 평소에 운동을 하지 않는 사람의 산소량이다. 지속적으로 운동을 한 사람은 운동 중 필요한 산소가 즉각 공급되지만, 운동을 하지 않은 사람은 산소가 즉각 공급되지 않아 운동 후 피로감이 더 오래 지속된다.

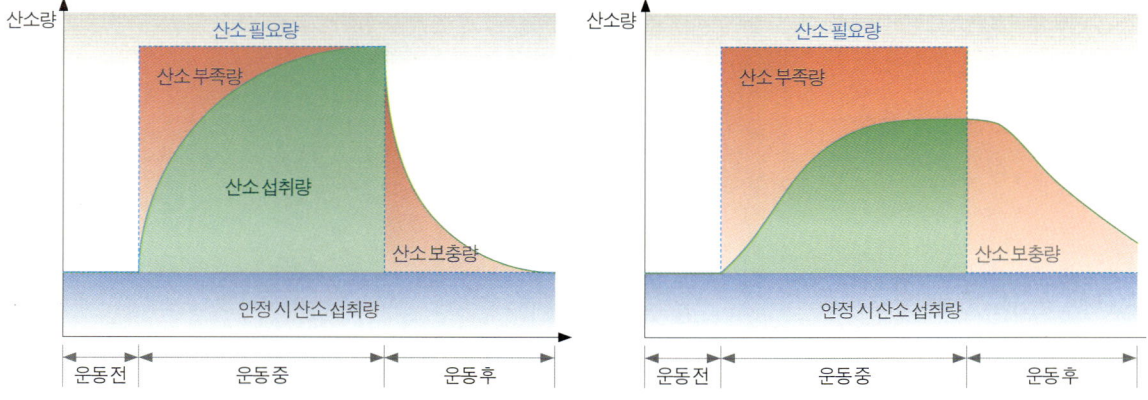

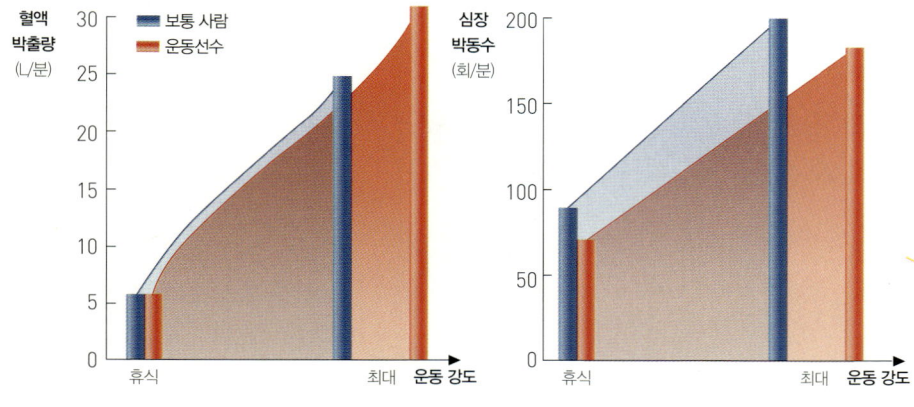

운동 강도에 따른 혈액 박출량과 심장 박동수

왼쪽은 혈액 박출량, 오른쪽은 심장 박동수를 나타낸 그래프이다. 운동선수는 최대 운동 강도 때 보통 사람보다 혈액 박출량이 훨씬 많고 심장박동수는 적다.

산소 호흡이 이루어졌다는 것은 운동 후 회복기에 공급해 줘야 할 산소의 양이 더 많다는 것이다.

다음은 운동 강도에 따른 심장의 혈액 박출량과 심장 박동수를 비교한 것이다. 운동 강도가 증가할수록 심장 박출량과 심장 박동수는 모두 증가한다. 위의 그래프를 보면 휴식 시에는 운동 선수와 보통 사람의 분당 심장 박출량이 거의 비슷하지만, 최대 운동 강도가 되면 운동선수의 분당 심장 박출량이 훨씬 더 많다는 것을 알 수 있다. 반면 심장 박동수는 최대 운동 강도 시에서도 운동선수가 보통 사람보다 적다. 그러므로 운동선수는 보통 사람보다 심장 박동 1회당 박출량이 훨씬 더 크다는 것을 알 수 있다.

둘째, 골격의 성장 및 발달에 도움이 된다. 운동을 하면 뼈에 적당한 자극을 주어 뼈가 단단해지고 성장하는데 도움을 준다.

마음이 가장 편안한 때는 언제인가?

미국의 한 연구팀은 네 단계로 이뤄진 실험 환경을 만들고 여대생들의 반응을 살폈다. 우선 실내에서 20분간 약한 강도로 자전거를 타게 했다. 둘째 단계에서는 자전거에 앉은 채 40분 동안 공부를 하게 했다. 셋째 단계에서는 20분간 자전거 운동을 시키고, 나머지 20분간 자전거에 앉은 채 공부를 시켰다. 마지막으로 40분 동안 자전거에 조용히 앉아 있게 했다. 이 네 단계 가운데 여대생들의 불안 수준이 가장 크게 감소한 경우는 어느 단계일까? 답은 첫 번째 단계, 즉 운동을 하고 난 후였다. 운동이 마음을 안정시키는데 매우 효과적이라는 것이다.

셋째, 근육을 발달시키고 근력을 향상시킨다. 처음 운동을 하면 숨도 차고 다리도 아프지만 꾸준히 계속하면 전신의 근육이 발달하고 숨도 차지 않게 되는 것을 누구나 쉽게 경험할 수 있다.

넷째, 안정제 역할을 한다. 운동을 하면 근육 속에 있는 근방추의 활동이 커지게 되어 운동 후 근육과 신경에 자연스러운 안정과 휴식을 가져온다. 또한 운동으로 생기는 적당한 자극은 베타엔돌핀이란 호르몬을 체내에 분비시켜 통증을 해소하고 심신을 안정시켜 준다. 또 운동을 장기간 계속하면 부교감 신경에 작용하여 심장 박동수의 증가를 억제하기 때문에 흥분되거나 화내는 것을 참을 수 있게 된다. 그러므로 운동은 간접적으로 감정의 '브레이크' 역할을 한다.

운동을 하면 교감 신경이 흥분하게 되어 많은 혈액이 근육으로 몰린다. 교감 신경은 우리의 신경 중 운동 신경에 해당하며 여러 기관을 동시에 자극하는 특성이 있다. 즉 동공을 확대시키면서 심장 박동을 촉진하고, 혈관을 수축시키며, 호흡 운동을 촉진한다. 침 분비가 억제되고, 방광이 이완되고, 땀 분비가 억제되며, 혈당이 증가한다. 이러한 변화가 동시에 일어남으로써 운동을 효율적으로 할 수 있다.

반면에 부교감 신경은 흥분을 진정시키는 신경으로 안정된 상태로 바꾸는 역할을 한다. 부교감 신경은 교감 신경과 달리 각 기관의 활동을 개별적으로 조절한다.

다섯째, 머리를 좋게 한다. 운동을 계속하면 순환계 기능이 향상되어 신경 조직에 산소의 공급을 증가시켜 기억력을 좋게 하고 신경 기능 향상을 돕는다.

신경	동공	심장 박동	혈관	호흡	침 분비	소화	방광	땀	혈당
교감	확대	촉진	수축	촉진	억제	억제	이완	억제	증가
부교감	수축	억제	이완	억제	촉진	촉진	수축	촉진	감소

교감 신경과 부교감 신경 | 하나의 기관에 대해 서로 상반되는 기능을 하도록 하는 작용을 길항 작용이라고 한다. 교감 신경과 부교감 신경은 길항 작용을 통해 기관이 안정적으로 작용할 수 있도록 조절하는 역할을 한다.

여섯째, 체중 조절에 도움이 된다. 비만은 근본적으로 음식물 섭취량과 생활에 필요한 에너지 소비량에 따라 좌우된다. 식사 조절과 함께 적절한 운동을 하면 체내 생리 작용의 균형과 근육의 탄력성을 유지시켜 줌으로써 비만 해소에 많은 도움이 된다.

운동으로 좋아지는 체력

운동을 꾸준히 하면 위에서 이야기한 여러 가지 효과를 얻을 수 있을 뿐만 아니라 체력 요소가 향상되어 일상생활을 활기차게 할 수 있다. 운동으로 향상시킬 수 있는 체력 요소는 근력, 근지구력, 유연성, 평형성 등이 있다.

근력은 근육이나 근군(근육 다발)이 발휘할 수 있는 힘의 정도를 말하며, 근지구력은 근육이 운동이나 일을 오랫동안 지속할 수 있는 능력이다. 근력과 근지구력은 모두 일상생활을 하는 데 꼭 필요하다.

근력이나 근지구력을 향상시키기 위해서는 먼저 체력을 미리 측정하여 어떤 운동을 할지 결정하고 발전되는 정도를 확인해야 한다. 준비 운동은 천천히 완벽하게 하고, 보조 운동으로 유연성 운동도 해야 한다. 본 운동은 신체의 모든 부분이나 모든 근육근이 자극을 받을 수 있는 운동을 선택하고, 적절한 강도로 해야 한다. 한 가지 운동을 완전히 마친 후 다음 운동을 해야 하며, 갑자기 운동을 중단하면 안 된다. 마지막으로는 대근군을 이용한 가벼운 운동을 한다. 근력이나 근지구력을 향상시키는 운동은 단시일 내에 효과를 기대하면 안 된다.

유연성이란 근육과 관절이 움직일 수 있는 범위를 측정한 것이다. 유연성이 아주 우수한 사람들은 곡예사나 체조 선수, 무용수로

사이벡스 셋팅
근력을 키우기 위한 운동 기구를 갖추어 놓은 시설이다.

성공을 거두기도 한다. 일상생활을 효과적으로 하기 위해서는 어느 정도의 유연성이 꼭 필요하다. 유연성을 발달시키는 데는 동적 스트레칭과 정적 스트레칭 방법이 있다. 두 가지 모두 효과적이지만 대부분 정적 스트레칭을 더 좋아한다.

동적 스트레칭은 적극적 스트레칭이나 탄력적 스트레칭이라고도 하며, 탄력적 운동이나 급격한 움직임을 포함한다. 정적 스트레칭은 소극적 스트레칭이라고 하며, 근육에 서서히 스트레칭을 가하는 것이다. 근육의 길이를 서서히 늘이면서 몇 초 동안 스트레칭된 자세를 그대로 유지하고 있는다.

평형성이란 움직이는 상태에서 균형을 유지하는 정도를 말하며, 신체의 안전을 유지하고 사고 및 위험을 예방하는데 중요한 역할을 한다. 평형성은 반사 운동에 의해 무의식적으로 이루어지는 경우가 많으나, 전정 기관으로부터 신체의 기울기나 동요에 대한 정보가 나오고 그것에 의해 근육의 긴장이 조절된다. 시각, 청각, 피부 등에서 오는 정보를 종합하여 신체를 목적에 맞게 조절한다.

민첩성이란 재빠른 동작으로 신체를 잘 조정하고 부드럽게 반응할 수 있는 능력이다. 이 능력으로 신체 동작을 신속하게 변경하거나 운동의 방향을 재빠르게 바꿀 수 있다. 움직임이 민첩한 정도는 신경 전달 속도와 근수축의 빠르기로 결정된다. 신경 전달 속도는 70~120m/s이며, 근수축의 빠르기는 개인차가 크다. 그러므로 근수축의 빠르기는 어떤 동작을 하는데 걸리는 시간을 측정하면 된다.

최대의 노력으로 동적으로 그리고 순간적으로 힘을 발휘하는 능력을 순발력이라고 한다. 축구에서는 슈팅(shooting)하는 순간, 배구에서는 스파이크(spike) 순간, 배드민턴에서는 임팩트(impact)하는 순간, 태권도에서는 돌려차기 하는 순간 등 최고의 빠른 시간 내에서 순간적으로 폭발적인 힘을 집약시킬 수 있는 힘을 의미한다. 유도나 씨름 경기에서 키가 작고 단단한 선수들이 거구의 선수들을 절묘한 기술로 넘어뜨리는 모습을 자주 볼 수 있다. 그리고 높이뛰기 세계 신기록을 보유한 적이 있는 부르멜 선수는 수직 뛰기의 기록이 104cm나 된다. 이것이 모두 순발력이 좋기 때문이다.

심장에도 근육이 있다. 심장이 더 강해지기 위해서는 몸의 다른 근육처럼 운동을 시켜야 한다. 강한 심장은 연료의 약 반을 에너지로 전환시킬 수 있다. 정상적인 사람의 심장은 1년에 반사적으로 4,000만 번 뛰며, 매일 10톤 이상의 혈액을 순환시킨다. 심장은 매일 13kg의 짐을 엠파이어스테이트 빌딩의 102층 꼭대기까지 운반하는 것과 똑같은 양의 일을 한다.

배드민턴은 순발력을 길러 준다

배드민턴은 라켓으로 날아가는 콕을 정확히 맞춰 상대방의 빈틈에 꽂아 넣는 운동이다. 배드민턴 코트는 13.4×6.1m(복식), 가장 빠른 스매시(smash) 공은 0.1초에 8.8m를 날아간다. 순간 최고 속도가 시속 320km인 셈이다. 이론상으로는 셔틀콕이 코트의 한쪽 끝에서 다른 쪽 끝으로 날아가는 데 약 0.152초 걸리는 셈이다. 하지만 코트 끝에서 끝으로 날리는 강스매시는 거의 없다. 길어야 8.8m를 넘지 않는다. 그러므로 0.1초 안에 받아 내야 한다. 그러나 인간의 반응 시간은 0.1초가 한계이다. 결국 뛰어난 순발력과 반사 신경으로 쳐야 한다는 것이다.

02 다이어트를 잘하는 방법은?

체중을 재는 모습

마른 체형이 건강과 높은 지위의 상징으로 여겨지면서 '날씬한 것이 아름답고 좋은 것'
이라는 태도와 가치가 자리 잡았다. 이러한 생각은 날씬함에 대한 집착을 만들고, 그에 따라
다이어트에 대한 관심이 높아졌다. 이제는 여성뿐만 아니라 남자들도 다이어트에 대한 관심이
높아지고 있는 실정이다. 무리하게 다이어트를 하면 섭식 장애나 생리불순 등 심각한
부작용이 따른다. 어떠한 다이어트를 어떤 방법으로 해야 건강을 유지할 수 있는가에
대해 알아보자.

다이어트와 식이 요법

다이어트(Diet)는 '살아가는 동안의 습관'이란 뜻의 그리스 어에서 유래된 말이다. 즉 다이어트는 단지 살을 빼는 것을 말하는 것이 아니며, 정확한 뜻은 '식사 규정식'이다. 체질을 바꾸고 병을 치료할 목적으로 재료 및 조리 방법 등을 규정해 알려 주고 환자 자신이 스스로 식이 요법을 실행하도록 하는 것이다. 규정식에는 통풍 식이 요법, 당뇨병 식이 요법, 산성 식이 요법, 알칼리성 식이 요법 등이 있다.

그러므로 다이어트 식단이란 체중 조절을 목적으로 열량을 줄이면서도 영양소는 골고루 섭취하는 식단이라고 정의할 수 있다. 의학적으로는 하

영양소와 인체를 구성하는 물질

아래 표와 그래프는 사람이 하루에 섭취하는 물질과 배설하는 물질, 인체를 구성하는 물질의 무게에 대한 구성비를 나타낸 것이다.

사람이 섭취하는 물은 62.5%인데 배설한 물은 72.5%이다. 이것을 아주 단순하게 해석하면 인체는 항상 10% 정도 손실이 일어난다고 볼 수 있다. 그런데 인체를 구성하는 물질 중 물의 비율은 항상 67%를 유지하므로 물은 섭취하는 것 이외의 방법으로 체내에서 얻어진다고 볼 수 있다.

탄수화물은 주로 에너지원으로 쓰인다. 즉 체내의 탄수화물은 주로 분해되어 생활에 필요한 에너지를 얻는데 이용된다는 의미이다. 그러므로 탄수화물은 섭취한 양에 비해 남아 있는 양이 매우 적다. 단백질은 섭취량이 1.6%인데 비해 체내에서 15.5%가 되는 것은 주로 몸을 구성하는 물질로 남아 있기 때문이다. 체내에 필요한 무기질과 비타민은 아주 소량이지만 없어서는 안 되는 영양소이다.

흡수하는 물질

물질	구성비(%)
물	62.5
산소	21.3
탄수화물	12.5
단백질	1.6
지질	1.4
무기질, 비타민	0.7

배설하는 물질

물질	구성비(%)
물	72.5
이산화탄소	25.0
요소	1.0
무기질	1.0
기타유기물	0.5

인체를 구성하는 물질의 구성비 (단위: %)

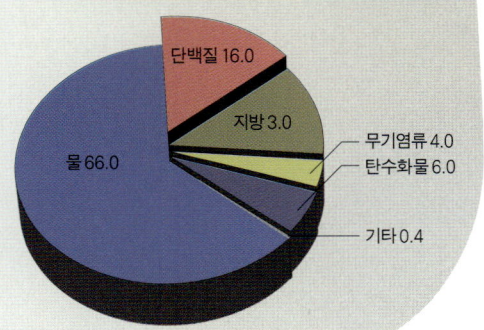

단백질 16.0
지방 3.0
무기염류 4.0
탄수화물 6.0
물 66.0
기타 0.4

루 800cal 이상을 공급하면 저열량 식단(LCD), 800cal 이하를 공급하면 초저열량 식단(VLCD)이라고 한다. 보통 저열량 식단은 자신의 평소량보다 20~30%를 줄이는 것이 바람직하다.

식단의 열량보다 더 중요한 것은 식단을 구성하는 음식의 종류이고, 음식의 종류보다 더 중요한 것은 규칙적인 식사이다. 또한 자신의 식사 습관을 잘 살펴서 하루에 1~2번 간식도 의무적으로 먹는 것이 좋다. 간식 시간은 식사 시간 간격이 너무 멀어서 배가 심하게 고픈 경우에 하면 좋다. 간식 시간을 정했으면 간식도 거르지 않아야 다음 끼니를 폭식하지 않게 된다.

다이어트 식단을 작성할 때의 요령은 다음과 같다. 첫째, 음식의 양보다 음식의 종류에 주의해야 한다. 즉 식단만 바꾸고 양껏 먹어도 많게는 30% 정도의 열량을 줄일 수 있다.

둘째, 단백질 공급에 유념한다. 우리나라 사람들의 탄수화물 섭취는 대체로 많은 편이다. 밥을 비롯하여 반찬에도 탄수화물이 많다. 생선, 계란, 닭가슴살, 쇠고기, 두부, 콩 등의 좋은 단백질을 매 끼니마다 꼭 섭취하여야 한다. 단백질이 부족하면 탈모, 손톱의 갈라짐, 근육량의 감소 등이 나타난다.

셋째, 섬유질은 항상 부족하다는 생각으로 많이 섭취한다. 일반적으로 생야채를 많이 섭취하는데, 생야채로는 충분한 섬유질을 공급하기 어렵다. 국거리 등에서 삶은 야채를 섭취하면 간단하게 많은 야채를 먹을 수 있다.

단백질이 많이 들어있는 음식(왼쪽)과 탄수화물이 많이 들어있는 음식(오른쪽)

단백질은 육류, 생선, 콩 등에 많이 들어 있고, 탄수화물은 밥, 빵, 감자 등에 많이 들어 있다. 하루에 적어도 300cal의 탄수화물을 섭취해야 하며, 좋은 단백질을 매 끼니마다 섭취해야 한다.

넷째, 과일 등도 열량이 높다. 당근, 감자는 물론 오이, 토마토도 열량이 있다.

다섯째, 탄수화물도 꼭 섭취해야 한다. 우리의 뇌는 탄수화물을 꼭 필요로 한다. 하루에 적어도 300cal 정도는 탄수화물로 섭취해야 한다.

여섯째, 맵고 짠 자극적인 음식은 삼가해야 한다. 더 살이 찌는 것은 아니나 다음 끼니의 조절이 매우 어렵다.

일곱째, 급하게 체중을 줄이는 경우 초저열량 식이를 해야 된다. 원푸드(one-food)나 덴마크식 등으로 세 끼를 대체하면 초저열량 식이가 된다. 이 때 섬유질 및 탄수화물 섭취가 가장 중요하다.

덴마크식 식단은 저열량 영양 메뉴로, 탄수화물과 지방은 빼고 달걀 중심으로 짜여 있으며 영양소가 효율적으로 들어 있다. 60g의 단백질이 들어 있고 그 중 80%가 동물성 단백질이다. 음식이 간단하고 소금기가 없어 식욕을 억제하기 쉽고, 단기간 동안만 하는 다이어트 방법이다.

	아침	점심	저녁
1일	삶은 달걀 3개 자몽 1개 바나나 3개 커피	삶은 달걀 2개 바나나 1개 커피	삶은 달걀 3개 야채샐러드 (오이, 양상추, 발사믹 식초, 올리브유)
2일	삶은 달걀 3개 자몽 1개 커피	삶은 달걀 1개 자몽 1개 바나나 1개 커피	쇠고기 스테이크 200g 야채 샐러드 커피
3일	삶은 달걀 3개 자몽 1개 커피	야채 샐러드 자몽 1개 바나나 1개 커피	삶은 달걀 2개 닭 가슴살 1쪽 커피
4일	삶은 달걀 1개 자몽 1개 바나나 1개 커피	야채 샐러드 자몽 1개 바나나 1개 커피	삶은 달걀 3개 시금치 커피
5일	삶은 달걀 2개 자몽 1개 바나나 1개 커피	삶은 달걀 3개 시금치 바나나 1개 커피	흰 살 생선 1토막 야채 샐러드 바나나 1개 커피
6일	삶은 달걀 2개 자몽 1개 바나나 1개 커피	과일 샐러드 (오이, 양상추, 사과, 딸기, 바나나 등)	쇠고기 스테이크 200g 샐러리 토마토 커피
7일	삶은 달걀 2개 자몽 1개 커피	닭 가슴살 1쪽 자몽 1개 바나나 1개 커피	닭 가슴살 3쪽 토마토 자몽 1개 익힌 양배추 커피

덴마크식 식단표
덴마크 국립병원에서 개발했으며 하루에 700~900kcal를 섭취하는 식단이다.

다이어트와 운동

식이 요법만으로 하는 다이어트가 효과적일 수도 있지만, 성공률이 높은 편이 아니다. 그보다는 운동을 병행한 다이어트가 효율적이다. 좋은 다이어트란 근육 조직을 잃지 않고 몸무게를 줄이는 것이다. 체중이 늘면 다이어트로 체중을 줄이고, 다시 늘면 또 다이어트를 반복하는 방식은 건강을 악

179

화시킨다. 이러한 방법은 신체에 부작용이 있고 체지방을 영원히 없애는 데도 비효율적이므로 좋은 방법이 아니다.

특히 급속한 다이어트는 비효율적이다. 인체의 신진 대사율(음식이 에너지를 내기 위해 연소되는 비율)을 낮춰 적은 양의 음식 섭취에 빨리 적응하기 때문이다.

사람들은 대개 운동이 다이어트에 효과적이라는 사실은 알지만 꾸준히 하지는 못한다. 그 이유는 운동의 효과가 단시간 내에 원하는 만큼의 체중 감량으로 나타나지 않기 때문이다. 그러나 단기간에 체중 감량의 효과를 보지 못했다고 운동을 그만 두는 것은 섣부른 판단이다. 운동은 어떤 종류의 다이어트를 하더라도 중요하다. 정기적으로 운동을 하면 열량 소모량을 늘릴 수 있고, 체단백질의 손실을 줄여 준다. 또한 기초 대사량[1]이 감소하는 것을 지연시키고, 기초 대사량을 증가시킬 수 있다. 또 적당한 운동은 식욕을 억제시키고 스트레스를 줄여 심리적인 안정을 줄 수 있다.

중도에 포기하지 않고 꾸준히 운동을 하려면 자신이 즐겁게 할 수 있는 운동을 선택하고, 자신에게 맞는 적당한 운동 강도를 조절하는 게 좋다. 평생 꾸준히 한다는 마음가짐으로 시작하는 것이 중요하다. 그러나 무작정 운

[1] 생물체가 생명을 유지하는데 필요한 최소한의 에너지의 양으로, 체온을 유지하고 심장을 박동시키며 호흡을 하고 근육을 긴장시키는 일 등에 쓰는 에너지이다.

다이어트 유형

유형	구성 물질	손실율(%) 지방	손실율(%) 근육	손실율(%) 체액
A	운동 + 단식	75	10	15
B	단식	50	50	0
C	운동 + 소식	98	-10	2

현대인은 고열량 음식을 과다하게 섭취하고 운동은 부족해 비만이 되는 경우가 많다. 왼쪽의 표는 다이어트 유형에 따른 감소된 체중 가운데 구성 물질의 손실 비율을 나타낸 표이다. 건강한 삶을 유지하기 위해서는 지방은 줄이고 근육, 뼈, 장기와 같은 나머지 체중은 보존해야 한다. 그러나 A유형은 세 가지 유형 중에서 지방뿐만 아니라 근육과 체액의 손실이 크므로 건강에 위협이 될 수도 있다. B유형은 근육의 손실이 가장 커서 운동 능력이 현저히 떨어지게 된다. C유형은 지방이 가장 많이 손실되었으며 근육은 오히려 보강되었으므로 몸은 가벼워지고 운동을 힘차게 할 수 있다고 판단된다.

동을 하는 것은 금물이며 의학적 진단과 전문가의 처방에 따라야 한다.

빠른 시간 내에 체중을 줄이면 우리 몸은 원래의 체중으로 돌아가고자 노력하게 된다. 그래서 방심을 하면 금방 원래의 체중으로 돌아가므로 체중을 줄인 다음에도 3~4개월은 꾸준히 주의해야 한다.

그러면 다이어트에 어떤 운동이 좋을까? 운동을 하면서 산소를 지속적으로 사용하는 유산소 운동에는 걷기, 조깅, 사이클링, 수영, 미용 체조 등이 있다. 적절한 식사 요법과 함께 꾸준히 유산소 운동을 하면 부작용 없이 체중을 줄일 수 있다. 무산소 운동에는 복근 운동, 팔 굽혀 펴기, 덤벨 등이 있으며 근육을 키우는 데 효과적이다. 근육은 기초 대사량을 늘려 주어 지방이 쉽게 연소되거나 생기지 않게 한다.

이렇듯 유산소 운동과 무산소 운동은 차이가 있으며, 서로 모자란 부분을 채워 주는 보완적인 관계이다. 유산소 운동은 무산소 운동을 할 때 체내에 축적되는 탄소, 암모니아, 젖산 염의 노폐물을 없애 주는 기능을 한다. 한편 무산소 운동은 유산소 운동을 적절히 수행할 수 있도록 근력을 강화시키는 역할을 한다. 따라서 한 가지 운동에만 매달리기보다는 두 가지 운동을 적절히 병행하는 것이 운동의 효과를 높일 수 있다.

올바른 다이어트 방법

'저열량 다이어트'나 '원푸드 다이어트'는 불균형한 영양 섭취와 함께 다시 살이 찌는 현상이 되풀이되기 때문에 실패율이 높은 다이어트 법이다. 먹고 싶은 만큼 먹으면서 다이어트를 할 수 있는 방법은 없을까? '저혈당 다이어트' 또는 '저인슐린 다이어트(GI 다이어트)'는 열량은 줄이지 않고 단지 혈당으로 늦게 변하는 음식물을 골라서 섭취하는 방법으로, 성공률이 높은 다이어트로 알려져 있다.

체중 조절을 위한 운동 요법은 근육을 증가시키거나 유지하기 때문에 식이 요법만 했을 때보다 체지방의 감소를 최소화시킬 수 있다. 또한 근육이 늘어나면 기초 대사량을 늘려 에너지 소비량을 늘려 준다. 운동 요법은 다시 살이 찌는 것을 방지할 수 있어 효과적이라 할 수 있다. 흔히 체중 조절을 위한 운동 요법은 주로 저강도 장시간의 유산소 운동이 체지방 감소에 효과적이라고 말한다. 그러나 최근에는 근력 운동과 같은 무산소 운동을 함께 해야 근육을 증가시켜 에너지 소비면에서 효율적이라고 한다.

뼈와 이를 위해서는 철, 구리, 인, 칼슘, 마그네슘, 망간 등의 영양소를 골고루 섭취해야 한다. 몸의 상태를 조절하는 비타민도 반드시 섭취해야 하는 유용한 영양소이다. 우리 몸의 2/3 이상을 차지하는 수분도 소화와 체온 조절, 영양소의 운반과 몸 안의 찌꺼기를 걸러 주는 중요한 역할을 한다.

먹고 운동하는 것 외에 다이어트를 하기 위해서 지켜야 할 것은 무엇일까? 충분한 수면도 다이어트할 때 매우 중요하다. 사람은 좋은 시간대에 잠을 청함으로써 숙면을 취해야 호르몬 대사가 원활하게 이루어져 면역 기능이 강화되고 신체가 건강을 유지할 수 있다.

숙면을 취하려면 취침 전에는 음식을 삼가고 될 수 있으면 4~6시간 전에 식사를 끝내며, 샤워를 하여 몸의 긴장을 풀어 주는 것이 좋다. 시간대는

무기질이 많이 들어 있는 음식(왼쪽)과 비타민이 많이 들어있는 음식(오른쪽)
무기질은 해조류, 멸치, 우유에 많이 들어 있고, 비타민은 과일과 야채에 많이 들어 있다. 비타민과 무기질은 몸을 유지하고 조절하는데 꼭 필요하다.

성장 호르몬의 분비가 활발한 밤 10시부터 준비를 해서 11시 정도 되면 숙면 사이클로 들어가 6~7시간 정도 숙면을 취하는 것이 좋다. 또 하루 1시간은 운동을 하도록 한다. 하루에 적어도 1시간씩 걸으면 체중 감량뿐만 아니라, 피부의 탄력도 유지할 수 있다.

다이어트와 운동에 대한 잘못된 인식

● 실컷 먹고 토해 버리면 살이 찌지 않는다. 이것은 아주 위험한 생각으로, 신경성 과식욕증(폭식증)이라고 한다. 이런 행동을 반복하면 나중에는 이런 행동이 습관처럼 되어 그만두려고 해도 멈출 수가 없다. 폭식증은 병이므로 치료를 받아야 한다.

● 조금씩 자주 먹는 것이 좋다. 이렇게 하면 오히려 살이 찐다. 음식을 먹으면 인슐린이 약 2시간 동안 분비되는데, 인슐린이 분비되는 동안에는 지방 분해가 정지되고 지방 축적이 일어난다. 그러므로 지방 분해는 식후 2시간 후부터 이루어지는데, 계속 음식을 먹으면 하루 종일 지방이 분해될 기회를 주지 않는 셈이다. 다이어트를 위해서는 식사는 하루에 3~4회만 규칙적으로 하고 가급적 간식을 먹지 않는 것이 좋다. 간식을 도저히 참을 수 없으면 차라리 식사 후에 바로 먹도록 한다.

● 과일은 아무리 먹어도 살이 찌지 않는다. 과일은 고칼로리 식품에 속한다. 채소는 비타민이나 미네랄이 풍부하고 식이섬유도 많으며 대부분 저칼로리인 반면에, 과일은 당분이 많다. 이 당분은 몸속에서 지방으로 전환되므로 과일을 많이 먹으면 당연히 살이 찐다.

● 운동은 공복에 해야 효과가 있다. 체지방을 줄여 살을 빼는 것이 목적이라면 가능한 공복에 운동하는 것이 효과적이라고 한다. 하지만 공복에 운동하면 힘이 떨어지고 운동을 오래 할 수 없는 사람이 있다. 또 운동 후 폭식하는 사람이 있는데, 이런 사람들은 식사를 가볍게 한 후 운동을 하는 것이 더 적합하다. 단, 식후 바로 운동을 하는 것은 피해야 한다. 식사를 하면 음식물이 소화될 시간이 필요한데, 식후 바로 운동을 하면 위와 장으로 가야 할 혈액이 근육으로 몰리므로 식후 1시간 30분~2시간 정도 지나서 하는 것이 적당하다.

● 땀을 흘려야 살이 빠진다. 흔히 운동을 할 때 땀을 많이 흘리기 위해 땀복을 입기도 하고, 사우나에서 일부러 땀을 빼기도 한다. 땀을 많이 흘리고 나서 체중을 측정하면 체중이 약간 줄어드는데 수분을 보충하면 체중은 원래 상태로 돌아간다. 땀을 흘리는 것은 단순한 수분 손실이므로 체지방을 줄이는 것과는 다르다. 그보다는 운동을 할 때 통풍이 잘되는 곳에서 때때로 물을 마시며 운동하는 것이 체지방 분해에 더 효과적이다. 사우나도 살을 빼기 위한 목적이 아니라 혈액 순환을 원활하게 하고 기분 전환을 하기 위해 가벼운 마음으로 이용하는 것이 좋다.

● 운동하기 좋은 시간이 따로 있다. 오전 중에 운동을 하는 것이 체지방을 분해시키는 데 더 효과적이지만, 과도하게 운동을 하면 음식물의 섭취량이 늘어날 수 있고 피곤해서 일을 하기 힘들어질 수 있다. 또 밤늦게 운동을 하면 신체 리듬이 깨져서 수면을 방해할 수 있다. 체중을 줄이기 위해서 가장 효과적인 운동 방법은 운동이 밥을 먹거나 자는 것처럼 자연스러워지는 것이다. 따라서 자신이 즐기면서 꾸준히 할 수 있는 운동 시간이라면 오전에 하건 오후에 하건 크게 문제 되지 않는다.

03 약물은 운동을 잘하게 하나?

도핑 검사를 하는 연구원

감기약을 먹으면 졸음이 온다. 감기약 성분 중에 안정을 취할 수 있게 하는 성분이 들어 있기 때문이다. 약물 중에는 훈련의 효과를 높이고 운동 능력을 향상시킬 수 있는 성분이 들어 있는 약물이 있다. 이러한 약물을 사용하면 쉽게 기록을 향상시킬 수 있지만 치명적인 부작용이 따른다. 운동과 관련된 약물은 무엇인지, 약물의 효과 및 부작용은 어떻게 나타나는지 알아보자.

약물이란

약물이란 좁은 의미로는 약의 재료가 되는 물질을 뜻한다. 그러나 넓은 의미의 약은 질병이나 부상 등 신체의 이상을 치료 또는 완화하기 위해 먹거나, 바르거나, 직접 주사하는 등의 방법으로 생물에게 투여하는 물질을 통틀어 말한다. 그러므로 영양분 보충을 위한 영양제나 기분이 좋아지기 위해 투여하는 마약, 생물을 죽이거나 해를 입히기 위한 독약, 고통을 줄이기 위한 진통제나 마취제, 심지어는 음식도 약에 포함될 수 있다. 때로는 화학 물질을 약품으로 부르기도 한다.

약은 무조건 해롭지도, 무조건 이롭지도 않다. 약을 올바르게 사용하면 최소의 유해 반응만으로 최고의 효과를 누릴 수 있다. 물론 약을 잘못 사용하면 독이 될 수도 있다. 따라서 질환에 맞게, 정해진 용량·용법으로, 필요한 기간만큼 약을 사용하는 것이 중요하다. 예를 들어, 고혈압을 진단받았는데 증상이 없다고 해서 처방 받은 혈압약을 복용하지 않으면 갑자기 혈압이 높아져 뇌졸중 등 더 큰 병을 불러올 수 있다. 또 항생제의 경우 일주일 분을 처방 받았는데 증상이 좋아졌다고 도중에 안 먹으면 증상이 악화되거나 항생제 내성[1]을 키우게 되어 항생제가 효과가 없을 수 있다. 또한 개인에 따라 적절한 용량의 차이가 큰 약물도 있다. 와파린이라는 항응고제[2]는 사람에 따라 용량이 많게는 열 배 가까이 차이가 날 수도 있다. 따라서 처방 받은 용량이 많다고 해서 반만 먹으면 몸속에 혈전이 생기고 이것이 혈관을 막아 중풍(뇌졸중)과 같은 심각한 문제를 불러올 수 있다.

> **1** 약물을 반복 복용하여 약효가 떨어지는 현상을 말하며, 생물학에서는 세균 등 병원체가 항생 물질에 나타내는 저항성을 말한다.

> **2** 혈액의 응고를 막거나 지연하는 약물이다. 헤파린, 쿠마린, 와파린 등이 있다.

운동선수들의 약물 복용

운동 경기에서 선수들은 호르몬과 관련된 약물을 사용하는 것이 금지

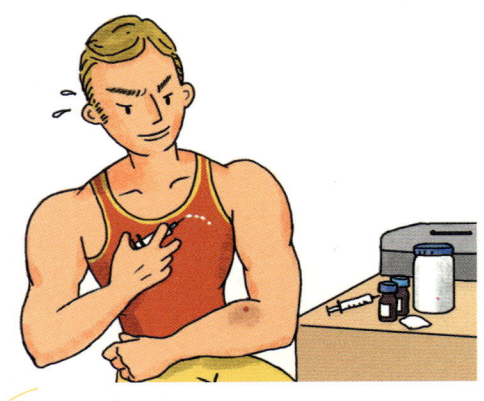

운동선수의 도핑
운동선수들은 경기 능력을 증진시키기 위해 도핑을 하는 경우가 있으나 공정한 경기와 선수의 건강을 위해 금지하고 있다.

3 원래 경주마에 투여하는 약물을 도프(dope)라고 했는데, 사람에게도 쓰게 되었다.

되어 있다. 선수의 경기 능력을 증진시키기 위해 시합 중이나 시합 전에 금지된 물질을 복용하거나 주입하는 것을 도핑(dopping)[3]이라고 한다.

도핑 검사는 1960년대에 사이클 선수가 약물 과다 복용으로 사망한 후 처음 시작되었다. 과거에는 선수를 보호하기 위해 도핑 검사를 했지만 최근에는 공정한 시합을 위해 하고 있다.

올림픽을 비롯한 각종 국제 경기에서 약물을 복용한 사례는 많다. 1886년 파리국제사이클경기에서 영국 선수가 카페인을 과량으로 복용해 사망했고, 1960년 로마올림픽에서는 덴마크의 사이클 선수가 암페타민을 과량으로 복용해 사망했다. 1988년 서울올림픽에서 캐나다의 100m 육상 선수인 벤 존슨이 아나볼릭 스테로이드를 복용해 금메달을 몰수당하고 2년 동안 국제 경기 출전 자격을 박탈당했다. 1992년 독일의 여자 육상 선수인 크라베는 클렌뷰테롤을 복용해 바르셀로나올림픽의 출전 자격을 박탈당했다. 1995년 미국월드컵에서 아르헨티나의 마라도나가 아나볼릭 스테로이드를 복용해 국제 경기 출전 자격을 박탈당했다.

금지 약물의 종류

국제올림픽위원회(IOC)가 올림픽에서 공식적으로 약물 검사를 규정한 것은 1972년 뮌헨올림픽부터이다. 금지 약물의 종류는 경기 때마다 증가되었고 분석 기술도 더욱 정밀해졌다. 1988년 서울올림픽 때 30여 종의 금지 약물이 추가돼 97종이 되었고, 지금은 140종이 규정되었다.

금지 약물은 흥분제, 마약성 진통제, 아나볼릭 스테로이드 등이 있다. 흥분제는 암페타민, 히로뽕, 코카인을 비롯해서 60종이 금지 약물로 규정돼 있고, 보통 사이클이나 육상 선수들이 복용한다. 흥분제를 복용하면 감각이 예민해지고 정신 운동이 활발하게 되어 경기력 향상에는 도움이 되지만, 과용하면 심장 장애 등의 부작용이 나타난다. 암페타민은 흥분제 중 가장 많이 복용하는 약물로, 과용한 운동선수가 뇌출혈로 사망한 사례가 보고되었다. 에페드린 류는 감기약의 주성분으로, 운동선수들이 경기에 임하기 며칠 전에 감기약을 먹을 때 특별히 주의해야 하는 약물이다. 에페드린 류는 감기약을 복용했을 경우 소변에서의 허용 농도를 5~10ppm[4]이하로 규정하고 있다. 카페인은 커피나 일반 음료수에 들어 있는 성분이기 때문에 소변에서의 농도가 12ppm이상인 경우 고의로 복용했다고 규정하고 있다. 하루에 열 잔 정도의 커피는 이 기준치를 초과하지는 않는다.

4 농도의 단위이다. 1ppm은 10^{-6}이다.

마약성 진통제는 모르핀과 모르핀을 변형한 헤로인, 코데인 등이 주류를 이루고, 이외에 메사돈, 염산페치딘 등이 있다. 마약성 진통제는 의식을 잃지 않은 상태에서 통증과 불안을 제거하고 쾌감과 진정을 초래하기 때문에 복용한다. 그러나 만성 중독의 위험이 따른다.

베타 차단제는 협심증, 고혈압 등의 치료제로 오랫동안 사용돼 왔다. 운동선수가 베타 차단제를 복용하면 혈압과 맥박수가 내려가서 안정제의 역할을 하기 때문에 1988년 서울올림픽 때 공식적으로 금지 약물로 규정했다. 베타 차단제는 호흡 조절이 필요한 운동선수들이 복용하는 약물이므로, 양궁, 체조, 사격, 다이빙, 요트 등 심적인 안정이 필요한 경기에만 제한해서 사용하고 있다.

아나볼릭 스테로이드 계통의 약물은 금지 약물 중 운동선수들이 가장 많이 복용하는 약물이다. 의학적으로 병약자나 회복기의 수술 환자들에게 투여돼 왔지만 근육 형성을 촉진하기 때문에 역도, 레슬링, 투창 등의 선수들에게 아주 인기 있는 약물이 되었다. 특히 보디빌딩 선수들에게 널리 사용되었는데 심각한 문제를 불러 일으켜 지금은 금지하고 있다. 스테로이드

계 약물은 흥분제나 마약성 진통제와는 달리 정기적으로 복용해야만 효과가 나타나기 때문에 약물 검사에서 적발될 경우 선수 자격 박탈 등 엄한 처벌을 받는다. 스테로이드 계통 약물을 장기 복용하면 간장 및 생식기에 장애를 가져오며 정신 장애, 여성의 남성화 등 부작용이 나타나고 심한 경우에는 죽음까지 초래할 수 있다. 스테로이드 약물 중 가장 많이 복용하는 약물로 난드롤론이 있고 이외에 16종이 있다.

이뇨제는 1988년 서울올림픽에서 추가로 금지된 약물이다. 체급 경기인 권투, 레슬링, 유도 등의 선수들이 주로 복용해 왔다. 선수들은 한계 체중[5]에 들어가기 위해 경기 전에 다량의 이뇨제를 복용하여 체중을 줄인 후, 시합 직전 다시 수분을 섭취하는 편법을 쓰고 있다. 이뇨제의 또 다른 효과는 복용한 다른 약물의 농도를 희석시켜 소변으로 배설하게 함으로써 약물 검사를 피하는 것이다. 이뇨제를 복용하면 소변이 묽은 상태로 배설되므로, 묽은 소변이 발견된 경우 약물 검사 기관에서는 더욱 정밀하게 약물 검사를 한다.

그 외에 금지하는 약물로는 프로베네시드가 있다. 이 약물은 스테로이드 계통의 약물들, 특히 난드롤론의 배설을 현저하게 억제하기 때문에 금지 약물로 규정하고 있다. 그리고 마리화나가 있는데, 이것은 일종의 환각제로 경기력 향상과 관계없이 사회 윤리적인 면에서 금지 약물로 규정했다. 그리고 힘을 필요로 하는 경기의 선수들이 주로 복용하는 코티코스테로이드 류의 약물은 논란이 많았만 역시 금지 약물로 추가되었다.

한약제의 성분 중에도 국제올림픽위원회에서 금지한 약물이 있다. 한약제 중 마황이나 반하에는 에페드린 류, 마전자에는 스트리크닌, 아편에는 모르핀이 들어있으므로 꼭 확인을 해야 한다.

보약의 경우, 인삼과 녹용 등에는 금지 약물이 들어있지 않지만 조제할 때 가끔 아나볼릭 스테로이드와 같은 약물을 넣을 때가 있다. 특히 체력 증강을 위해서 복용하는 개소주, 보신탕, 흑염소탕, 뱀탕 등도 그 자체에는 금지 약물이 들어있지 않지만 테스토스테론[6]과 같은 약물을 넣는 경우가 있으므로 복용 후 약물 검사를 받는 것이 바람직하다.

감기약은 한약이나 양약 모두 금지 약물인 에페드린 류와 코데인 등이 포함되어 있으므로, 경기 전에는 복용을 삼가야 하고 복용 후에는 약물 검사를 받는 것이 좋다. 다른 치료제를 복용할 경우에는 사전에 코치나 담당 의사와 상의를 하거나 약물 검사 전문가와 상의해야 한다.

[6] 정소에서 분비되는 남성 호르몬이다. 스테로이드 계의 근육과 생식 기관의 발육을 촉진하고 이차 성징이 나타나게 한다.

약물 검사의 절차 및 방법

약물 검사실은 대기실, 검사실, 남여 화장실로 구성된다. 검사실에는 밀봉된 소변 채취 용기 및 시료병과 시료 보관용 냉장고 등이 있고, 대기실에는 선수에게 줄 다양한 음료수(카페인 또는 알코올 성분이 없는 밀봉 완제품)가 있다. 약물 검사 임원은 검사 설비가 깨끗하고 적절하게 준비되었는지와 대회 개최 전에 용구가 적절하게 준비되었는지를 확인해야 한다.

약물 검사실은 허용된 사람(약물 검사 임원 및 보조 임원, 선수 및 선수 동행인 1명)만 출입할 수 있다. 검사 대상 선수를 선정하는 방법은 결승 순위 또는 무작위로 선정하는데, 주로 1위 입상자를 비롯한 메달리스트를 선정한다. 경기 기간 외 검사는 훈련 중인 선수 중 무작위로 선정한다.

약물 검사는 보통 선수의 소변을 채취하여 금지 약물을 검사한다. 검사 대상 선수로 선정된 선수에게는 선정 사실을 직접 선수에게 통보한다. 검사 대상 선수는 통보 받은 정해진 시간 이내에 약물 검사실로 출두하여야 하며, 출두가 불가능한 경우 약물 검사 담당관의 허락을 받아야 한다. 검사에 불응하거나 정해진 시간 내에 검사실로 출두하지 않으면 규약에 따라 처벌을 받는다. 선수는 원한다면 통역, 코치, 다른 선수 등 원하는 사람 1명과 동행해서 약물 검사실로 출두할 수 있다. 약물 검사실에 도착하면 사진이 부착된 신분증을 제시하여 선수 본인임을 확인해야 한다. 약물 검사원은 선수에게 소변을 채취할 수 있는지 물어야 하며, 만약 준비가 안 되었으면 음료수(반드시 밀봉된 완제품)를 마시게 한다. 선수는 소변 채취가 완료될 때까지 검사실을 떠나서는 안 된다.

1995년 이후에는 약물 복용 선수에 대한 처벌 규정이 강화되어 어떤 금지 약물이라도 복용하여 양성 판정을 받을 경우, 첫 번째는 2년 동안 자격 정지 및 출전 금지, 두 번째는 평생 자격 정지 및 출전 금지 처벌을 받는다.

과학과 스포츠

오늘날 세계 각국은 스포츠를 통해서 국위를 선양하려 노력하고 있다. 그래서 과학적인 훈련 방법을 개발하고 스포츠 도구나 기구의 설계 및 재질, 그리고 운동복에 이르기까지 첨단 과학을 응용하여 운동 능력을 향상시키기 위해 노력하고 있다.

스포츠 과학은 각 종목별 특성뿐만 아니라 선수 개개인의 기량과 선수들 간의 상호 작용 등 경기력에 영향을 미치는 다양한 요인들에 대처해야 하는 응용과학이다. 그리고 스포츠에 대한 연구는 단순히 경기력 향상이라는 차원을 벗어나 스포츠 과학으로서 국민 건강 증진 및 사회 화합 차원의 사회 체육, 스포츠를 통한 부상과 치료, 예방 차원의 의학, 사용하는 도구나 기구의 최대 성능 유지와 편이성을 증진시키기 위한 인간 공학, 생리학, 생체역학, 심리학 분야에 이르기까지 광범위하게 이루어지고 있다.

스포츠와 생리학

1884년 에르고메터(ergometer)가 개발되면서부터 영양, 피로, 근육의 작업 능력, 순환계 기능 등 생리학 연구가 활발하게 진행되었다. 인체의 기본적인 기능을 측정한 생리학 연구 결과가 스포츠에 널리 응용되고 있으며, 반대로 스포츠에서 훈련을 통해 수집된 인간 한계에 대한 자료들이 생리학 연구에 이용되고 있다. 생리학 연구 분야

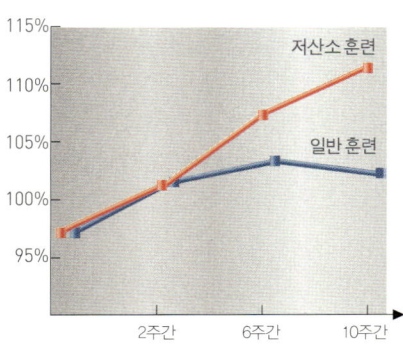

저산소 훈련—저산소실에서 10주 정도 훈련을 한 선수들은 근육의 힘이 현저하게 증가한다.

중에서 스포츠와 밀접한 관련이 있는 분야는 근육생리학, 심장, 호흡생리학, 에너지 대사, 운동생리학 등이다.

일본 스포츠과학연구원은 최첨단 장비들을 갖추고 있는데, 그 중 하나가 저산소실이다. 선수들은 고지대 훈련을 떠나기 전에 저산소실에서 자신의 체력을 고지대에 적응하도록 준비한다. 사이클 선수를 두 그룹으로 나누어 일반 조건과 저산소 조건으로 10주간 훈련한 결과, 저산소 조건에서 훈련을 한 선수들의 근육 힘이 현저하게 증가했다.

근육생리학

운동 혹은 훈련이 근섬유에 미치는 효과는 바늘을 이용한 생검 기술이 개발되어 연구가 많이 이루어졌다. 훈련의 종류에 따라 근섬유에 나타나는 효과가 차이는 있으나 근섬유의 구조 변화와 근섬유 내의 생화학적 변화가 있음이 알려져 있다. 일반적으로 아령이나 역도 등 근육 훈련을 하면 근섬유의 비대가 나타나서 알통이 나오고 근력이 증가한다.

역도 선수 장미란은 좌우 근육이 불균등하게 발달되어 있어 역기를 들어 올릴 때 한쪽으로 기울어지는 것이 관찰되었고, 스포츠과학연구원에서는 이를 교정하는 프로그램을 시행했다. 훈련을 통해 근육의 균형을 이룬 장미란은 치앙마이 국제역도대회, 베이징올림픽에서 금메달을 획득하는 쾌거를 올렸다.

스포츠와 생체역학

생체역학(biomechanics)은 신체 각 분절에 의해 실행되는 운동과 신체 각 부위에 가해지는 힘을 설명하기 위해 물리학의 법칙과 공학적 개

넘을 사용한다. 생체역학 연구는 우선 인체의 거동을 측정하고 측정치에 대한 설명과 분석, 그리고 평가하는 순서를 따른다.

스포츠 과학에서 경기력 향상과 가장 관련이 깊은 것이 바로 생체역학이다. 선수 개개인의 미세 동작을 분석하여 가장 효율적인 자세 및 동작으로 교정하고 훈련을 할 수 있기 때문이다. 사진 측정법은 생체역학 연구의 가장 중요한 연구 방법으로 발전해 왔다. 현재는 복잡한 인체 모형의 설계나 다이빙의 공중 회전 및 비틀기 동작 등과 같은 자유도가 높은 인체 운동에서 3차원 분석을 하고 있다.

스포츠와 인간-기계시스템

사람이 일상생활을 하면서 사용하는 모든 물건, 도구, 기구, 시설, 시스템을 사용하기 편리하도록 설계하는 학문이 인간공학이다. 인간공학 분야에서 중요한 주제 중의 하나가 바로 인간-기계 시스템의 설계이다. 스포츠의 인간-기계 시스템은 선수들이 사용하는 도구나 기구가 최상의 성능을 유지하도록 하는 인간공학적 설계이다. 스키, 봅슬레이, 트랙과 필드 경기, 사이클링은 도구나 기구의 개량으로 더욱 좋은 결과를 거둘 수 있다. 장대높이뛰기는 장대의 소재를 개발할 때마다 기록이 크게 향상되었다.

올림픽은 종목별로 최고 기량의 선수를 가리는 장임과 동시에 스포츠 과학의 경연장이기도 하다. 이는 더 이상 선수의 기량만으로 올림픽과 같은 국제 무대에서 메달권에 진입하기 어려움을 의미한다. 1960년 로마올림픽과 1964년 동경올림픽의 마라톤 종목에서 우승했던 아베베 비킬라는 맨발의 마라토너로 올림픽의 전설이 되었다. 그러나 지금 그가 다시 마라톤에 출전한다면 맨발로 메달을 획득한다는 것은 상상조차 할 수 없을 것이다.

2008년 베이징올림픽은 선수의 장점을 최대한 살리고 단점을 보완하며 효율을 극대화할 수 있도록 첨단 과학을 접목시키는 노력이 돋보인 대회였다. 수영에서 8관왕이라는 놀라운 기록을 세운 마이클 펠프스 선수가 입은 '레이저 레이서(lzr racer)'나 트랙 경기에서 선보인 '플라이와이어(flywire)'로 만든 초경량 신발이 그 좋은 예이다. 레이저 레이서는 스포츠 용품 회사 스피도와 미국항공우주국(NASA)이 공동 개발했다. 부력은 증가시키면서 물에 대한 저항을 줄인 수영복으로, 마이클 펠프스를 비롯해 수영 강국에서 출전한 대부분 선수들이 착용했다. 눈으로는 확인도 어려운 미세한 기록 차이로 승부가 결정된다면 과학의 힘을 빌어 제작된 운동복을 착용한 선수가 이미 유리한 위치를 차지하는 것이다.

수영에서 물에 대한 저항이 경기력을 결정짓는 중요한 문제라면 육상에서는 신발의 무게나 기능이 경기력 차이를 가져오는 중요한 요인이다. 플라이와이어, 즉 '나는 실'이라는 이름이 의미하듯 실의 두께가 1/500mm 이며, 신발의 무게가 100g도 되지 않는다. 또한 육상화 개발의 가장 어려운 문제였던 신발 속에서 발이 미끄러지는 현상을 완벽하게 방지할 수 있다는 점에서 첨단 소재와 운동역학이 스포츠 현장에 적용된 사례로 높이 평가될 만하다.

플라이와이어—신발의 무게가 100g도 되지 않는 신발이다. 신발의 무게나 기능은 육상 경기력에 중요한 요소이다.

레이저 레이서—부력은 증가시키고 물에 대한 저항력은 줄인 전신 수영복이다. 레이저 레이서에 의한 기록 향상 폭이 지나치게 커지자 지금은 전신 수영복의 착용이 금지되었다.

체육 시간에 과학 공부하기를 마치며

1988년 서울올림픽, 2002년 한일월드컵 등 우리나라에서는 세계적인 체육 대회가 성공적으로 열렸다. 그리고 우리나라 선수들은 다양한 종목에서 세계적인 수준의 기량을 선보이고 있다. 이것은 선수들의 노력과 더불어 과학적인 분석과 전략에 따라 훈련이 이루어졌기 때문이다.

그러나 체육은 전문 선수만의 영역이 아니다. 운동 경기를 관람하는 것, 친구들과 운동 경기를 즐기는 것, 건강을 위해 운동 프로그램을 시행하는 것 등 체육은 우리의 일상에 자리 잡고 있다. 체육뿐만 아니라 과학도 우리의 일상에 골고루 영향을 미친다.

최근의 과학 교육은 과학이라는 독립된 학문으로만 한정하는 것이 아니라, 과학-기술-사회(STS, Science Technology Society) 교육을 강조하고 있다. 이러한 교육 운동은 기본적으로 전통적인 과학 교육의 목표에 대안을 제시하고 학교 과학 교육의 범위를 재규정하며 이를 효과적으로 교육하기 위한 다양한 학습 자료를 개발하고 교수 전략을 탐색한다는 의미에서, 학교 과학 교육에 대한 포괄적인 문제 제기를 하고 있다.

『체육 시간에 과학 공부하기』도 과학-기술-사회 교육 과정의 일환이라고 생각해도 좋을 것이다. 이 책에는 다음의 세 가지 면에서 도움이 되길 바라는 마음이 담겨 있다.

첫째, 과학 원리를 알면 체육을 더 잘할 수 있고 운동 경기를 더 재미있게 관람할 수 있다. 운동 경기를 관람하려면 먼저 경기 규칙을 알아야 한다. 경기의 규칙을 이해하고 상황에 따라 감독의 작전이 맞아떨어지는 것을 보았을 때 경기를 보는 재미가 있다. 이와 더불어 체육의 과학적 원리를 안다면 경기를 보는 재미가 배가 될 것이다. 농구를 할 때 농구공의 초기 투사 속력과 투사 각도를 세밀하게 조절해야 슛의 성공률을 높일 수 있다는 것을 안다면 더 재미있게 경기를 볼 수 있는 것이다. 그리고 과학적 원리를 응용하여 훈련을 하면 좀 더 체육을 잘할 수 있을 것이다.

둘째, 근육과 골격의 작용을 이해하여 안전하고 효율적인 스포츠 활동을 즐길 수 있다. 일반적으로 빠르면 힘이 약하고, 힘이 세면 느리다. 따라서 달리기의 장거리 선수는 단거리 선수에 비해 키가 작고 몸무게가 적게 나가는 것이 유리하다. 이러한 사실을 알면 자신이 달리기에서 어떤 종목이 맞는지 알 수 있다. 순간적인 큰 힘을 내기 위해서는 무거운 바벨 등을 들어 올리는 훈련 등을 하여 근육의 두께를 늘리는 것이 필요하고, 지구력을 위해서는 가벼운 운동을 반복적으로 수행하는 것이 도움이 된다.

셋째, 영양소가 에너지로 전환되는 과정 및 저장 과정을 이해하여 건강하고 즐거운 삶을 살 수 있다. 러닝머신 위를 달릴 때를 생각해 보자. 운동을 하면서 최대의 효과를 얻기 위해서는 어떻게 해야 할까? 운동의 목표가 살을 빼려는 것이라면 몸에 있는 지방을 분해시켜야 한다. 우리가 운동을 할 때 제일 먼저 쓰이는 영양소는 탄수화물이다. 다음으로 쓰이는 것이 지방, 단백질 순이다. 러닝머신에서 달리기를 할 때 초기 20분 정도는 주로 탄수화물이 쓰이고, 이후에는 지방 등이 이용된다. 그러므로 러닝머신에서 운동을 할 때면 20분 이상을 해야 살빼기 효과가 나타난다는 것이다. 운동에도 과학적인 분석과 대책이 있어야 한다는 것이 바로 이런 의미인 것이다.

일상생활의 중요한 부분을 차지하는 체육에서 과학적 접근이 이루어지는 데 『체육 시간에 과학 공부하기』가 많은 도움이 되었으면 한다.

체육 시간에 과학 공부하기
찾아보기

사진 출처

게티이미지코리아
뉴스뱅크이미지
연합포토
정백래
중앙포토
Corbis

※ 웅진주니어는 이 책에 실린 모든 자료의 출처를 찾기 위해 최선을 다했습니다. 누락이나 착오가 있으면
다음 쇄를 찍을 때 꼭 수정하겠습니다.